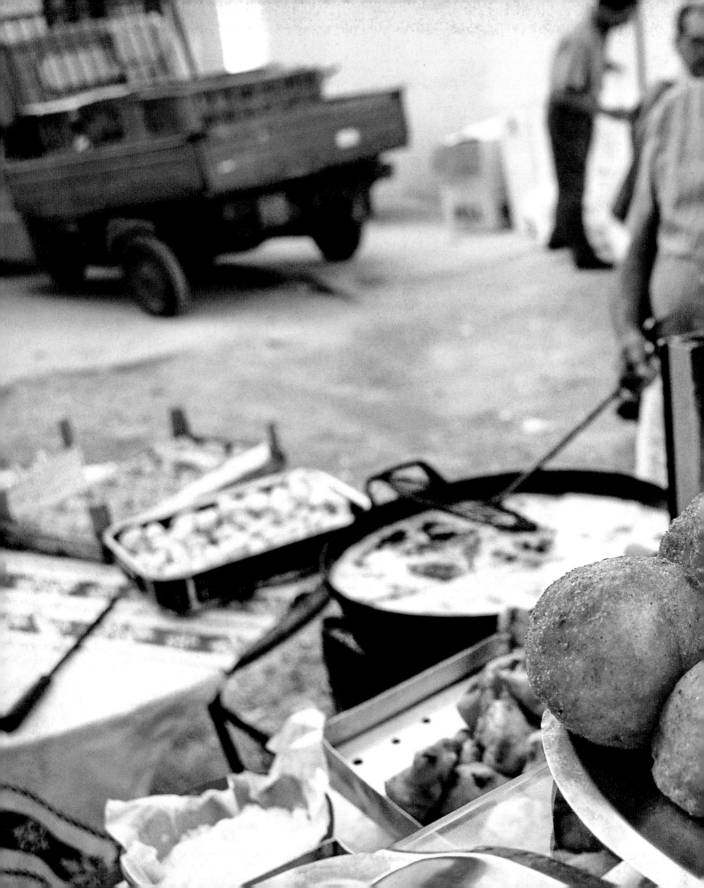

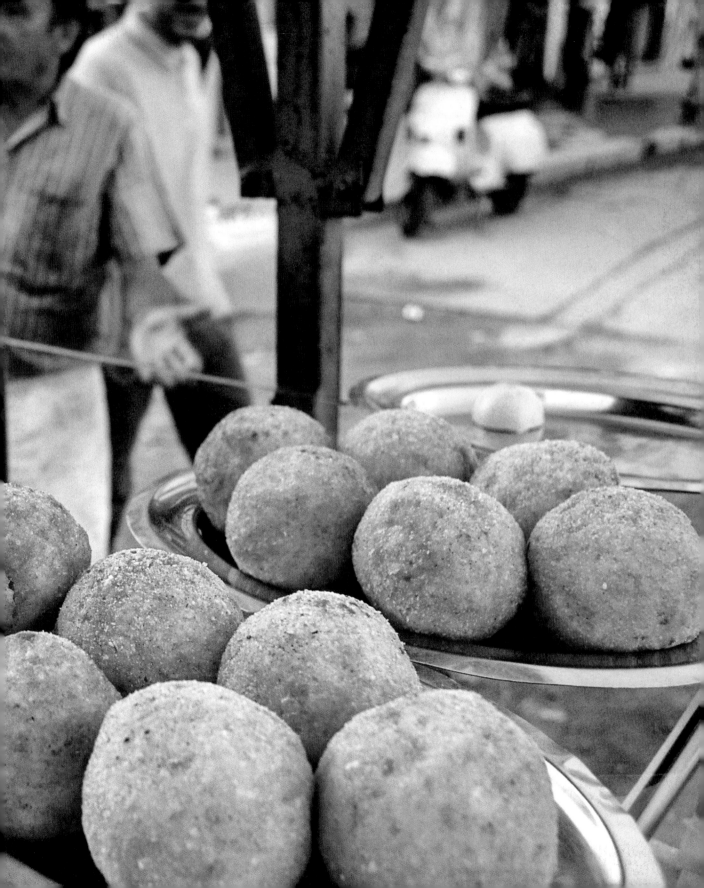

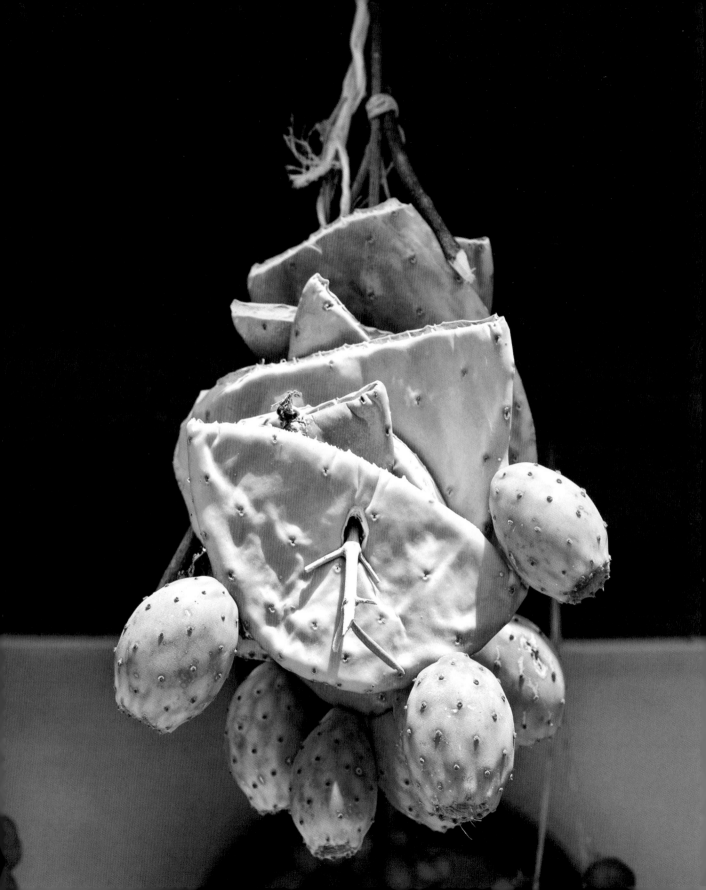

Sommario
Contents

Difficoltà delle ricette Recipe difficulty:
● ○ ○ facile easy
● ● ○ media medium
● ● ● elevata hard

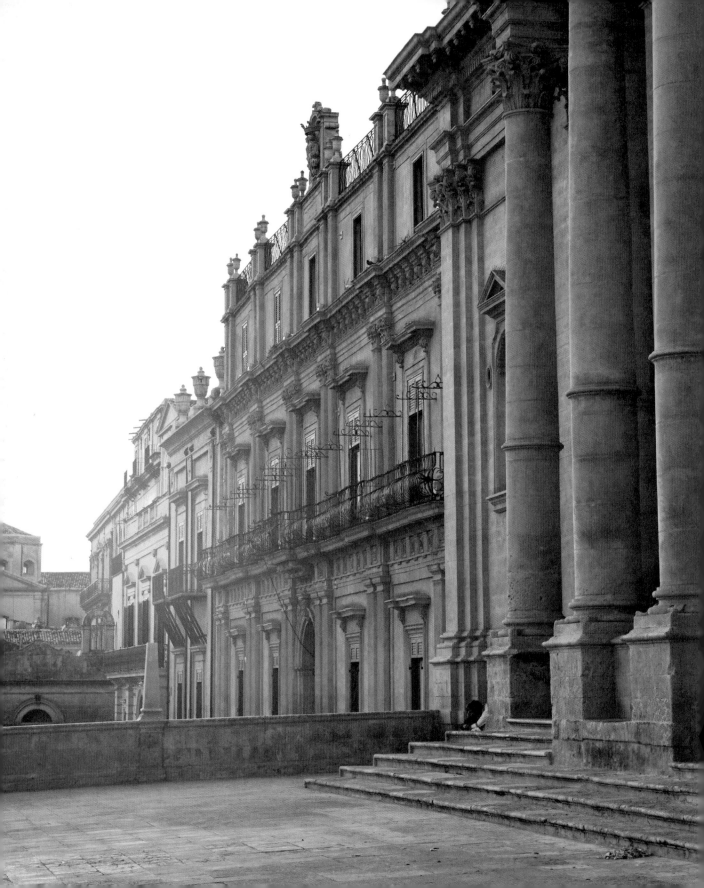

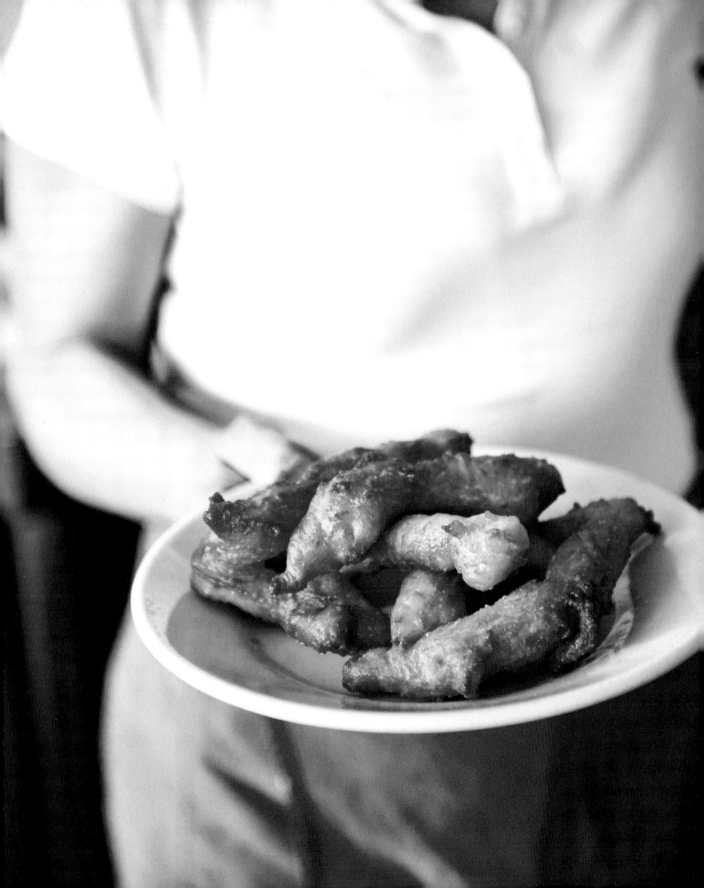

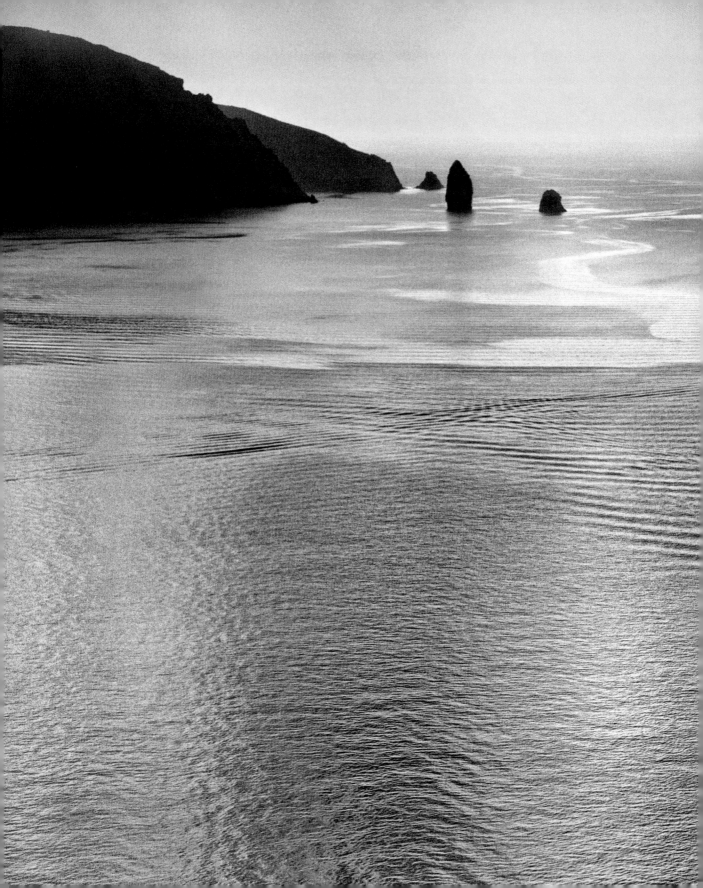

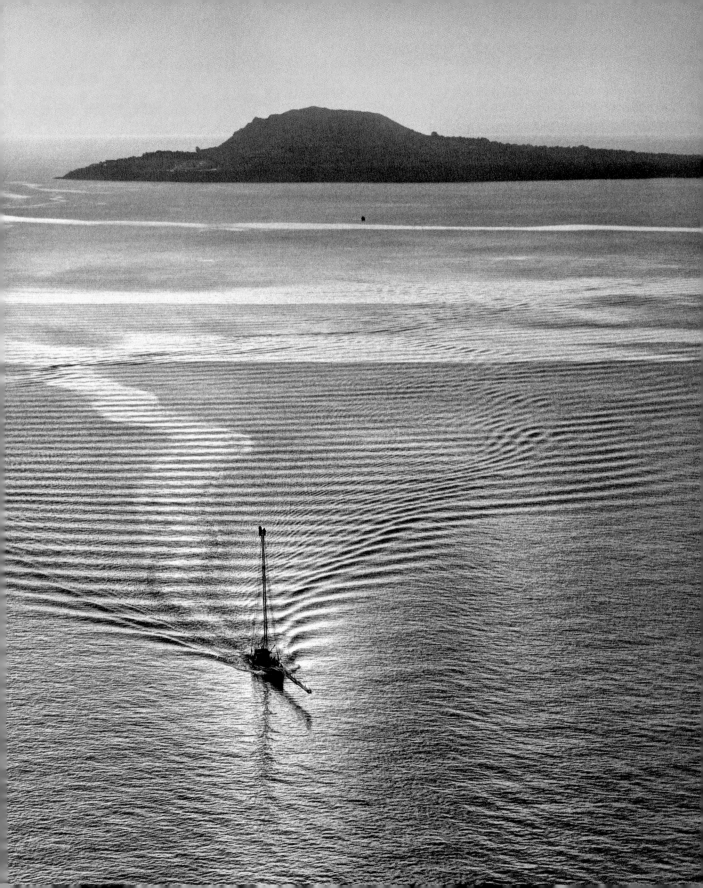

Favorita dal clima e dalla varietà geografica, la Sicilia annovera materie prime di elevata qualità, alla base dell'esuberanza delle preparazioni culinarie.

Behind the exuberance of Sicilian cuisine is the region's excellent local produce — the fruit of its climate and diverse geography.

Prodotti tipici

Local specialties

La terra dei sapori

The region of flavours

Una cucina che sa di mare, di terra e di monti. Un miscuglio irripetibile di sapori, frutto di una storia plurimillenaria che ha visto sommarsi, senza mai annullarsi, gli apporti culturali delle civiltà più varie, rendendo la Sicilia il punto d'incontro tra la tradizione culinaria occidentale e quella araba. Il tutto basato su materie prime di eccezionale qualità che danno vita, a seconda delle circostanze, a una cucina semplice o strutturata, "di strada" oppure raffinata, nobile o popolana.

I frutti della terra…
Indubbiamente favorita dal clima e dalla grande diversità degli scenari naturali, l'agricoltura siciliana annovera produzioni di eccellenza, che non di rado si sono meritate le "certificazioni" DOP, IGP e Slow Food. Se la dolce **arancia rossa** – nelle sue varietà Tarocco, Sanguinello e Moro – è diventata una sorta di simbolo della straordinaria ricchezza regionale, la Sicilia è anche grande produttrice di **limoni, mandarini, melanzane** (ingredienti per un'infinita varietà di piatti, tra cui la "pasta alla Norma"), **pomodori** (quello a grappolo o ciliegino di Pachino è senza dubbio il più celebrato), **fichi d'India** e **uva da tavola** (nella varietà "Italia"). Completano il panorama le produzioni

The cuisine of Sicily takes its flavours from the sea, land and mountains. Its unique mixture of tastes is also the product of an overlapping of the different cultures that, over thousands of years, have made Sicily a crossroads between the culinary traditions of the Western and Arab worlds. And behind it all is local produce of exceptional quality – foods that give life to a cuisine that can be simple or complex, rustic or refined.

From the land…
With Sicily's climate and natural diversity, the region produces excellent food products, many of which have earned DOP (protected designation of origin) and IGP (protected geographical indication) certification as well as the Slow Food stamp of approval. While **blood oranges** – whose local varieties include the Tarocco, Moro and Sanguinello – have become a symbol of the region's extraordinary richness, Sicily is also a major producer of **lemons, mandarins, aubergines** (the key ingredient of an endless variety of dishes here), **tomatoes, prickly pears** and **table grapes**. Sicily also grows **almonds** (the Pizzuta variety from Avola forms the basis of many desserts),

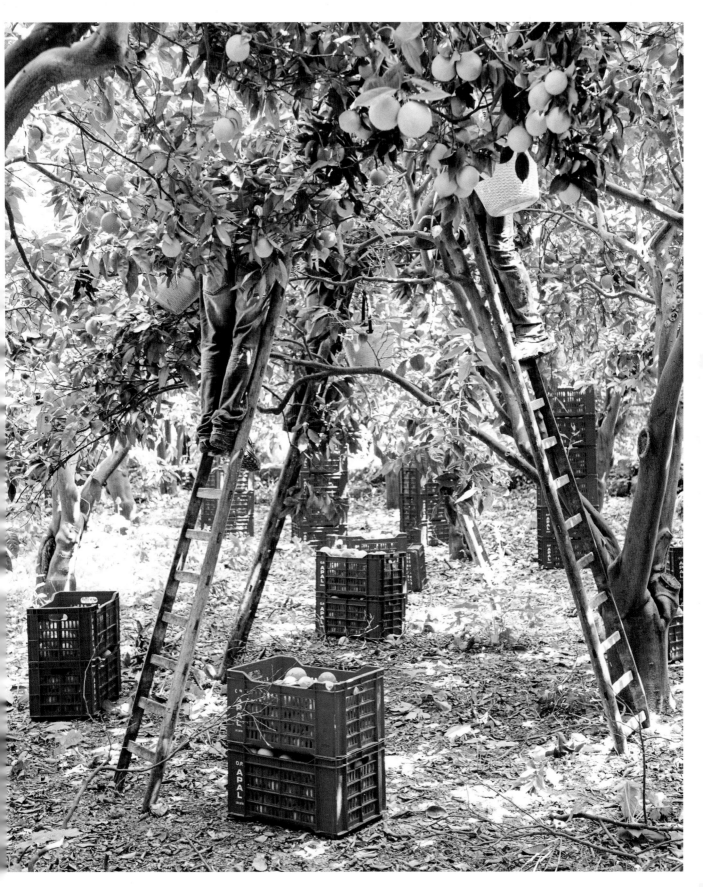

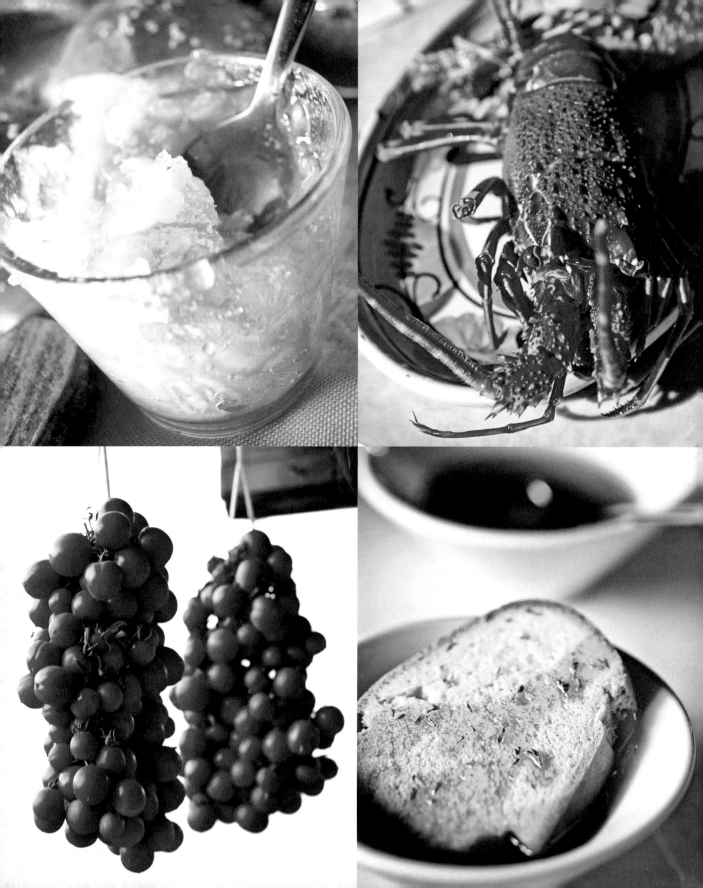

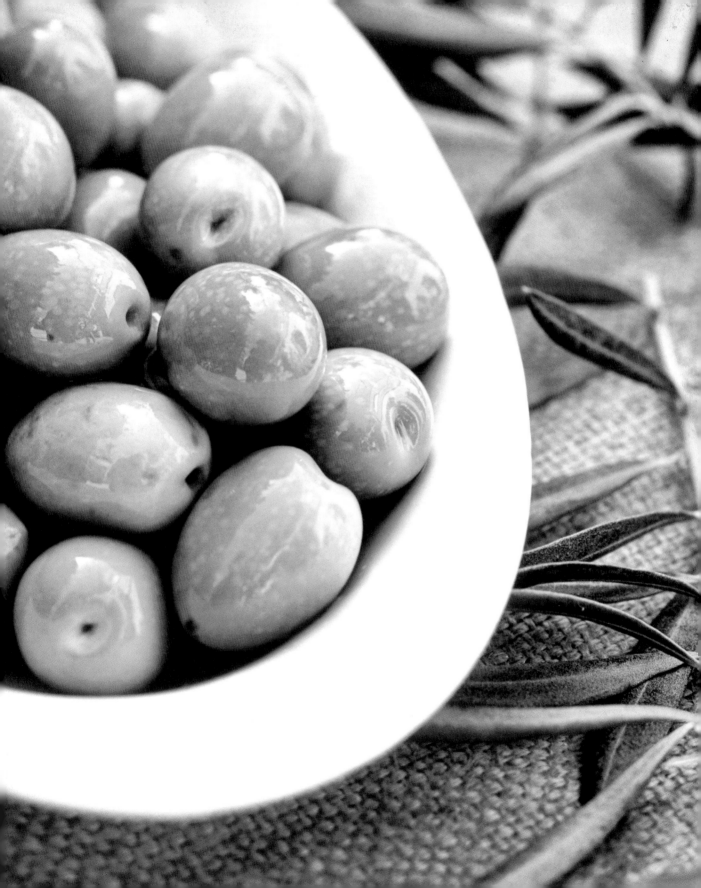

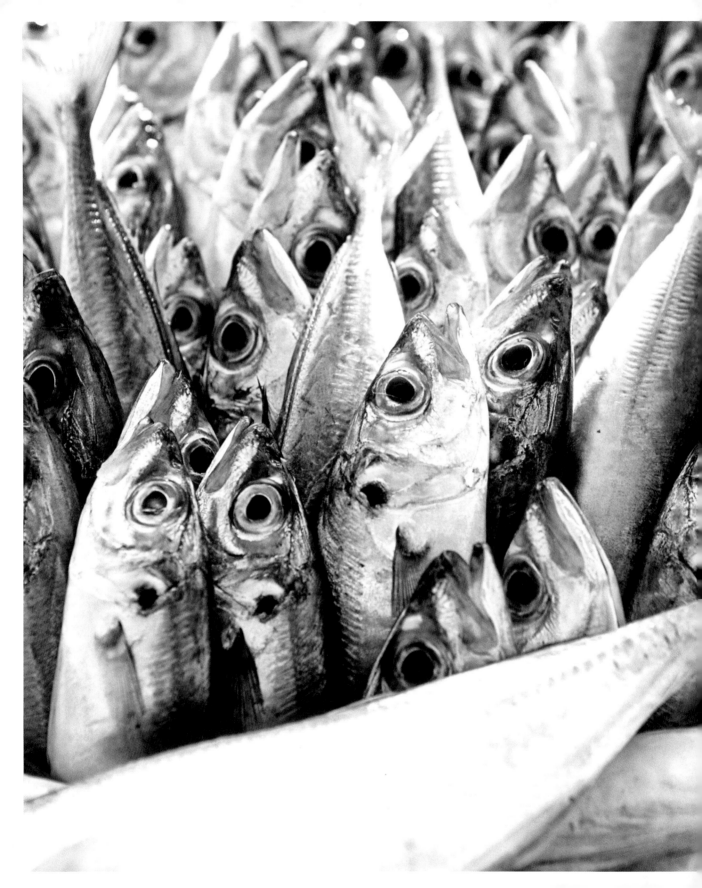

di **mandorle** (quella "pizzuta" di Avola è alla base di numerosi dolci), **pistacchi** (quelli di Bronte sono esportati in tutto il mondo), **capperi** (i più celebri sono quelli di Pantelleria, ma ne producono anche le Eolie) e le infinite varietà di **erbe selvatiche** (vedi pag. 242). Gli **oli** siciliani sono raggruppati in ben 6 DOP: Monti Iblei, Monte Etna, Val di Mazara, Valdemone, Valle del Belice e Valli Trapanesi.

... e i frutti del mare
Nella mattanza dei **tonni** si compivano un tempo i riti legati al dominio dell'uomo sulla natura e sul mare. Sebbene oggi molto ridimensionata, questa attività rifornisce l'isola di tonni di prima qualità. La *feluca* è invece la caratteristica imbarcazione utilizzata per la pesca del **pesce spada**, che si addensa nello Stretto di Messina. Ma i mari siciliani sono ricchi anche di **crostacei**, **frutti di mare**, **sardine** e **merluzzi**. Gustosa è la **"masculina da magghia"**, piccole acciughe che finiscono in un timballo o nelle minestre.

pistachios (the ones grown in Bronte are exported all over the world), **capers** (the most famous are grown in Pantelleria, but they're also produced on the Aeolian Islands) and an infinite variety of **wild herbs** (see page 242). Sicilian **olive oils** are classified into six DOP (protected designation of origin) areas: Monti Iblei, Monte Etna, Val di Mazara, Valdemone, Valle del Belice and Valli Trapanesi.

...and the sea
Recalling our age-old quest to tame nature and the sea, the ancient *mattanza* **tuna** fishing technique is still practiced here. Although nowadays catch numbers have been tightly reduced, the sea still provides the island with superb tuna. *Feluca* is the name of the unique fishing boat used for catching **swordfish**, and this species' numbers are particularly high in the Strait of Messina. But the Sicilian seas also teem with **shellfish**, **sardines** and **cod**. The tiny local **Magghia anchovy** variety is delicious and often used in pies and soups.

I formaggi e le carni
Se la **ricotta** è celebre per le preparazioni dolciarie (cannoli e cassata), non bisogna trascurare gli altri formaggi isolani.
Il **pecorino siciliano**, ottenuto da latte intero di pecore di razza locale, ha consistenza compatta e sapore forte, adatto a numerose preparazioni e come condimento di primi piatti. Si definisce *tuma* quando è fresco e non salato, *primosale* se è già avvenuta la salatura, *canestrato* a stagionatura già avanzata.
Il **caciocavallo ragusano** è prodotto esclusivamente con latte di mucche di razza modicana allevate nella provincia. Dalla caratteristica forma a parallelepipedo, di consistenza semidura, ha un sapore delicato a stagionatura iniziata, decisamente piccante a stagionatura avanzata. Tutelate da Slow Food sono le produzioni di **provole dei Nebrodi** e **delle Madonie**, la **Vastedda del Belice** (unico formaggio di pecora a pasta filata) e il **Maiorchino**, un pecorino prodotto in alcuni paesi del Messinese, protagonista di una gara tra pastori, che si effettua facendo rotolare le forme lungo il pendio della strada principale di Novara di Sicilia. I rari **bovini di razza modicana**, che vivono allo stato brado, forniscono – oltre al latte per il caciocavallo – una carne dal sapore deciso.

Cheese and meat
While **ricotta** is famous for desserts (cannoli and cassata, in particular), you should never overlook Sicily's other cheeses. **Sicilian pecorino**, made from full-cream milk from the local sheep breed, is firm with a strong flavour, making it ideal for many dishes as well as a topping for pasta. This variety is called *tuma* when fresh and unsalted, *primosale* once salted and *canestrato* after aging. **Ragusa caciocavallo** is made exclusively from milk from the Modicana cattle breed and exclusively in the province of Modica. This distinctive box-shaped cheese with its semi-hard consistency has a delicate flavour at the beginning of aging and a very sharp edge when older. The **Nebrodi** and **Madonie** varieties of **provola**, **Vastedda del Belice** (the only pulled-curd sheep's milk cheese) and **Maiorchino pecorino** (wheels of which are used in a famous cheese rolling race) all carry the Slow Food stamp of approval.
Besides providing milk for caciocavallo cheese, the rare **Modicana cattle breed**, which lives in the wild, supplies delicious meat.

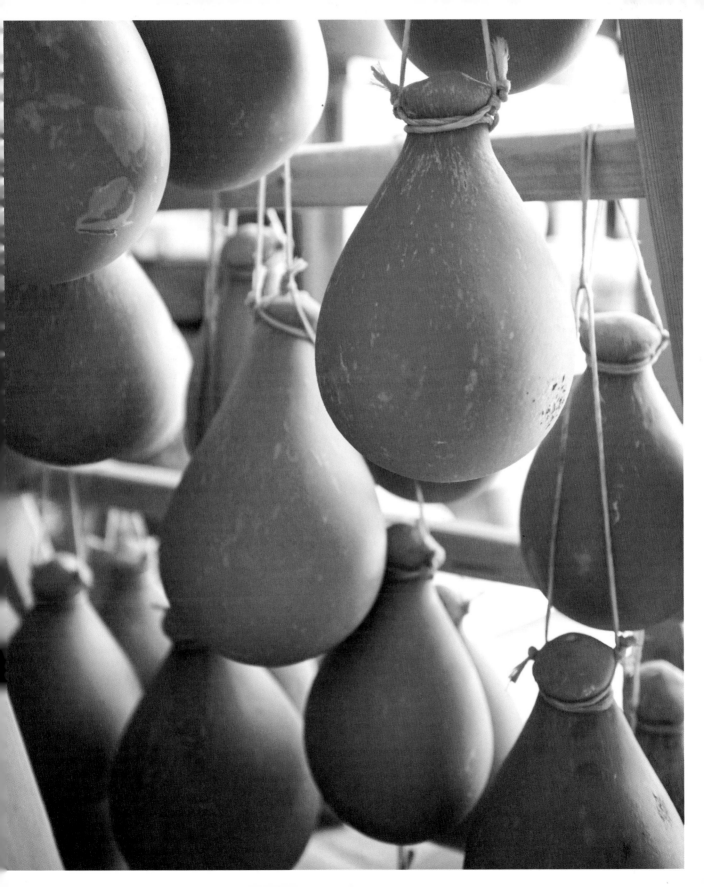

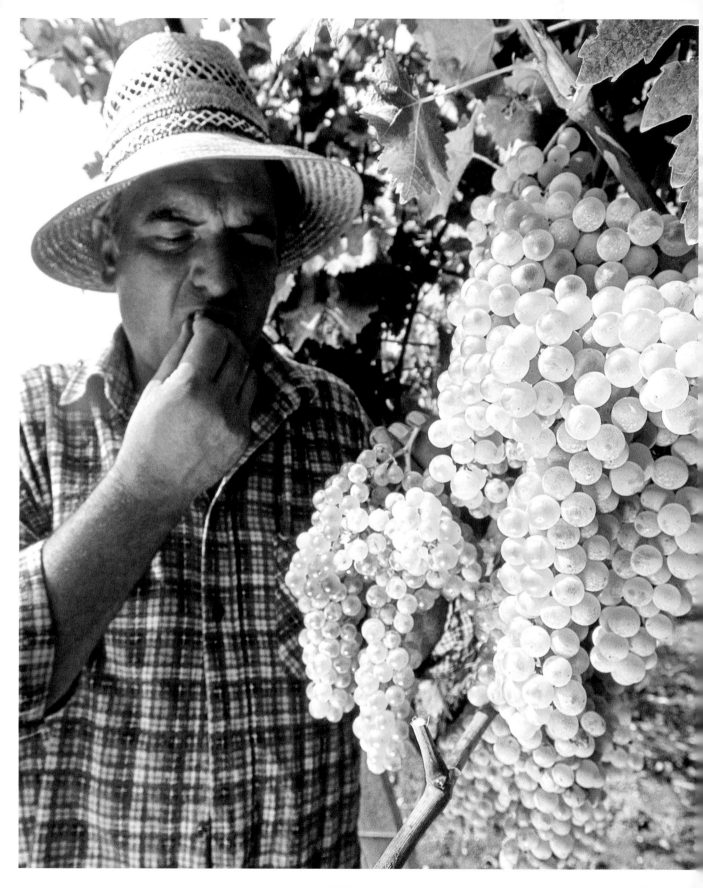

Miele e cioccolato
Di notevole qualità è su tutta l'isola
la produzione di **miele**, che annovera
le deliziose varietà agli agrumi, al timo,
al carrubo... E per finire il **cioccolato
di Modica**, lavorato con metodi
tradizionali, ma declinato in infinite
varietà per un vero tripudio dei sensi.

Honey and chocolate
The **honey** produced throughout Sicily
is particularly high quality and includes
delicious citrus, thyme, carob and other
varieties. Produced using traditional
techniques, but available in an infinite
number of varieties, **Modica chocolate**
is an absolute feast for the taste buds.

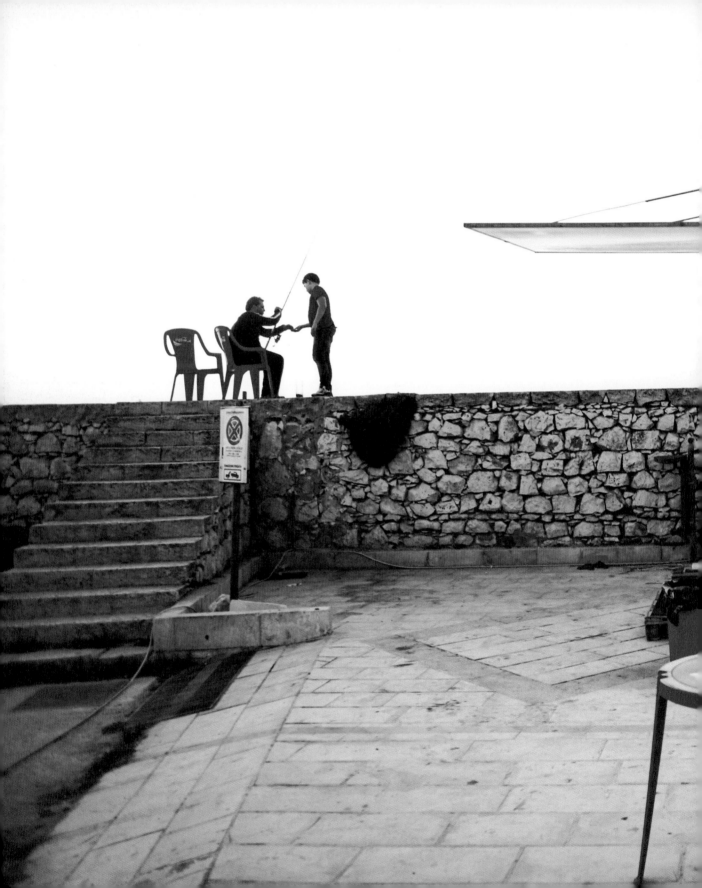

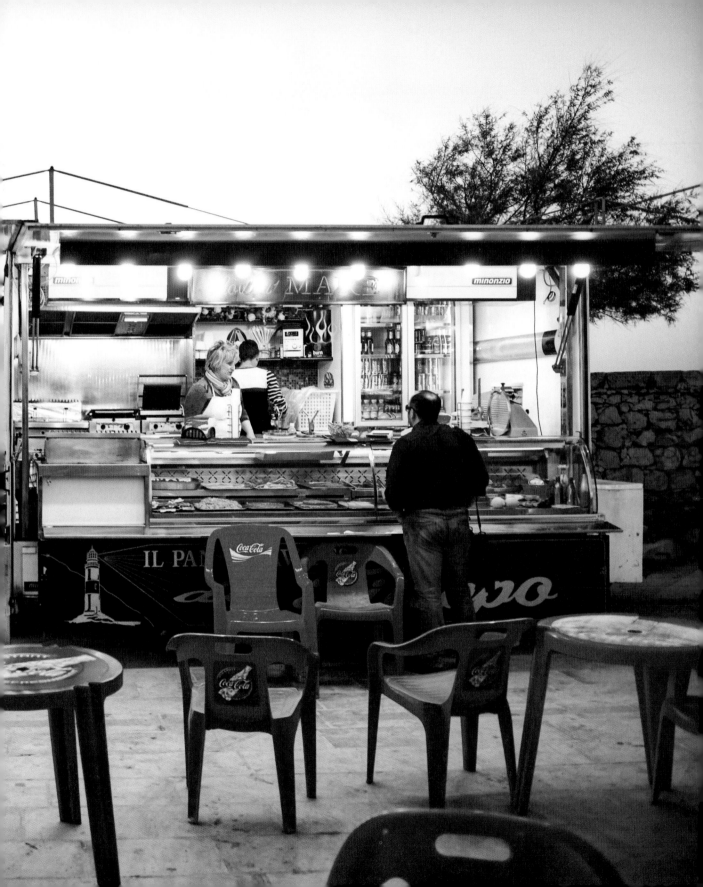

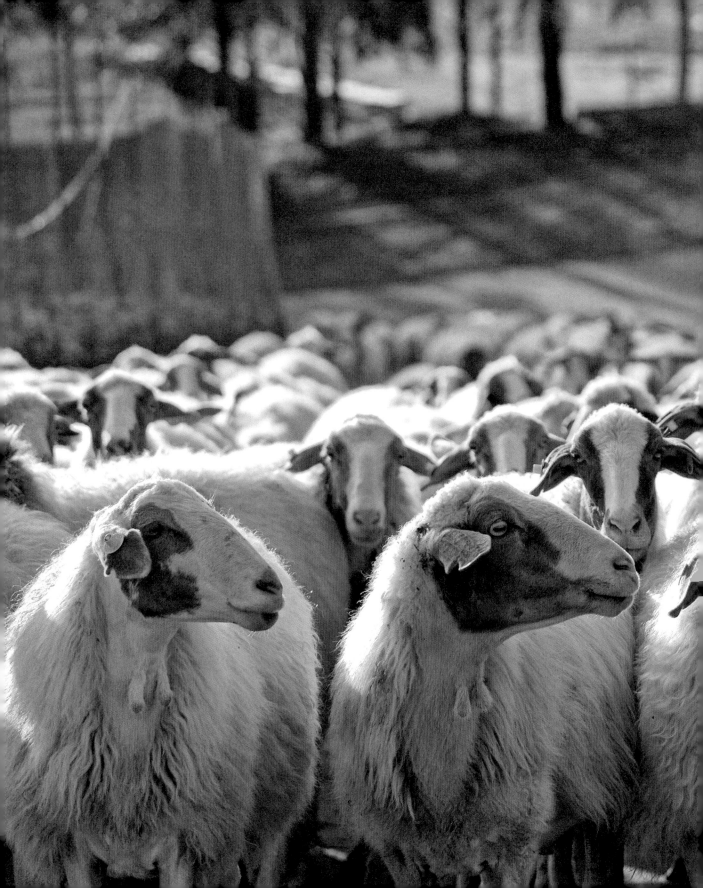

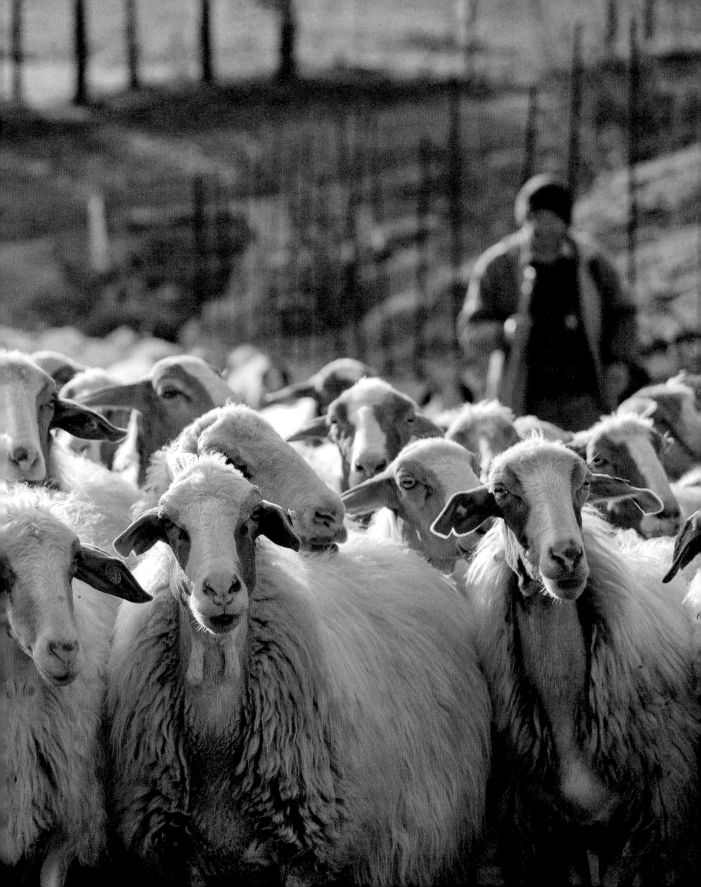

Non solo caponata: numerosi piatti un tempo unici si sono via via trasformati, in dosi ridotte, in gustosissimi apripranzo. There's more to antipastos in Sicily than aubergine. Over the years, many dishes once served as mains have been reinvented as tasty appetizers.

Antipasti, insalate e "cibo di strada"
Antipastos, salads and street food

28

*Antipasti, insalate
e "cibo di strada"
Antipastos, salads
and street food*

Bruschetta
Bruschetta

● ○ ○

Ingredienti per 4 persone:
- 8 fette di pane
- 4 pomodori
- 1 peperone
- 1 cipolla rossa
- pecorino
- olio extravergine d'oliva

Serves 4:
- 8 slices of bread
- 4 tomatoes
- 1 pepper
- 1 red onion
- pecorino cheese
- extra virgin olive oil

Friggere leggermente in olio la cipolla, il pomodoro e il peperone tagliati a pezzi.

Condire il pane con le verdure fritte, aggiungere un pezzetto di pecorino e tostare.

Condire con olio.

Slice the onion, tomato and pepper and lightly fry in oil.

Top the bread with the fried vegetables, add a little cheese and toast.

Drizzle with oil.

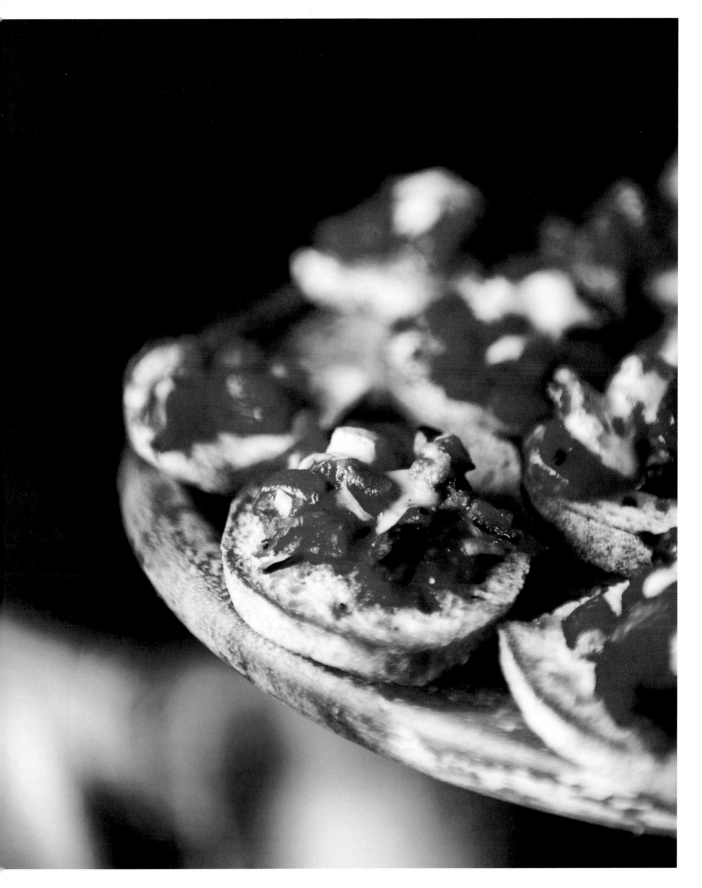

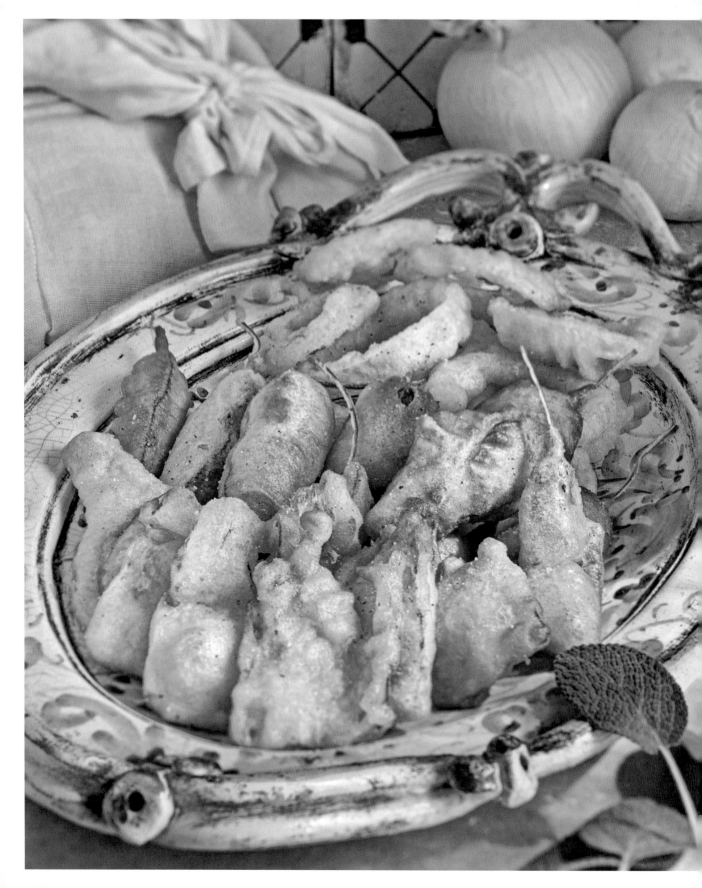

31

*Antipasti, insalate
e "cibo di strada"*
*Antipastos, salads
and street food*

Pisci di terra
'Land fish'

● ○ ○

Ingredienti per 4 persone:
- *2 finocchi*
- *1 cipolla*
- *12 foglie di salvia*
- *olio di semi di mais*
- *sale*
- *pepe*

Per la pastella:
- *1 uovo*
- *350 g di farina grano duro*
- *150 g di acqua frizzante fredda*

Serves 4:
- *2 fennels*
- *1 onion*
- *12 sage leaves*
- *maize oil*
- *salt*
- *pepper*

Batter:
- *1 egg*
- *350g (3 cups) durum wheat flour*
- *150g (⅔ cup) cold sparkling water*

Preparare la pastella con la farina, l'uovo e l'acqua e lasciar riposare in frigorifero per 1 ora.

Tagliare la cipolla e i finocchi a fette larghe 1 cm.

Immergere le foglie di salvia e le verdure una per volta nella pastella, quindi immergere in olio bollente fino a completa doratura.

Aggiungere sale e pepe a piacere.

Prepare the batter with the flour, egg and water. Refrigerate for 1 hour.

Cut the onion and fennels into 1cm wide slices.

Dip the sage leaves and the vegetables individually into the batter and fry in boiling oil until golden.

Salt and pepper to taste.

Vino Wine:
"Almerita" 2006 - Contea di Sclafani DOC Spumante - Cantina Tasca d'Almerita, Sclafani Bagni (Palermo)

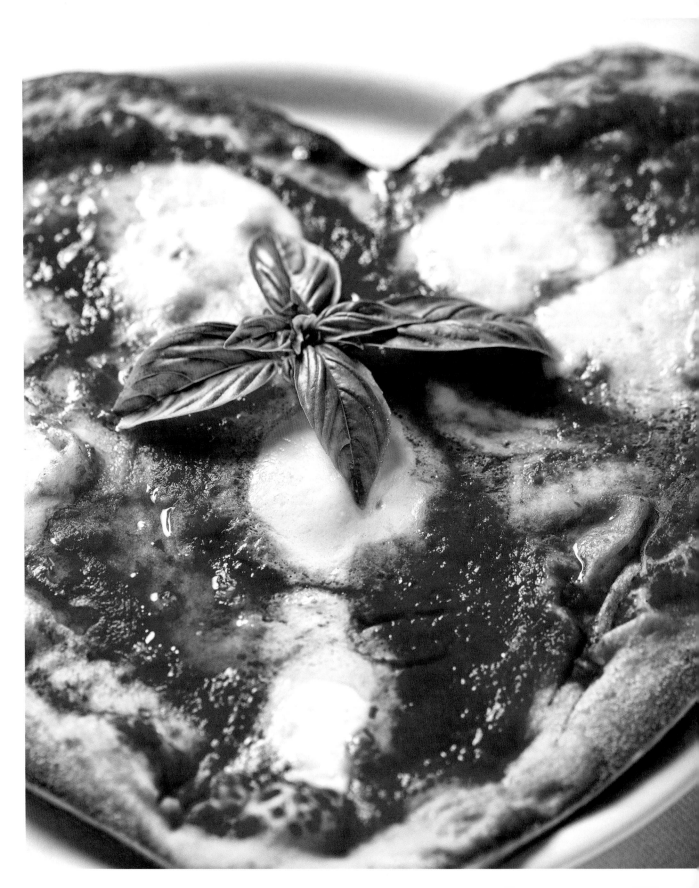

33

*Antipasti, insalate
e "cibo di strada"
Antipastos, salads
and street food*

Pizza
Pizza

● ● ○

Ingredienti per 4 pizze:
- *350 g di farina*
- *15 g di lievito di birra*
- *1 pizzico di sale*
- *2 pomodori maturi*
- *foglie di basilico fresco*
- *olio extravergine d'oliva*

Serves 4:
- *350g (3½ cups) flour*
- *15g (2½ teaspoons) brewer's
  yeast*
- *1 pinch salt*
- *2 ripe tomatoes*
- *fresh basil leaves*
- *extra virgin olive oil*

Sciogliere il lievito in un po'
d'acqua tiepida eliminando i grumi.

Con la farina fare la fontana sulla
spianatoia, unirvi il lievito disciolto
e il sale.

Aggiungere un po' d'acqua calda
e lavorare la pasta fino a ottenere
una consistenza morbida ed elastica.

Formare una palla e lasciare lievitare
per 2 ore e 30 minuti circa coprendo.

A lievitazione ultimata, stendere
la pasta in forma di disco (o altra forma
a piacere) dello spessore di 0,5 cm
(o inferiore, a piacere), sollevando
e lasciando più spessi i bordi.

Condire la pasta con i pomodori tagliati
e l'olio.

Cuocere in forno ben caldo
per 15 minuti circa.

Guarnire con foglie fresche di basilico.

Dissolve the yeast in a little lukewarm
water, removing all lumps.

Make a well in the flour on a pastry
board, and add the dissolved yeast
and salt.

Add a little hot water and knead
the dough until soft and stretchy.

Form into a ball, cover and allow
to rise for approximately 2½ hours.

Once the dough has risen, roll into
a circle (or any shape you like) with
a thickness of 0.5cm (or thinner if
preferred), leaving the edges a little
higher and thicker.

Cover the base with the chopped
tomatoes and olive oil.

Bake in a hot oven for approximately
15 minutes.

Garnish with fresh basil leaves.

34

*Antipasti, insalate
e "cibo di strada"
Antipastos, salads
and street food*

Arancini al ragù
Rice balls with meat sauce filling

● ● ●

Ingredienti per 4 persone:
Per il sugo:
- *700 g di carne di vitello (pezzo
  intero dalla pancia)*
- *250 g di concentrato di pomodoro*
- *2 cipolle*
- *1 costa di sedano*
- *2 carote*
- *150 g di piselli sbollentati*
- *3 foglie di alloro*
- *3 chiodi di garofano*
- *1 pizzico di cannella*
- *1 grattata di noce moscata*
- *1 scorzetta di arancia asciugata
  in forno*
- *vino rosso*
- *olio extravergine d'oliva*
- *sale*
- *pepe*
Per gli arancini:
- *500 g di riso Carnaroli
  o Vialone Nano*
- *150 g di pecorino fresco a cubetti*
- *50 g di pecorino grattugiato*
- *50 g di pangrattato*
- *3 g di zafferano in pistilli*
- *farina 00*
- *acqua ghiacciata*
- *olio extravergine d'oliva (o strutto
  di maiale)*

Preparazione del sugo (il giorno prima):
Rosolare a fuoco lentissimo cipolla, carota
e sedano tritati finemente in olio d'oliva
fino a doratura.

Adagiare la carne, far dorare su tutti
i lati e spegnere con vino.

Aggiungere acqua calda, in parte
della quale sia stato fatto sciogliere
il concentrato di pomodoro,
fino a coprire tre quarti della carne.

Aggiungere l'alloro, la scorzetta
di arancia intera e tutte le spezie.

Portare a ebollizione a fuoco lentissimo
e far bollire per almeno 3 ore. Se
necessario aggiungere dell'altro vino.
A tre quarti di cottura, aggiungere
i piselli, aggiustare di sale e di pepe.

A cottura ultimata, estrarre la carne
dal sugo, tagliarla a dadini o sfilacciarla.

Eliminare dal sugo la cannella,
i chiodi di garofano, la scorzetta
di arancia e le foglie di alloro.

Far raffreddare e sgrassare, quindi riporvi
i tocchetti di carne, amalgamandoli bene
al sugo.

Sauce (prepare the day before):
Over a low heat, fry the onion, finely
chopped carrot and celery in olive oil
until golden brown.

Add the meat. Brown on all sides then
pour the wine over the top.

Add hot water and the tomato paste,
previously dissolved in some of the hot
water, to cover three quarters of the
meat.

Add the bay leaves, orange peel
and all the spices.

Bring to the boil over a very low heat
and let simmer for at least 3 hours. If
necessary, add more wine. After three-
quarters of the cooking time, add the
peas. Season with salt and pepper.

Once cooked, remove the meat
from the sauce and dice or shred it.

Remove the cinnamon, cloves, orange
peel and bay leaves from the sauce.

Allow to cool. Skim off the fat. Return
the pieces of meat to the
sauce and mix well.

35

*Antipasti, insalate
e "cibo di strada"*
Antipastos, salads
and street food

Serves 4:
Sauce:
- *700g (1⅔ lbs) veal (single piece
  of breast)*
- *250g (1¼ cups) tomato paste*
- *2 onions*
- *1 celery stick*
- *2 carrots*
- *150g (1 cup) blanched peas*
- *3 bay leaves*
- *3 cloves*
- *1 pinch cinnamon*
- *a little grated nutmeg*
- *1 orange peel dried in the oven*
- *red wine*
- *extra virgin olive oil*
- *salt*
- *pepper*
Rice balls:
- *500g (2⅓ cups) Carnaroli
  or Vialone Nano rice*
- *150g (5¼ oz) fresh pecorino
cheese in small cubes*
- *50g (½ cup) pecorino cheese,
  grated*
- *50g (½ cup) breadcrumbs*
- *3g (2 pinches) saffron pistils*
- *00 flour*
- *iced water*
- *extra virgin olive oil (or pork lard)*

Preparazione degli arancini:

Bollire in acqua salata il riso,
mantenendolo al dente.

Appena scolato, aggiungere il pecorino
grattugiato e lo zafferano fatto sciogliere
in una tazzina di acqua calda.

Preparare una pastella lenta
con farina e acqua ghiacciata.

Porre nella mano sinistra una manciata
di riso, sistemandolo a cucchiaio,
quindi collocarvi al centro un cucchiaino
di sugo e un tocchetto di pecorino fresco.
Ricoprire con altrettanto riso e sigillare,
evitando con cura la fuoriuscita del sugo.
Modellare a forma di cono o di palla e
passare nella pastella e nel pangrattato.

In una pentola far scaldare l'olio
o lo strutto: immergervi gli arancini,
fino a rapida doratura del pangrattato.

Appena pronti, passare in forno a
210 °C per 10 minuti circa fino ad
asciugatura della panatura e servire caldi.

Rice balls:

Boil rice in salted water until *al dente*.

Immediately after draining, add the
grated pecorino cheese and the saffron
soaked in a small amount of hot water.

Prepare a batter with the flour
and iced water.

Put a handful of rice in your left hand
and flatten with a spoon. Place a
teaspoon of sauce and a small amount
of fresh pecorino cheese in the centre.
Cover with the same amount of rice
and seal the sauce inside, being careful
to avoid leaks. Shape into a cone or
ball and dip in the batter and then the
breadcrumbs.

Heat the oil or lard in a saucepan.
Fry the rice balls until the breadcrumbs
are golden brown.

Bake in a hot oven (210°C – 410°F)
for approximately 10 minutes.
Serve warm.

Vino Wine:
"Arturo di Lanzeria" 2006 - Sicilia IGT Rosso - Azienda agricola Guccione, San Cipirello (Palermo)

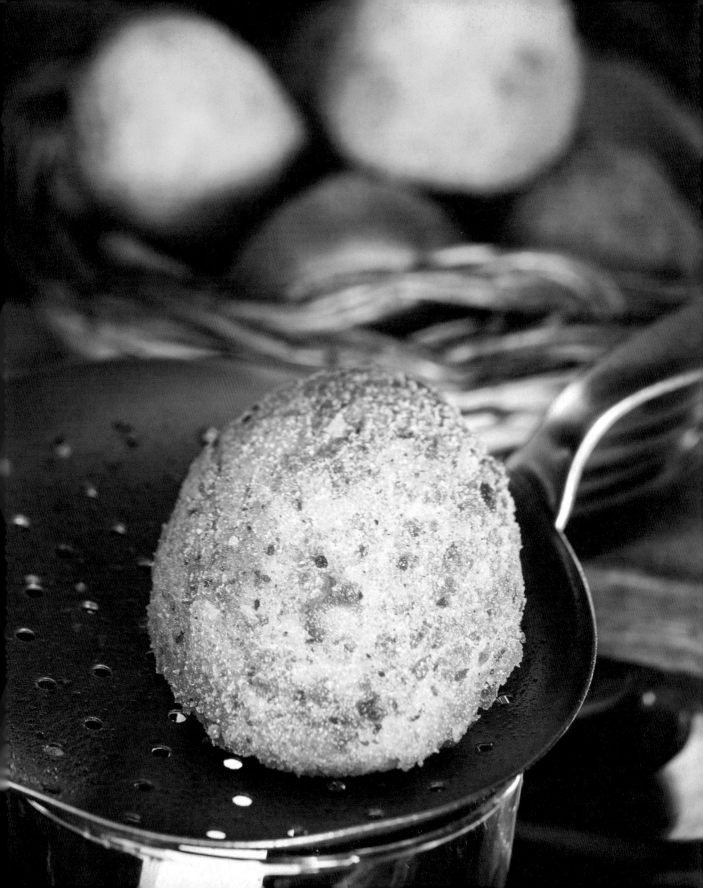

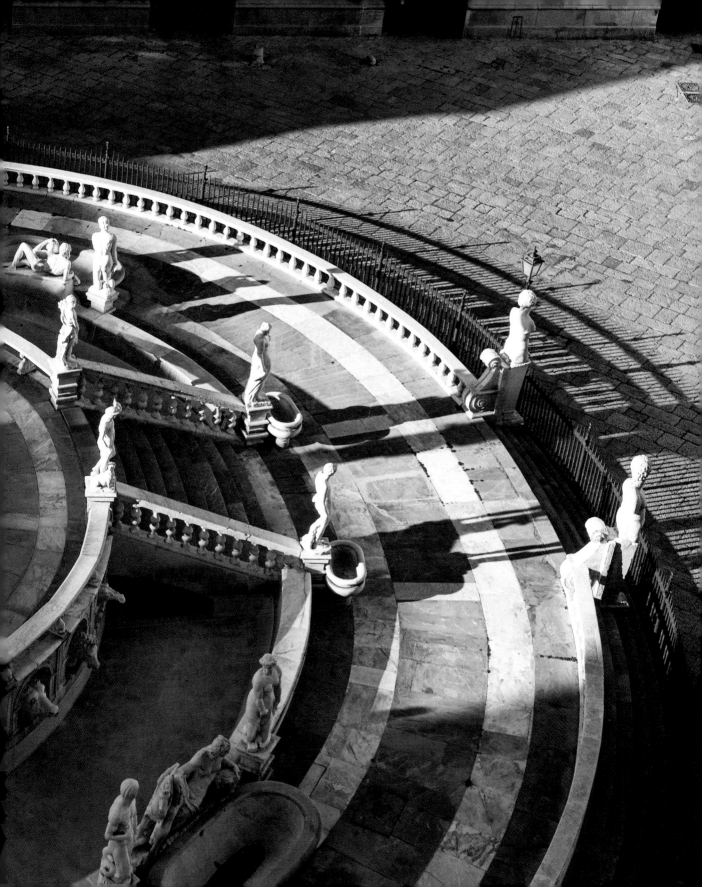

38

*Antipasti, insalate
e "cibo di strada"*
Antipastos, salads
and street food

Pani cunzatu
Cunzatu bread

● ○ ○

Ingredienti per 4 persone:
- *12 fette di pane casereccio
  lievemente raffermo*
- *8 pomodori*
- *2 cetrioli*
- *2 spicchi di aglio*
- *qualche foglia di basilico*
- *origano*
- *olio extravergine d'oliva*
- *sale*
- *pepe*

Serves 4:
- *12 slices of slightly old good bread*
- *8 tomatoes*
- *2 cucumbers*
- *2 cloves garlic*
- *a few basil leaves*
- *oregano*
- *extra virgin olive oil*
- *salt*
- *pepper*

Bagnare le fette di pane con acqua.

Affettare i pomodori e i cetrioli.

Mettere in infusione gli spicchi di aglio
in olio e lasciare riposare per 1 ora circa.

Sistemare a strati le fette di pane,
i pomodori, i cetrioli e condire
con foglie di basilico, origano,
sale e pepe e bagnare con abbondante
olio aromatizzato all'aglio.

Comporre due strati e chiudere
con una fetta di pane condita
con l'olio, qualche fogliolina
di basilico e origano.

Dampen the bread with water.

Slice the tomatoes and cucumbers.

Soak the garlic cloves in olive oil
for 1 hour.

Layer the slices of bread, tomatoes
and cucumbers, and season with the
basil leaves, oregano, salt and pepper.
Drizzle plenty of the garlic-flavoured
oil over the top.

Form two layers and cover with a slice
of bread sprinkled with the oil, some
basil leaves and oregano.

39

*Antipasti, insalate
e "cibo di strada"*
*Antipastos, salads
and street food*

Panelle
Chickpea flour fritters

● ● ○

Ingredienti per 4 persone:
- *375 ml di acqua*
- *125 g di farina di ceci*
- *50 g di prezzemolo tritato*
- *olio per frittura*
- *sale*
- *pepe*

Serves 4:
- *375ml (1½ cups) water*
- *125g (1 cup) chickpea flour*
- *50g (1 cup) Italian parsley,
  chopped*
- *oil for frying*
- *salt*
- *pepper*

In una pentola diluire la farina di ceci nell'acqua, porre sul fuoco medio e rimestare in continuazione con un cucchiaio di legno.

Rimestare sempre più velocemente fino a completo addensamento del composto, incorporare il prezzemolo e, un attimo prima che cominci a sobbollire, togliere dal fuoco.

Versare rapidamente il composto su una lastra di marmo e stenderlo con rapidità aiutandosi con il cucchiaio di legno fino a raggiungere lo spessore di circa 7 mm.

Lasciare raffreddare, quindi ricavare dei quadrati con un coltello affilato.

Tuffare le panelle in una padella con olio bollente e lasciarle dorare.

Estrarre dall'olio, sgocciolarle con cura e disporle su carta assorbente, aggiungendo sale e pepe a piacere.

In a saucepan, mix the chickpea flour in the water. Place over a medium heat, stirring constantly with a wooden spoon.

Stir faster and faster until the mixture is completely firm. Stir in the parsley and, a moment before it begins to simmer, remove from the heat.

Quickly pour the mixture onto a marble slab and quickly spread using a wooden spoon to form a thickness of approximately 7mm.

Allow to cool. Using a sharp knife, cut into squares.

Fry the fritters in hot oil until golden brown.

Remove from the oil, drain thoroughly and place on paper towel. Add salt and pepper if you wish.

40

*Antipasti, insalate
e "cibo di strada"
Antipastos, salads
and street food*

Cazzilli di patate

Potato croquettes

● ● ○

Ingredienti per 4 persone:
- 1 kg di patate farinose
- 200 g di pecorino grattugiato
- 1 manciata di prezzemolo tritato
- noce moscata (a piacere)
- farina 00
- olio di semi di girasole o di mais
- sale
- pepe

Serves 4:
- 1kg (2¼ lbs) floury potatoes
- 200g (1¾ cups) pecorino cheese, grated
- 1 handful chopped Italian parsley
- nutmeg (optional)
- 00 flour
- maize or sunflower oil
- salt
- pepper

Lessare le patate in abbondante acqua salata, scolarle e, dopo averle pelate, passarle nello schiacciapatate.

Aggiungere il sale, il pepe, il pecorino grattugiato, un po' di prezzemolo tritato finemente e, a piacere, una grattata di noce moscata.

Far intiepidire, amalgamare bene e formare le crocchette.

Immediatamente prima della frittura infarinarle leggermente.

Friggere le crocchette in un pentolino profondo in olio di semi di girasole o di mais non troppo caldo.

Estrarle con una schiumarola, adagiarle su carta assorbente, aggiungere un pizzico di sale e servire ancora caldissime.

Boil the potatoes in ample salted water, then drain, peel and mash.

Add the salt, pepper, grated pecorino cheese, a little finely chopped parsley and, if desired, some grated nutmeg.

Let cool, mix well and form the croquettes.

Immediately before frying, lightly coat in flour.

Deep fry the croquettes in hot but not boiling maize or sunflower oil.

Remove with a slotted spoon, place on absorbent paper, add a pinch of salt and serve hot.

Vino Wine:
"Ramì" 2009 - Sicilia IGT Bianco - Azienda agricola Cos, Vittoria (Ragusa)

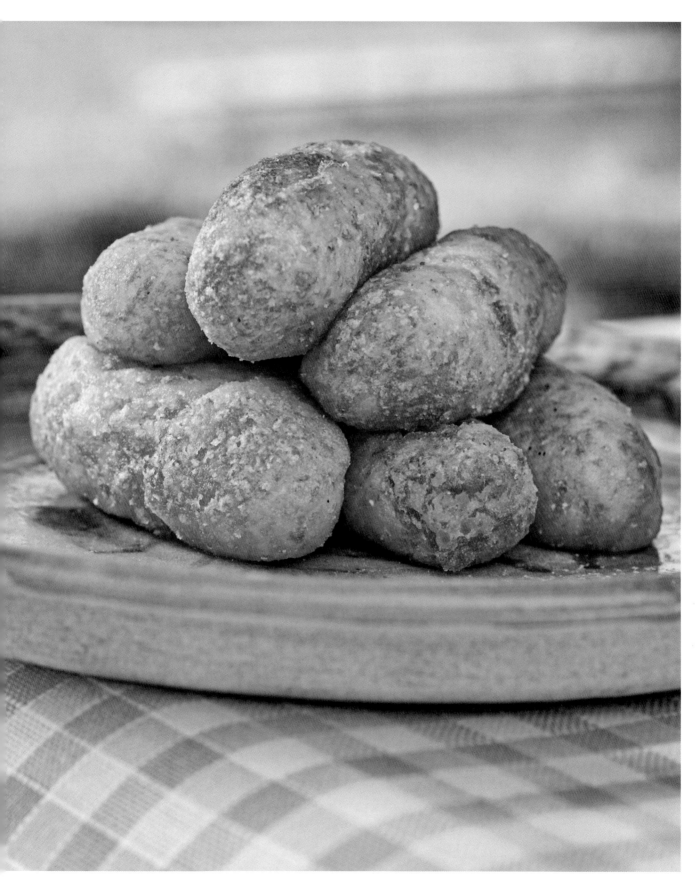

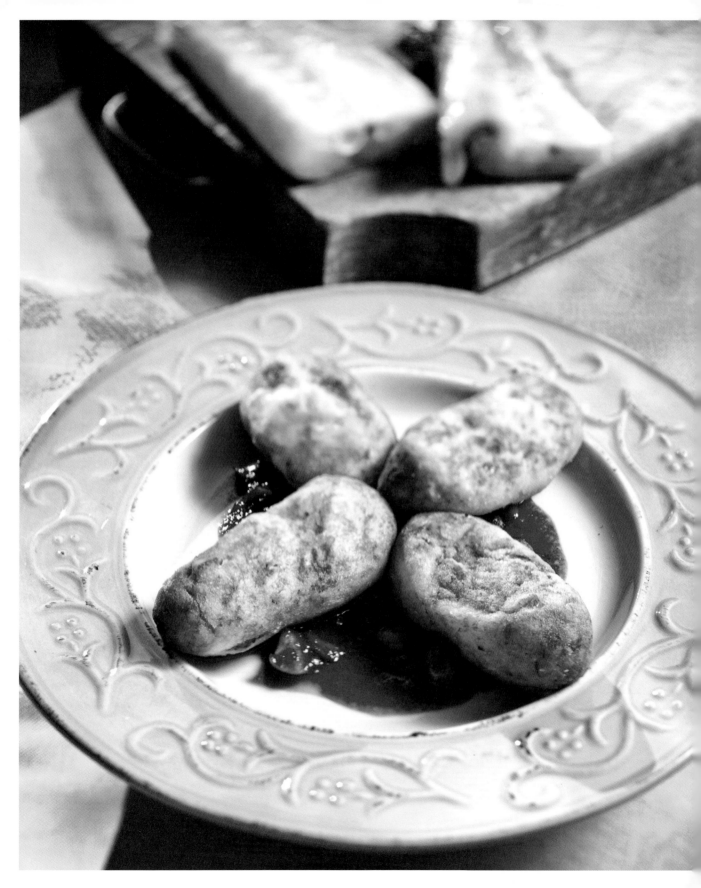

43
*Antipasti, insalate
e "cibo di strada"
Antipastos, salads
and street food*

Cazzilli di baccalà in salsa scabece

Cod croquettes in tomato, olive and caper sauce

● ● ○

Ingredienti per 4 persone:
Per i cazzilli:
- 1,5 kg di baccalà
- 1 kg di patate
- 1 l di latte
- qualche spicchio di aglio
- qualche foglia d'alloro
- farina 00
- olio extravergine d'oliva o di semi di girasole o di mais
- sale
- pepe

Per la salsa scabece:
- 2 kg di pomodori per salsa
- 15 olive verdi denocciolate
- 2 cucchiai di capperi
- 2 spicchi di aglio
- 1 pizzico di zucchero
- 1 spruzzata di aceto di vino rosso
- peperoncino (a piacere)
- sale

Lessare le patate, schiacciarle e salarle.

Lessare nel latte il baccalà, aromatizzando con spicchi d'aglio intero e alloro. Filtrare il liquido di cottura.

Spinare e sfilacciare il baccalà. Frullarlo bagnandolo con un po' di latte di cottura, aggiustare di sale e di pepe.

Impastare le patate con il baccalà fino a ottenere un impasto fine e soffice.

Formare delle crocchette non più lunghe del dito medio, passarle nella farina e friggerle in olio non bollente in un pentolino profondo.

A parte preparare la salsa tagliando i pomodori a pezzi e lasciando cuocere a fiamma alta, schiacciandoli con un cucchiaio di legno e mescolando in continuazione. Passare al passaverdure.

Boil, mash and salt the potatoes.

Boil the cod in the milk with the whole garlic cloves and bay leaf. Strain the cooking liquid and set aside.

Bone and shred the cod. Place the cod in a blender with a little of the cooking milk, seasoning with salt and pepper.

Mix the potatoes with the cod to form a fine, soft mixture.

Shape into croquettes, no longer than the middle finger, dip in flour and deep fry in hot oil.

Prepare the sauce separately by slicing the tomatoes into pieces and cooking over a high flame while crushing them with a wooden spoon and stirring constantly. Put through a purée sieve.

>>>   >>>

44

*Antipasti, insalate
e "cibo di strada"
Antipastos, salads
and street food*

Serves 4:

Croquettes:

- *1.5kg (3⅓ lbs) baccalà (dried
  salted cod)*
- *1kg (2¼ lbs) potatoes*
- *1l (2 pts) milk*
- *a few garlic cloves*
- *a few bay leaf*
- *00 flour*
- *extra virgin olive, sunflower
  or maize oil*
- *salt*
- *pepper*

Tomato, olive and caper sauce:

- *2kg (4½ lbs) ripe tomatoes*
- *15 pitted green olives*
- *2 tablespoons capers*
- *2 garlic cloves*
- *1 pinch sugar*
- *1 dash red wine vinegar*
- *chilli pepper (optional)*
- *salt*

<<<

Rimettere sul fuoco, aggiungere un
paio di spicchi di aglio (da eliminare
a cottura ultimata), un'abbondante
spruzzata di aceto, lo zucchero,
i capperi, le olive tagliate a fettine
e il peperoncino. Regolare di sale.
A crudo aggiungere un filo d'olio.

Stendere sul piatto piano un po'
di salsa scabece, adagiandovi
a raggiera le crocchette.

<<<

Place back on the stove, adding
a couple of whole garlic cloves
(remove after cooking), a generous
dash of vinegar, the sugar, the capers,
sliced olives and chilli pepper.
Add salt to taste. Drizzle with oil.

Spread some of the sauce on a flat plate
then arrange the croquettes
in a spoke pattern.

Vino Wine:

"Carjcanti" 2008 - Sicilia IGT Bianco - Azienda agricola Gulfi, Chiaramonte Gulfi (Ragusa)

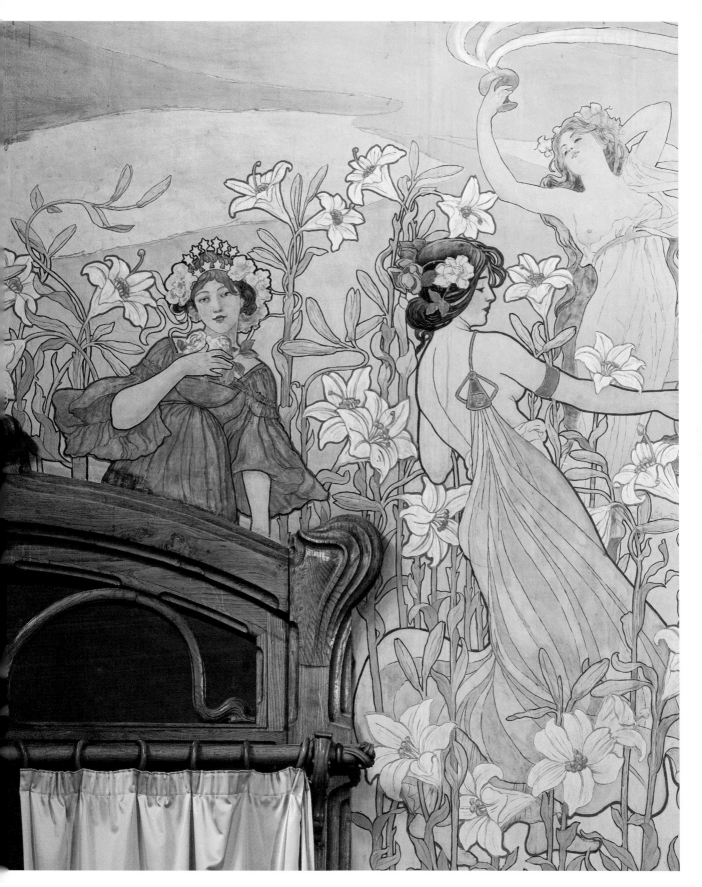

46

*Antipasti, insalate
e "cibo di strada"*
Antipastos, salads
and street food

Bocconcini di primosale in salsa di peperoni e miele

Primosale cheese balls with chilli and honey sauce

● ● ○

Ingredienti per 4 persone:
- *1 kg di formaggio primosale*
- *6 uova*
- *2 peperoni rossi*
- *2 spicchi di aglio*
- *pangrattato*
- *peperoncino*
- *miele di zagara*
- *olio extravergine d'oliva*
- *olio di semi di mais o di girasole*
- *sale*

Serves 4:
- *1kg (2¼ lbs) primosale cheese*
- *6 eggs*
- *2 red peppers*
- *2 cloves garlic*
- *breadcrumbs*
- *chilli pepper*
- *orange blossom honey*
- *extra virgin olive oil*
- *maize or sunflower oil*
- *salt*

Tagliare il formaggio a cubetti di 2 cm di lato circa.

Passare i cubetti prima nell'uovo sbattuto e poi nel pangrattato. Ripetere l'operazione due volte fino a ottenere una panatura sufficientemente uniforme e spessa.

Friggere i bocconcini di pecorino in olio di semi di girasole (o di mais) o in olio extravergine d'oliva bollente, fino a completa doratura.

Cuocere in forno o alla brace i peperoni, pelarli e frullarli con olio d'oliva, aglio, sale e peperoncino.

Prima di servire passare i bocconcini in forno a 180 °C per 10 minuti e scaldare la salsa di peperoni in padella antiaderente.

Sistemare sul fondo di un piatto piano la salsa di peperoni, adagiarvi 4 bocconcini di pecorino e ricoprire con il miele di zagara intiepidito in un pentolino e reso perfettamente fluido.

Cut the cheese into approximately 2cm cubes.

Dip the cheese cubes in the beaten egg and then in the breadcrumbs. Repeat to form a uniform and thick covering of breadcrumbs.

Fry the diced cheese in sunflower oil (or maize oil) or hot olive oil until golden.

Roast or grill the peppers. Peel and blend with the olive oil, garlic, salt and chilli pepper.

Before serving, place the cheese balls in a 180°C (360°F) oven for 10 minutes and heat the chilli sauce in non-stick pan.

Spoon the chilli sauce onto the bottom of a flat dish, arrange four cheese balls on top, and drizzle with the orange blossom honey, warmed first in a pan to be perfectly fluid.

Vino Wine:
"Calderara Sottana" 2008 - Etna DOC Rosso - Cantina Tenuta delle Terre Nere, Randazzo (Catania)

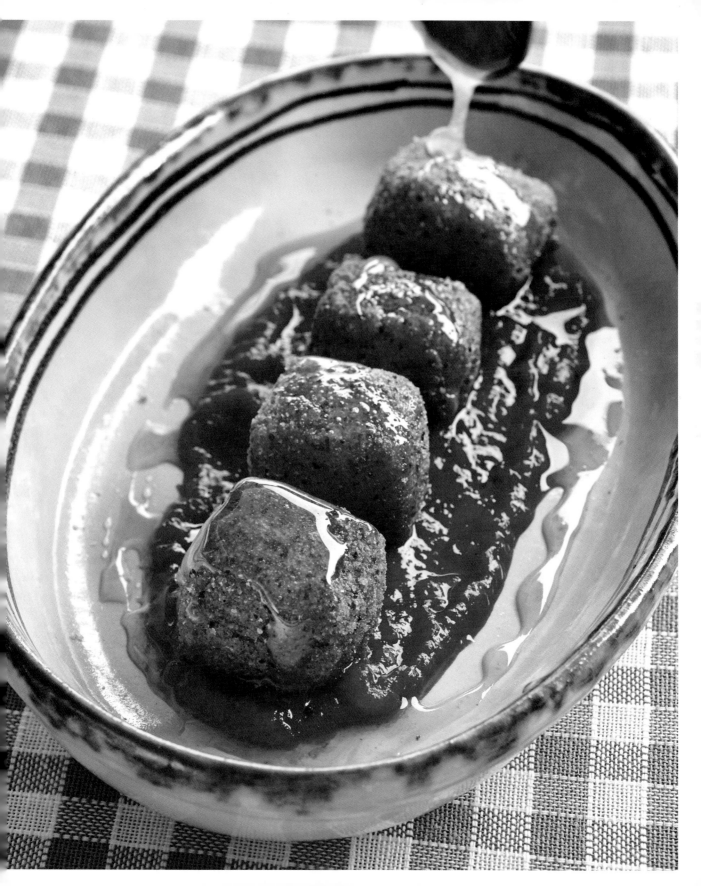

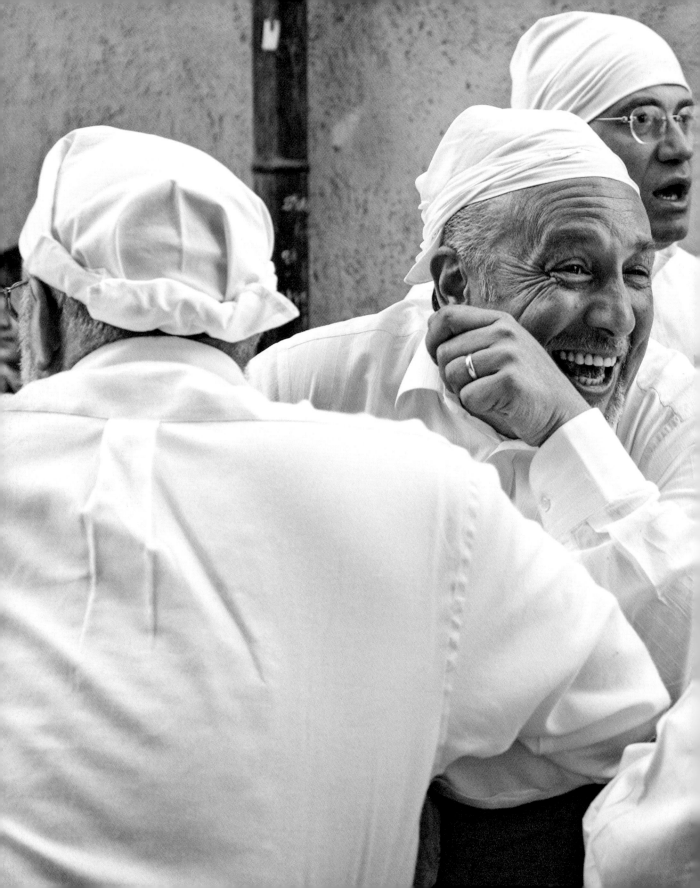

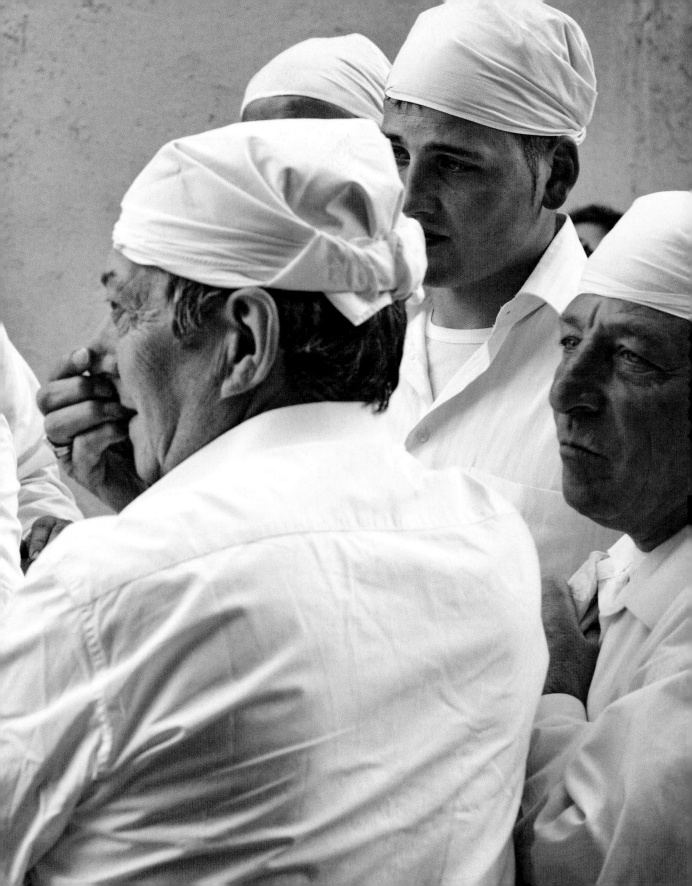

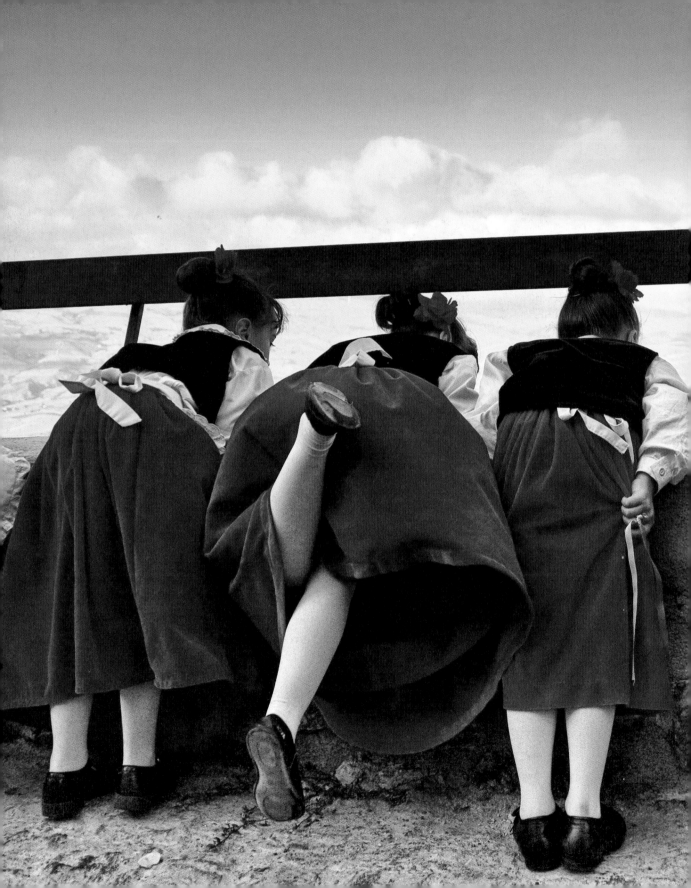

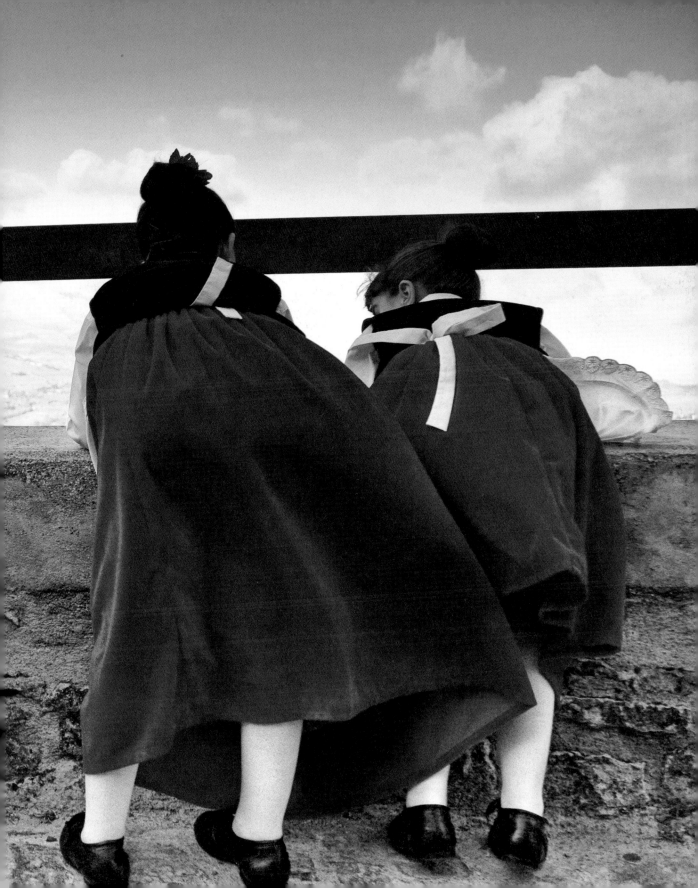

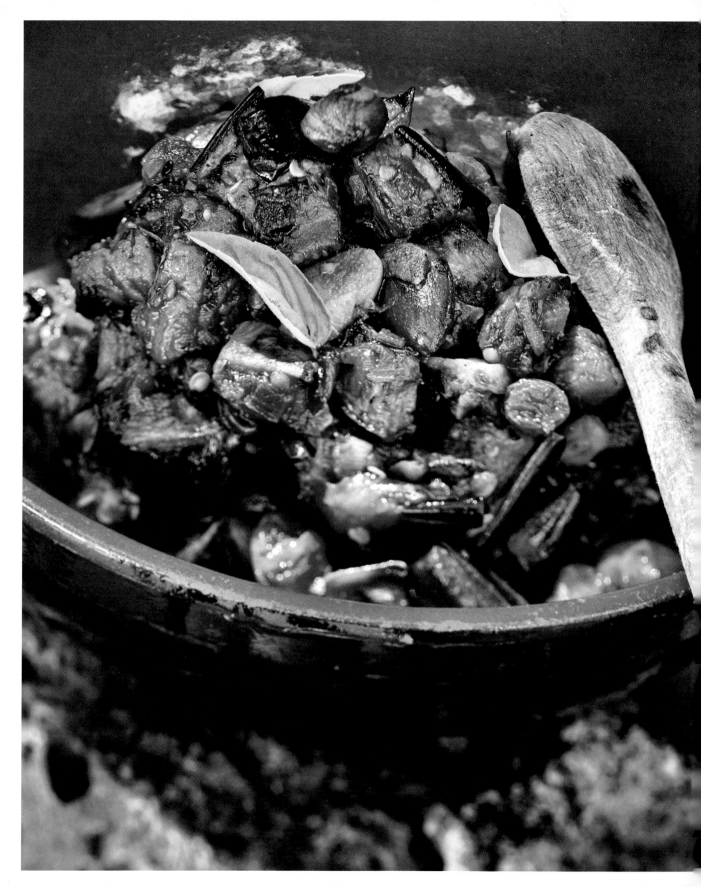

53

*Antipasti, insalate
e "cibo di strada"*
*Antipastos, salads
and street food*

Caponata di melanzane
Aubergine in sweet-and-sour sauce

● ● ○

Ingredienti per 4 persone:
- *2 melanzane*
- *2 coste di sedano*
- *3 carote*
- *1 cipolla*
- *150 g di salsa di pomodoro*
- *10 olive bianche denocciolate*
- *2 cucchiai di capperi*
- *100 g di mandorle tostate*
- *100 g di uva passa*
- *2 cucchiai di miele*
- *1 mazzetto di basilico*
- *olio extravergine d'oliva*
- *aceto di vino rosso*
- *sale*
- *pepe*

Serves 4:
- *2 aubergines*
- *2 celery sticks*
- *3 carrots*
- *1 onion*
- *150g (⅔ cup) basic tomato sauce*
- *10 pitted white olives*
- *2 tablespoons capers*
- *100g (¾ cup) roasted almonds*
- *100g (⅔ cup) raisins*
- *2 tablespoons honey*
- *1 small bunch of basil*
- *extra virgin olive oil*
- *red wine vinegar*
- *salt*
- *pepper*

Tagliare le melanzane a dadini
e grigliarle con pochissimo olio
in padella antiaderente.

Tagliare a cubetti il sedano
e le carote e tritare finemente
la cipolla.

Soffriggere in olio la cipolla,
aggiungervi il sedano e le carote.

Appena rosolate le verdure,
aggiungere la salsa di pomodoro
e il basilico e lasciar cuocere fino
a cottura per una decina di minuti
circa.

Aggiungere le melanzane, il sale,
il pepe, i capperi, le olive, l'uva passa,
le mandorle tostate, il miele e l'aceto.
Far evaporare l'aceto e far caramellare.

Servire fredda o tiepida.

Dice the aubergines and fry
with a very small amount of oil
in a non-stick pan.

Dice the celery and carrot,
and finely chop the onion.

Fry the onion in oil, adding
the celery and carrot.

Once the vegetables are golden,
add the basic tomato sauce
and basil leaves, and complete
cooking (approximately 10 minutes).

Add the aubergines, salt, pepper,
capers, olives, raisins, almonds,
honey and vinegar. Evaporate
the vinegar and let caramelize.

Serve chilled or at room temperature.

Vino Wine:
"Etna Rosso" 2008 - Etna DOC Rosso - Cantine Graci, Castiglione di Sicilia (Catania)

54

*Antipasti, insalate
e "cibo di strada"
Antipastos, salads
and street food*

Broccoli affogati

'Drowned' broccoli

● ○ ○

Ingredienti per 4 persone:
- *1 kg di broccoli*
- *1 cipolla*
- *10 filetti di acciuga*
- *15 olive nere*
- *½ bicchiere di vino bianco*
- *50 g di pecorino a scaglie*
- *olio extravergine d'oliva*
- *sale*
- *pepe*

Serves 4:
- *1kg (2¼ lbs) broccoli*
- *1 onion*
- *10 anchovy fillets*
- *15 black olives*
- *½ glass white wine*
- *50g (¼ cup) pecorino cheese,
  flaked*
- *extra virgin olive oil*
- *salt*
- *pepper*

In una padella unire i broccoli tagliati a tocchetti, la cipolla affettata, olio, sale e pepe, aggiungere 2 bicchieri d'acqua e lasciare cuocere a fuoco lento.

A metà cottura unire le acciughe, le olive e il vino.

Poco prima di terminare la cottura, aggiungere il pecorino a scaglie, mescolare velocemente e servire freddo.

In a saucepan, combine the broccoli cut into pieces, sliced onions, olive oil, salt and pepper. Add 2 cups of water and cook over a low heat.

When half cooked, add the anchovies, olives and wine.

Just before cooking is completed, add the shaved pecorino, stirring quickly. Serve cold.

55

*Antipasti, insalate
e "cibo di strada"
Antipastos, salads
and street food*

Polpette di melanzane
Aubergine rissoles

● ● ○

Ingredienti per 4 persone:
- *4 melanzane (600 g circa)*
- *1 uovo*
- *160 g di pecorino grattugiato*
- *80 g di pangrattato*
- *2 mazzi di basilico*
- *1 spicchio di aglio*
- *farina 00*
- *olio di semi di girasole o di mais*
- *sale*

Serves 4:
- *4 aubergines
  (approx. 600g – 1⅓ lbs)*
- *1 egg*
- *160g (1¼ cups) pecorino cheese,
  grated*
- *80g (⅔ cup) breadcrumbs*
- *2 bunches of basil*
- *1 garlic clove*
- *00 flour*
- *maize or sunflower oil*
- *salt*

Affettare le melanzane in 4 parti nel senso della lunghezza e cuocerle in forno in una teglia possibilmente coperta con alluminio.

Aspettare che si freddino, strizzarle per eliminare l'acqua in eccesso e passarle al passaverdura.

Fare un impasto con le melanzane, il pangrattato, l'uovo sbattuto, il basilico tritato, l'aglio tritato, il pecorino e il sale fino a raggiungere una consistenza morbida, sufficientemente asciutta e soda.

Formare delle polpette un po' schiacciate, infarinarle e friggerle in olio di semi di girasole o di mais.

Slice the aubergines into 4 pieces lengthwise and oven roast in a baking dish, preferably covered with aluminium foil.

Allow to cool. Press to remove excess water and put through a purée sieve.

Make a soft, dry and firm mixture with the aubergines, breadcrumbs, beaten egg, chopped basil, minced garlic, pecorino cheese and salt.

Shape into fairly flat rissoles, flour, and fry in sunflower or maize oil.

Vino Wine:
"SP 68" 2009 - Sicilia IGT Rosso - Azienda agricola Arianna Occhipinti, Vittoria (Ragusa)

56

*Antipasti, insalate
e "cibo di strada"
Antipastos, salads
and street food*

Involtini di melanzane

Aubergine rolls

● ● ○

Ingredienti per 4 persone:
- *4 melanzane*
- *700 g di carne di vitello tritata*
- *2 kg di pomodori pelati
  e privati dei semi*
- *2 cipolle*
- *3 uova*
- *100 g di parmigiano grattugiato*
- *mollica di pane*
- *latte*
- *vino bianco*
- *basilico*
- *olio extravergine d'oliva*
- *sale fino e sale grosso
  (per la salamoia)*
- *pepe*

Serves 4:
- *4 aubergines*
- *700g (1½ lbs) minced veal*
- *2kg (4½ lbs) tomatoes, peeled
  and seeded*
- *2 onions*
- *3 eggs*
- *100g (½ cup) Parmesan cheese,
  grated*
- *bread with crusts removed*
- *milk*
- *white wine*
- *basil*
- *extra virgin olive oil*
- *fine salt and coarse salt (for brine)*
- *pepper*

Tagliare a fette sottili le melanzane e immergerle in acqua fredda salata per 30 minuti.

Estrarle dall'acqua, strizzarle accuratamente e friggerle in olio caldo. Assorbire l'olio in eccesso e salare.

Porre una noce di mollica di pane a mollo nel latte, strizzarla e mescolarla alla carne tritata, alle uova e al parmigiano e aggiustare di sale e pepe.

Amalgamare bene e formare delle palline. Sistemare una pallina su ogni fetta di melanzana e arrotolare a forma di involtino.

In un'ampia casseruola soffriggere la cipolla tagliata a velo e aggiungere il pomodoro. Far sobbollire per 10 minuti, aggiungere il basilico, e adagiare gli involtini.

Bagnare con abbondante vino, aggiustare di sale e pepe e cuocere per 30 minuti.

Cut the aubergines into thin slices and soak in cold salted water for 30 minutes.

Remove them from the water, dry thoroughly and fry in hot oil. Remove the excess oil and then salt.

Soak a knob of bread in the milk, squeeze, and mix with the minced meat, eggs and Parmesan cheese. Season with salt and pepper.

Mix well and shape into balls. Place a ball on each slice of aubergine and form a roll.

In a large saucepan, fry the finely sliced onion and add the tomato. Simmer for 10 minutes. Add the basil, and lay the rolls in the mixture.

Sprinkle on plenty of wine, season with salt and pepper, and cook for 30 minutes.

Vino Wine:
"Ottoventi Bianco" 2009 - Sicilia IGT Bianco - Cantina Ottoventi, Trapani

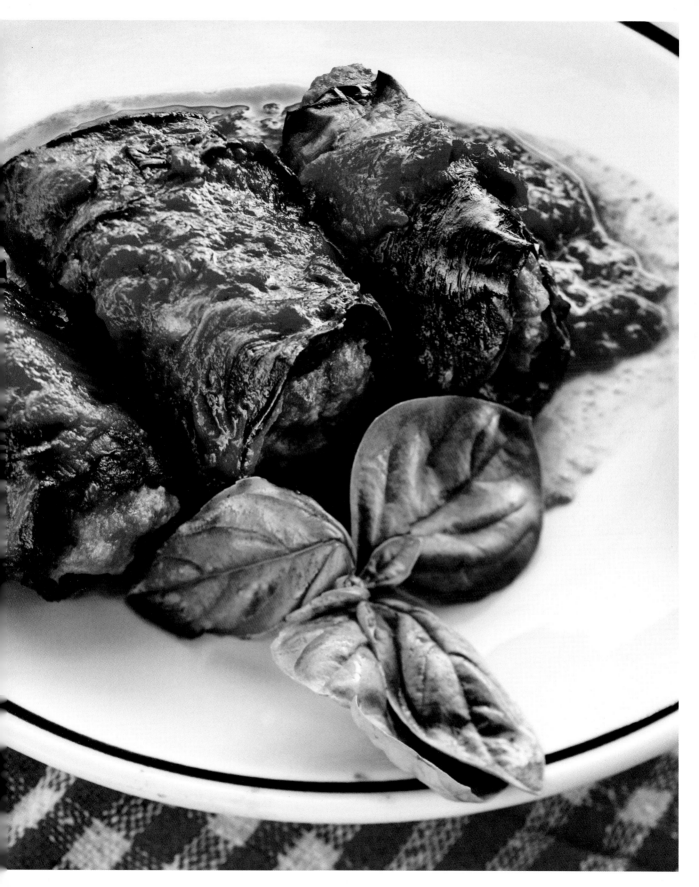

58

*Antipasti, insalate
e "cibo di strada"
Antipastos, salads
and street food*

Involtini di melanzane grigliate alla ricotta fresca

Grilled aubergine rolls with fresh ricotta

● ○ ○

Ingredienti per 4 persone:
- 2 melanzane grosse
- 500 g di ricotta fresca
- 3 spicchi di aglio
- noce moscata
- origano
- olio extravergine d'oliva
- aceto balsamico
- sale fino e sale grosso
  (per la salamoia)
- pepe

Serves 4:
- 2 large aubergines
- 500g (1 lb) fresh ricotta
- 3 garlic cloves
- nutmeg
- oregano
- extra virgin olive oil
- balsamic vinegar
- fine salt and coarse salt
  (for brine)
- pepper

Tagliare le melanzane a fette sottili e porle in salamoia nel sale grosso per 30 minuti, quindi strizzarle, asciugarle e grigliarle.

A parte lavorare la ricotta con aglio tritato, noce moscata, pepe e olio.

Con due cucchiai formare una crocchetta ovoidale di ricotta da adagiare sulla fetta di melanzana.

Avvolgere a involtino e condire con una vinaigrette di olio, aceto, sale, pepe e origano.

Cut the aubergines into thin slices and soak in water salted with the course salt for 30 minutes. Dry thoroughly and grill.

Mix the ricotta with the garlic, nutmeg, pepper and oil.

Using two spoons, form oval croquettes of ricotta, placing each one on a slice of eggplant.

Form rolls and serve with a vinaigrette of oil, vinegar, salt, pepper and oregano.

Vino Wine:
"Pista e mutta" - Etna DOC Rosato - Azienda vinicola Calabretta, Randazzo (Catania)

59

*Antipasti, insalate
e "cibo di strada"
Antipastos, salads
and street food*

Parmigiana di melanzane
Aubergine parmigiana

● ● ○

Ingredienti per 4 persone:
- *8 melanzane*
- *1 kg di pomodori maturi*
- *2 cipolle*
- *100 g di pecorino o caciocavallo*
- *un mazzetto di basilico*
- *olio extravergine d'oliva*
- *sale grosso*

Serves 4:
- *8 aubergines*
- *1kg (2¼ lbs) ripe tomatoes*
- *2 onions*
- *100g (3½ oz) pecorino
  or caciocavallo cheese*
- *1 small bunch of basil*
- *extra virgin olive oil*
- *coarse salt*

Preparare una salsa di pomodoro con la cipolla tritata, i pomodori e il basilico.

Affettare le melanzane nel senso della lunghezza, conservando la buccia, e adagiarle in acqua salata per qualche ora, quindi scolarle con cura, sciacquarle e asciugarle.

Friggere le melanzane in padella con abbondante olio ben caldo su entrambi i lati.

Cospargere il fondo di una teglia da forno con qualche cucchiaio di salsa.

Alternare strati di melanzane fritte a salsa, formaggio grattugiato e foglie di basilico.

Coprire l'ultimo strato con salsa e formaggio e passare al forno ben caldo per 40 minuti circa e fino al raggiungimento di una crosticina dorata.

Prepare a tomato sauce with the chopped onions, tomatoes and basil.

Slice the aubergines lengthways, without removing the skins, and soak in salted water for a few hours. Drain thoroughly, rinse and dry.

Fry the aubergines on both sides in a pan with plenty of hot oil.

Spread a few tablespoons of the sauce on the bottom of a baking dish.

Alternate each layer of the fried eggplant with the sauce, grated cheese and basil leaves.

Cover the final layer with the sauce and cheese, and bake in a very hot oven for approximately 40 minutes, until a golden crust forms.

Vino Wine:
"Faro" 2007 - Faro DOC - Azienda agricola Bonavita, Faro Superiore (Messina)

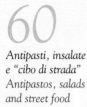

60

*Antipasti, insalate
e "cibo di strada"
Antipastos, salads
and street food*

Pomodori ripieni alla marsalese

Stuffed tomatoes Marsala style

● ○ ○

Ingredienti per 4 persone:
- *4 pomodori a grappolo
  di media grandezza*
- *400 g di gamberetti*
- *100 g di bottarga*
- *100 g di olive verdi*
- *olio extravergine d'oliva*
- *pepe*

Serves 4:
- *4 medium vine tomatoes*
- *400g (14 oz) prawns*
- *100g (3½ oz) botargo (cured
  fish roe)*
- *100g (3½ oz) green olives*
- *extra virgin olive oil*
- *pepper*

Lessare i gamberetti sgusciati
per 2 minuti in acqua salata.

Eliminare la calotta dei pomodori,
svuotarli della polpa e riempirli
con i gamberetti, le olive,
la bottarga, un filo d'olio e pepe.

Sistemare in una teglia e cuocere
in forno a 180 °C per 20 minuti.

Boil the peeled prawns for 2 minutes
in salted water.

Slice off the top of the tomatoes,
take out the pulp and fill with the
prawns, olives, botargo, a little olive
oil and pepper.

Place in a baking dish and bake
at 180°C (360°F) for 20 minutes.

Vino Wine:
"Pietra Nera" 2008 - Sicilia IGT Bianco - Cantina Marco De Bartoli, Marsala (Trapani)

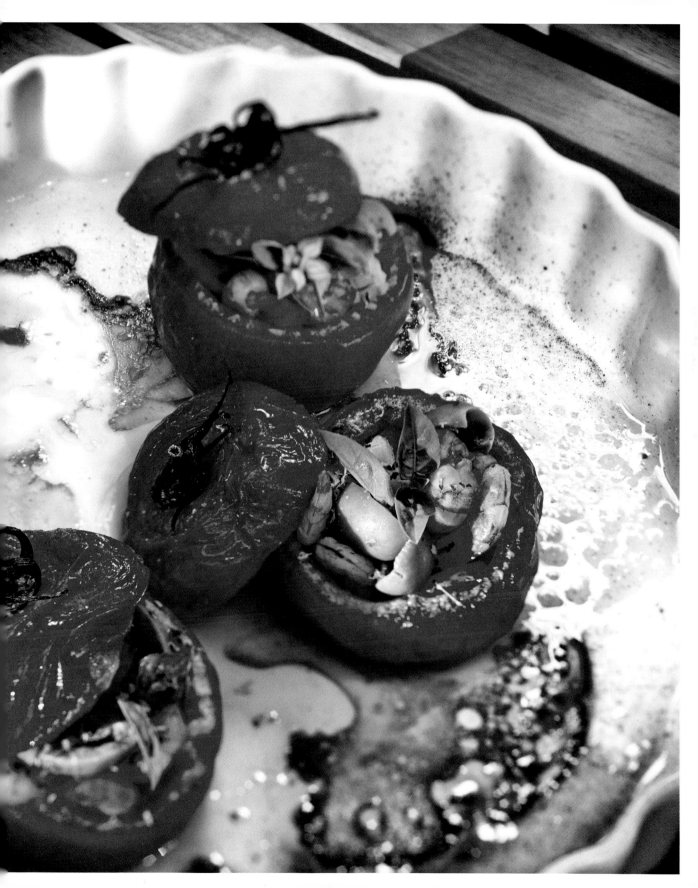

62

*Antipasti, insalate
e "cibo di strada"
Antipastos, salads
and street food*

Couscous con verdure grigliate in agliata

Couscous with grilled vegetables in a garlic sauce

● ● ○

Ingredienti per 4 persone:
- *200 g di couscous*
- *2 peperoni gialli*
- *1 peperone verde*
- *1 zucchina*
- *1 melanzana*
- *300 g di pomodori ciliegini*
- *1 cetriolo di media grandezza*
- *3 gambi di sedano bianco*
- *3 cipollotti*
- *2 spicchi di aglio*
- *qualche fogliolina di menta fresca*
- *3 limoni*
- *olio extravergine d'oliva*
- *aceto di vino rosso*
- *sale*
- *pepe*

Preparazione del couscous:
Tostare il couscous in padella antiaderente per qualche minuto e aggiungere 200 cl di acqua bollente mescolando in continuazione.

Stenderlo immediatamente in una teglia e sgranarlo con una forchetta.

Spremere il succo dei limoni nel couscous, girare con un cucchiaio di legno e fare assorbire. Lasciare riposare.

Tagliare a pezzi piuttosto piccoli un peperone giallo, il peperone verde, i pomodorini, il sedano, i cipollotti e il cetriolo e aggiungere le verdure al couscous. Aggiustare di sale e pepe, quindi aggiungere l'olio e la menta.

Riporre in frigo.

Couscous:
Toast the couscous in a non-stick pan for a few minutes, then add 2l (3½ pts) of boiling water, stirring constantly.

Immediately spread out on a baking dish, using a fork to separate the grains.

Sprinkle the juice of the lemons over the couscous, turning with a wooden spoon until absorbed. Allow to stand.

Cut into quite small pieces one yellow pepper, the green pepper, the tomatoes, celery, spring onions and cucumber. Add the vegetables to the couscous. Season with salt and pepper, then add the oil and peppermint. Refrigerate.

63

*Antipasti, insalate
e "cibo di strada"*
Antipastos, salads
and street food

Serves 4:
- *200g (1 cup) couscous*
- *2 yellow peppers*
- *1 green pepper*
- *1 courgette*
- *1 aubergine*
- *300g (11 oz) cherry tomatoes*
- *1 medium cucumber*
- *3 white celery stalks*
- *3 spring onions*
- *2 garlic cloves*
- *a few fresh peppermint leaves*
- *3 lemons*
- *extra virgin olive oil*
- *red wine vinegar*
- *salt*
- *pepper*

Preparazione delle verdure grigliate:

Arrostire in forno l'altro peperone giallo, spellarlo e tagliarlo a fettine.

Tagliare la melanzana e la zucchina a fette, quindi grigliarle in padella antiaderente.

Preparare una vinaigrette con aceto e olio. Riscaldare in padella aggiungendo due spicchi di aglio in camicia.

Appena comincia a sfrigolare, spegnere e aggiungere la menta.

Versare sulle verdure grigliate e lasciare insaporire per 1 ora circa.

Servire disponendo le verdure intorno al couscous.

Vegetables:

Oven roast the other yellow pepper. Then peel and cut into slices.

Slice the aubergine and courgette, and grill in a non-stick pan.

Prepare a vinaigrette with the vinegar and oil. Heat in a pan, adding the two cloves of unpeeled garlic.

As soon as the liquid begins to bubble, turn off the heat and add the peppermint.

Pour over the grilled vegetables and allow to absorb the flavours for 1 hour.

Place the vegetables on the couscous and serve.

Vino Wine:
*"Rocce di Pietra Longa" - Sicilia IGT Bianco - Cantina Centopassi,
San Giuseppe Jato (Palermo)*

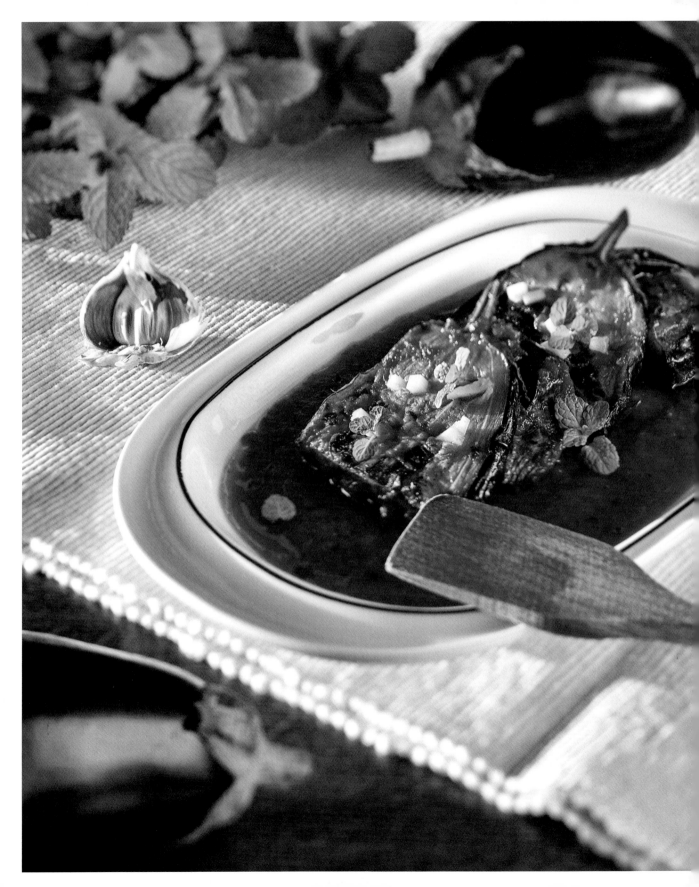

65

*Antipasti, insalate
e "cibo di strada"*
*Antipastos, salads
and street food*

Melanzane abbuttunati
Stuffed aubergine

● ● ○

Ingredienti per 4 persone:
- *1 melanzana*
- *250 g di caciocavallo
  semistagionato grattugiato*
- *1,5 l di salsa di pomodoro*
- *2 spicchi di aglio*
- *100 g di menta*
- *olio extravergine d'oliva*

Serves 4:
- *1 aubergine*
- *250g (1⅓ cups) semi-mature
  caciocavallo cheese, grated*
- *1.5l (3¼ pts) basic tomato sauce*
- *2 garlic cloves*
- *100g (1⅔ cups) peppermint*
- *extra virgin olive oil*

Tagliare la melanzana a metà
e fare 4 incisioni lungo la buccia
con un coltello a punta.

Riempire le incisioni con un trito
di menta, aglio e caciocavallo.

Friggere la melanzana in olio,
avendo cura di rivoltarla su ogni lato.

Infornare la melanzana a 200 °C
per 15 minuti e ultimare la cottura.

Trasferire la melanzana in padella
con la salsa di pomodoro e lasciare
cuocere per altri 15 minuti.

Cut the aubergine in half and make
4 incisions on the skin with a pointed
knife.

Fill the incisions with chopped
peppermint, garlic and caciocavallo
cheese.

Fry the aubergine in oil, ensuring that
each surface is fried.

Bake the aubergine at 200°C (390°F)
for 15 minutes.

Transfer the aubergine to a pan with
the tomato sauce and cook for a further
15 minutes.

Vino Wine:
"Faro" 2007 - Faro DOC - Azienda agricola Bonavita, Faro Superiore (Messina)

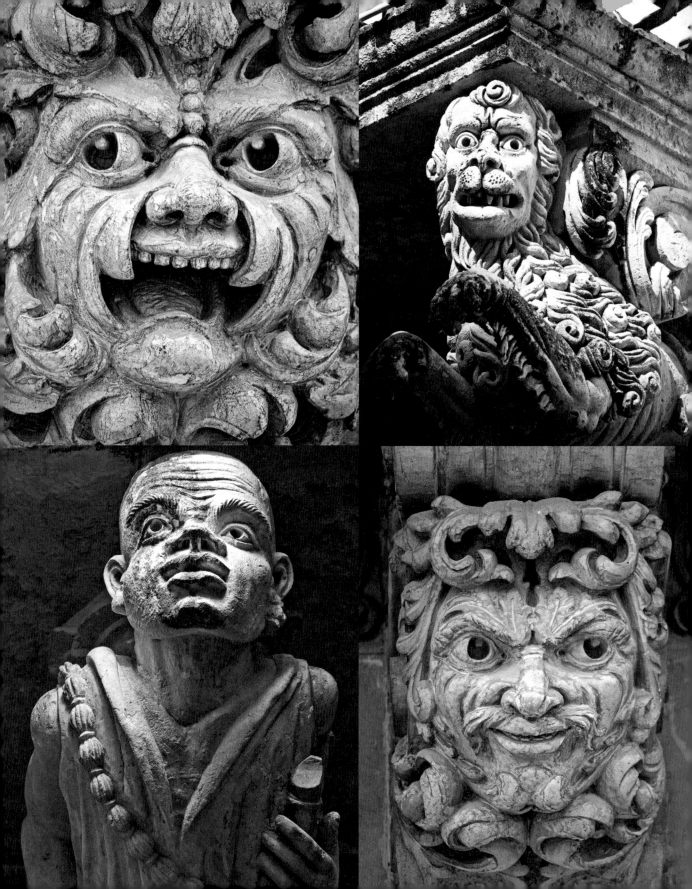

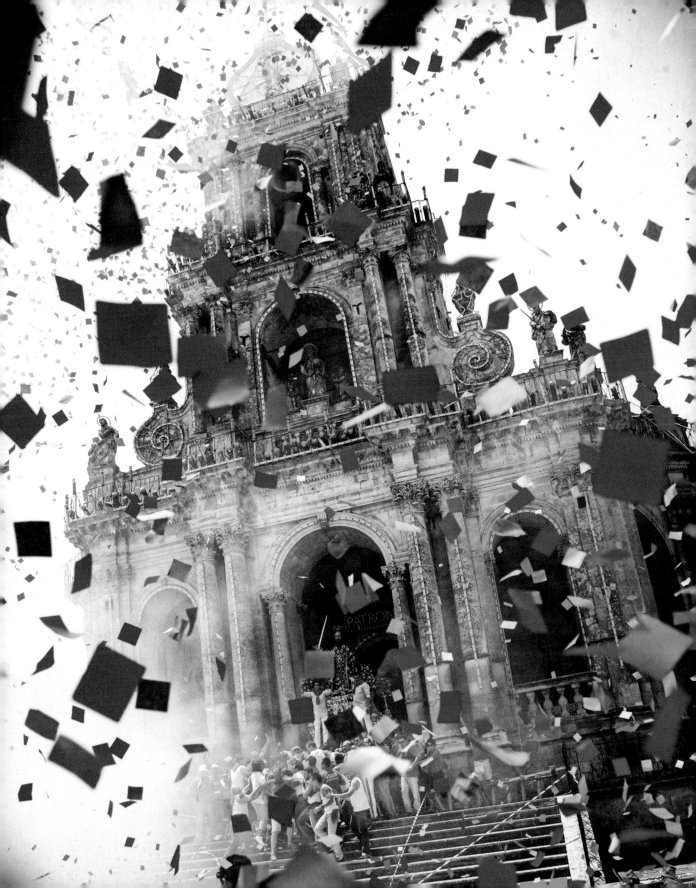

68

*Antipasti, insalate
e "cibo di strada"
Antipastos, salads
and street food*

Insalata di arance e capperi
Orange and caper salad

● ○ ○

Ingredienti per 4 persone:
- *4 arance*
- *2 cucchiai di succo di limone*
- *1 manciata di capperi*
- *2 cucchiai di olio extravergine
  d'oliva*

Serves 4:
- *4 oranges*
- *2 tablespoons lemon juice*
- *1 handful capers*
- *2 tablespoons extra virgin olive oil*

Sbucciare le arance e tagliarle a fette o a spicchi.

Condire con limone e olio e mescolare con cura.

Aggiungere i capperi alla fine.

Peel the oranges and cut into slices or wedges.

Season with lemon and olive oil and mix thoroughly.

Finally, sprinkle with the capers.

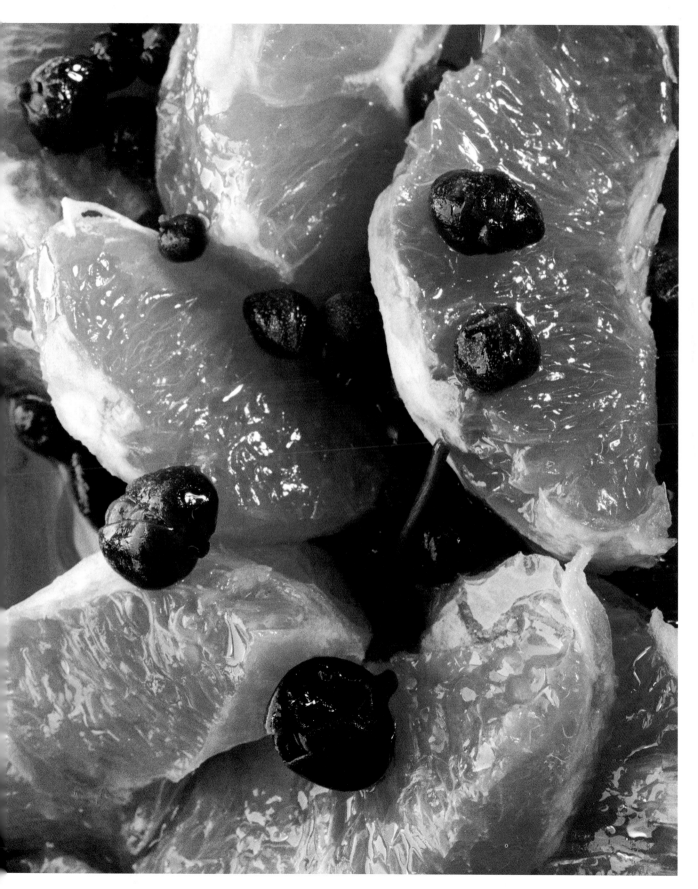

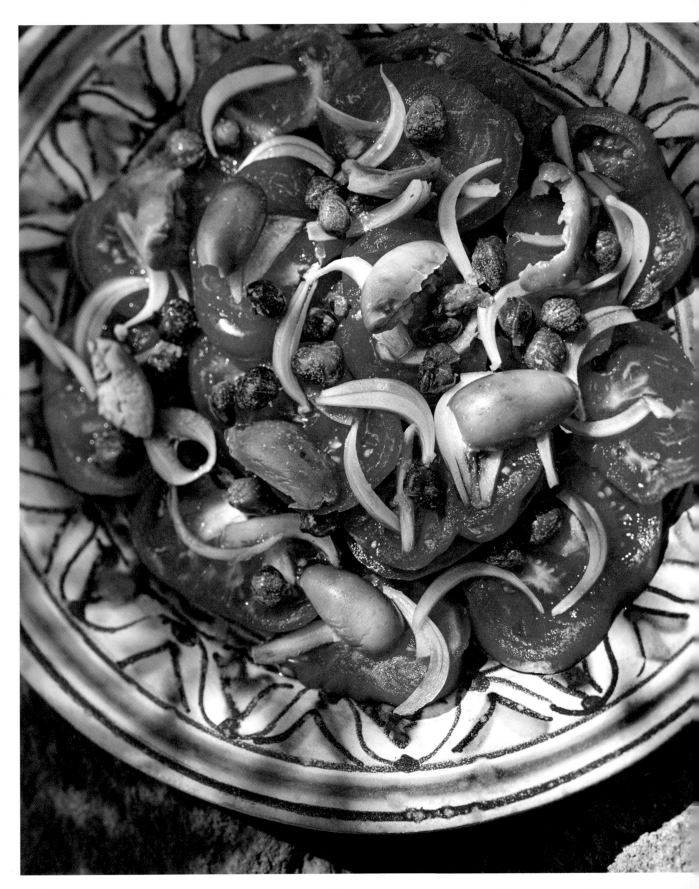

71

*Antipasti, insalate
e "cibo di strada"
Antipastos, salads
and street food*

Insalata eoliana

Aeolian salad

● ○ ○

Ingredienti per 4 persone:
- 800 g di pomodori
- olive verdi
- capperi
- 1 cipolla rossa di Tropea
- acciughe salate (a piacere)
- origano
- qualche foglia di basilico
- olio extravergine d'oliva
- aceto di vino rosso
- sale
- pepe

Serves 4:
- 800g (1¾ lbs) tomatoes
- green olives
- capers
- 1 Tropea red onion
- salted anchovies (optional)
- oregano
- a few basil leaves
- extra virgin olive oil
- red wine vinegar
- salt
- pepper

Tagliare i pomodori e aggiungere olive, capperi, cipolla di Tropea affettata, origano, basilico, sale, pepe e, a piacere, qualche pezzetto di acciuga salata.

Condire con olio e una spruzzatina di aceto.

Cut the tomatoes and combine with the olives, capers, sliced Tropea red onion, oregano, basil, salt and pepper, and a few pieces of salted anchovy (optional).

Drizzle with oil and a dash of vinegar.

Vino Wine:
"Bianco Pomice" 2008 - Sicilia IGT Bianco - Cantina Tenuta di Castellaro, Lipari (Messina)

72

*Antipasti, insalate
e "cibo di strada"
Antipastos, salads
and street food*

Insalata di lenticchie e santoreggia

Lentil and summer savoury salad

● ○ ○

Ingredienti per 4 persone:
- 800 g di lenticchie
- 2 cipolle
- 300 g di pomodori datterini
- 1 spicchio d'aglio
- santoreggia
- menta
- prezzemolo
- olio extravergine d'oliva
- aceto di vino bianco
- sale

Serves 4:
- 800g (4 cups) lentils
- 2 onions
- 300g (11 oz) plum tomatoes
- 1 garlic clove
- summer savoury
- peppermint
- Italian parsley
- extra virgin olive oil
- white wine vinegar
- salt

Cuocere le lenticchie in acqua, sale, santoreggia, uno spicchio d'aglio e una cipolla tagliata a pezzi.

Eliminare l'acqua di cottura e lasciare raffreddare le lenticchie.

Nel frattempo mettere l'altra cipolla tritata a macerare in acqua, sale e aceto per 30 minuti, strizzare con cura eliminando l'acqua in eccesso e mettere da parte.

Tagliare i pomodori a piccoli pezzi.

Condire le lenticchie con un trito di menta e prezzemolo, la cipolla macerata, i pomodori, olio e qualche cucchiaio di aceto.

Servire fredda.

Cook the lentils in water with the salt, summer savoury, garlic clove and sliced onion.

Discard the cooking liquid and allow the lentils to cool.

Meanwhile, slice the other onion and macerate in water, salt and vinegar for 30 minutes. Then remove, squeezing thoroughly to remove excess water and set aside.

Slice the tomatoes into small pieces.

Season the lentils with the chopped peppermint and parsley, macerated onion, tomatoes, olive oil and a tablespoon of vinegar.

Serve cold.

Vino Wine:
"ReNoto" 2009 - Sicilia IGT Rosso - Cantina Feudo Maccari, Noto (Ragusa)

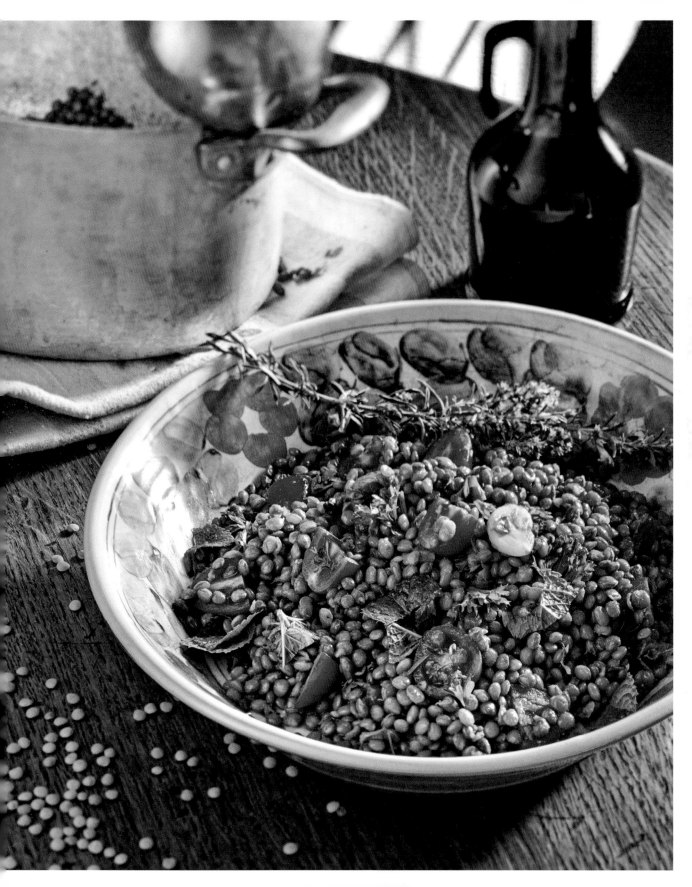

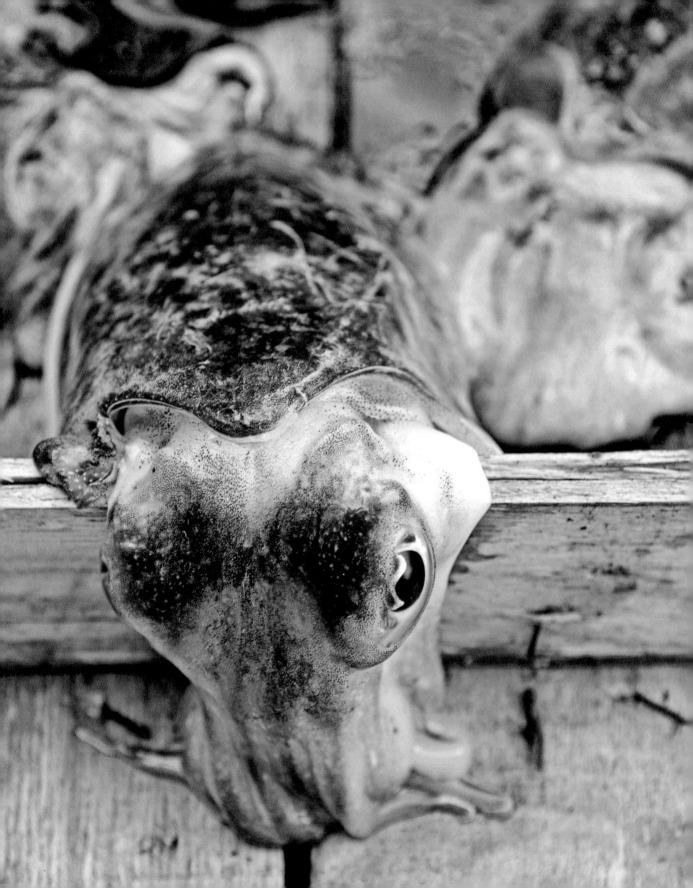

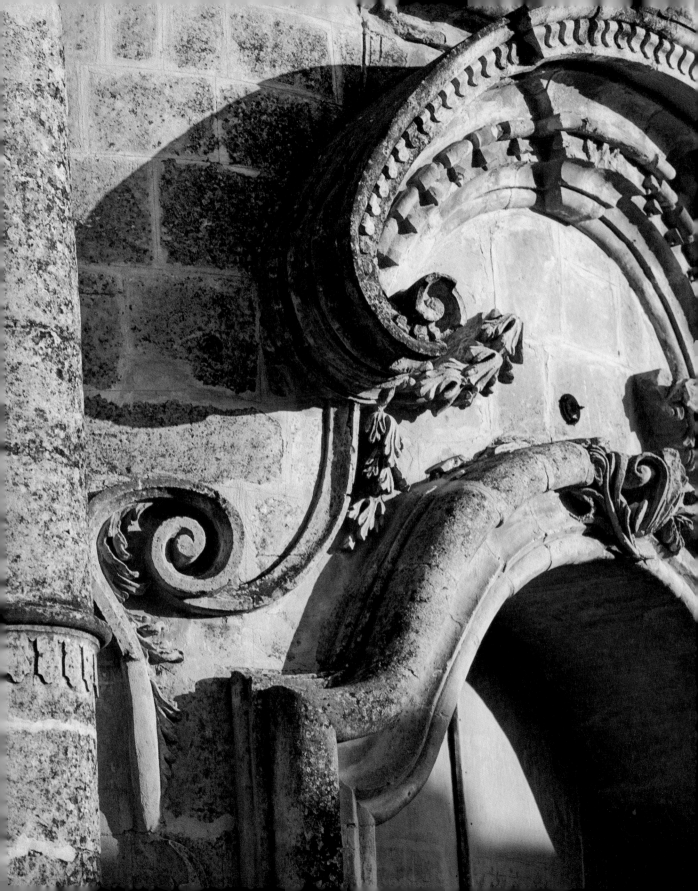

76

*Antipasti, insalate
e "cibo di strada"
Antipastos, salads
and street food*

Gamberoni ai ricci di mare
Prawns with sea urchin

● ○ ○

Ingredienti per 4 persone:
- *4 o 5 gamberoni rossi*
- *40 ricci di mare circa*
- *1 ciuffo di alga mauro
  o un ciuffo di valerianella*
- *succo di limone*
- *olio extravergine d'oliva*
- *sale grosso alla vaniglia*

Serves 4:
- *4 or 5 prawns*
- *approx. 40 sea urchin roe*
- *1 small bunch alga mauro
  seaweed or corn salad*
- *lemon juice*
- *extra virgin olive oil*
- *vanilla-flavoured coarse salt*

Privare i gamberoni del carapace, conservando una testa per ogni porzione.

Condire l'alga con sale grosso alla vaniglia e succo di limone.

Strofinare ciascun gamberone con olio e lasciare in frigo per 2 ore.

Adagiare al centro del piatto il ciuffo di alga o di valerianella (nel secondo caso aumentare la quantità di ricci), sistemarvi sopra i gamberoni, aggiungere qualche chicco di sale alla vaniglia.

Cospargere i gamberoni con qualche cucchiaino di ricci e un filo d'olio.

Shell the prawns, keeping one head per serving.

Season the seaweed with vanilla-flavoured rock salt and lemon juice.

Rub each prawn with olive oil and refrigerate for 2 hours.

Place the seaweed or corn salad (if corn salad is used, double the number of sea urchin roe) in the centre of a plate. Arrange the prawns on top and sprinkle with a few grains of vanilla-flavoured salt.

Sprinkle the prawns with a few teaspoons of the sea urchin roe and a drizzle of olive oil.

Vino Wine:
"Il Cantante" 2007 - Sicilia IGT Bianco - Cantina Il Cantante, Sant'Alfio (Catania)

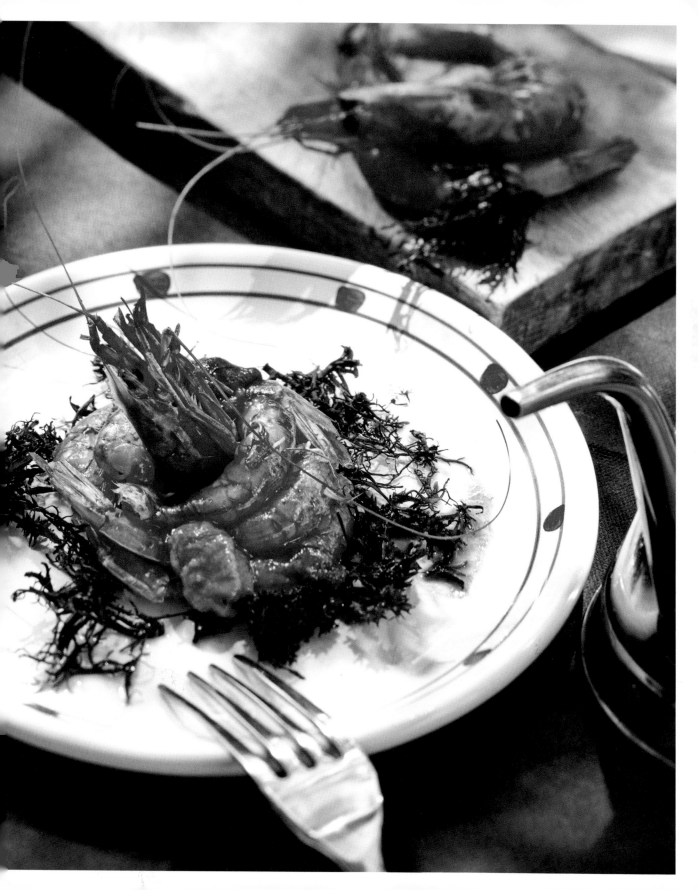

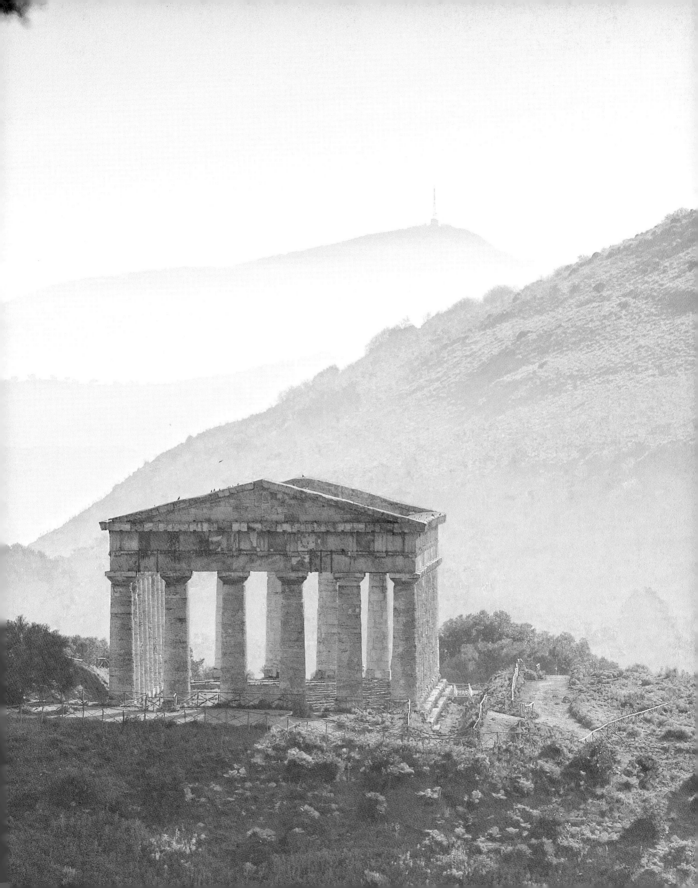

80

*Antipasti, insalate
e "cibo di strada"
Antipastos, salads
and street food*

Pepata di cozze

Peppery mussels

● ○ ○

Ingredienti per 4 persone:
- *1,6 kg di cozze*
- *4 spicchi di aglio*
- *prezzemolo*
- *olio extravergine d'oliva*
- *aceto di vino rosso (a piacere)*
- *pepe*

Serves 4:
- *1.6kg (3½ lbs) mussels*
- *4 garlic cloves*
- *Italian parsley*
- *extra virgin olive oil*
- *red wine vinegar (optional)*
- *pepper*

Pulire accuratamente le cozze.

Disporle in padella con un filo d'olio, coprire e lasciarle aprire a fuoco dolce.

Filtrare l'acqua di risulta e riunirla alle cozze aperte.

Aggiungere aglio, prezzemolo tritato finemente e una generosa spolverata di pepe.

Thoroughly clean the mussels.

Place them in a pan with a little oil. Cover and, over a low flame, allow them to open.

Strain the cooking liquid and pour over the open mussels.

Add the garlic, finely chopped parsley and a generous sprinkling of pepper.

Vino Wine:
*"Lalùci" 2009 - Sicilia IGT Bianco - Cantina Baglio del Cristo di Campobello,
Campobello di Licata (Agrigento)*

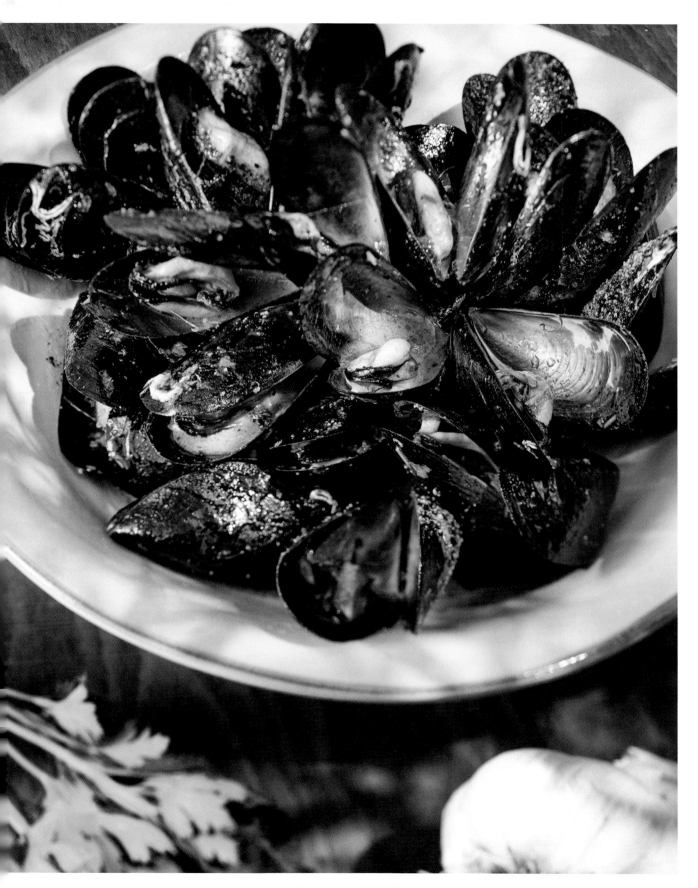

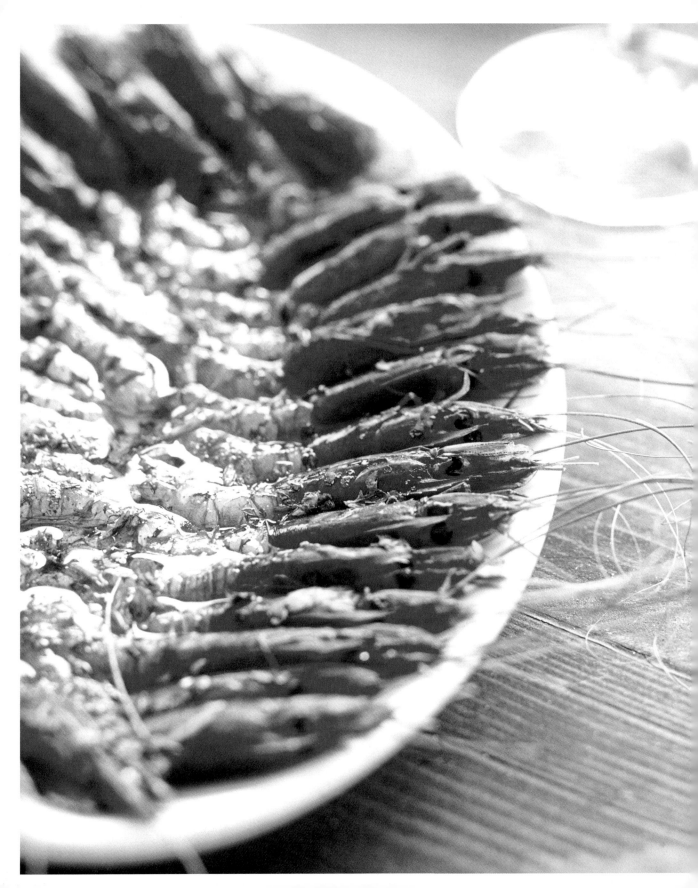

83

*Antipasti, insalate
e "cibo di strada"
Antipastos, salads
and street food*

Gamberi rossi crudi marinati

Marinated raw prawns

● ○ ○

Ingredienti per 4 persone:
- *8 gamberi rossi freschi*
- *1 limone*
- *prezzemolo tritato*
- *olio extravergine d'oliva*
- *sale*
- *pepe*

Serves 4:
- *8 fresh raw prawns*
- *1 lemon*
- *Italian parsley, chopped*
- *extra virgin olive oil*
- *salt*
- *pepper*

Pulire con cura i gamberi, lasciando le teste attaccate.

A parte, in una ciotola, preparare un'emulsione con succo di limone e olio d'oliva e aggiustare di sale e pepe. Unire il prezzemolo sminuzzato.

Ricoprire i gamberi e riporre in frigo per 30 minuti circa.

Bagnare ancora i gamberi prima di servire e, a piacere, aggiungere altro prezzemolo tritato.

Thoroughly clean the prawns, leaving the heads attached.

Separately, emulsify the lemon juice and olive oil, seasoning with salt and pepper. Add the chopped parsley.

Dip the prawns in and out of the marinade and refrigerate for approximately 30 minutes.

Dip the prawns in the marinade again before serving, adding more chopped parsley if desired.

Vino Wine:
"Bianco di Caselle" - Etna DOC Bianco - Azienda vinicola Benanti, Viagrande (Catania)

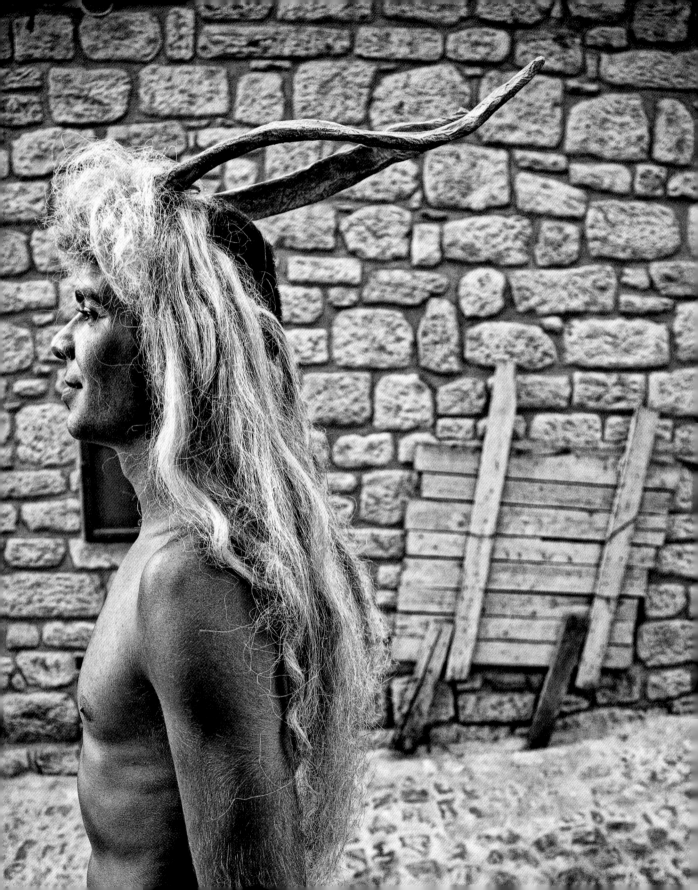

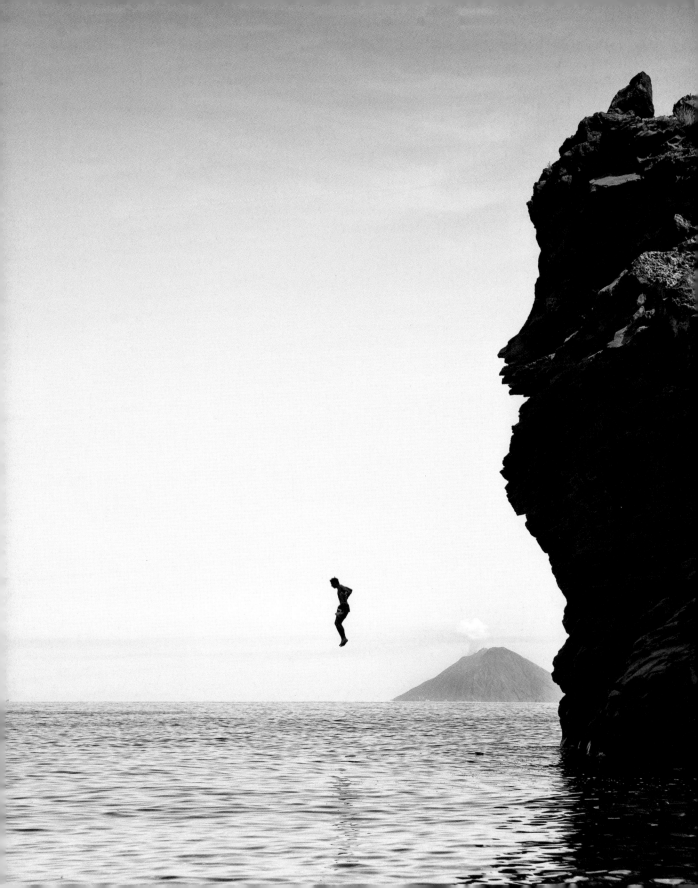

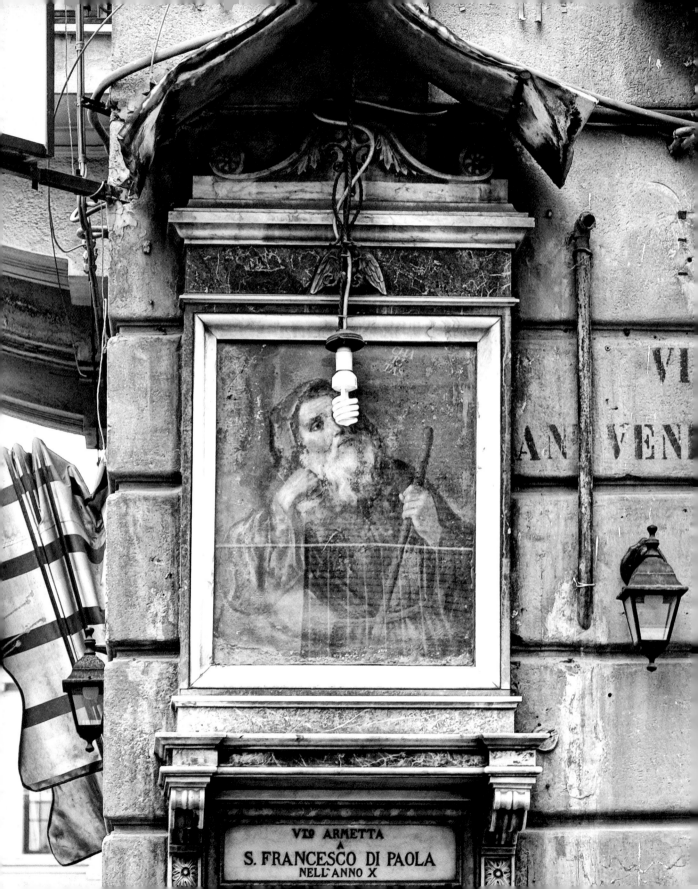

Vto ARMETTA
A
S. FRANCESCO DI PAOLA
NELL'ANNO X

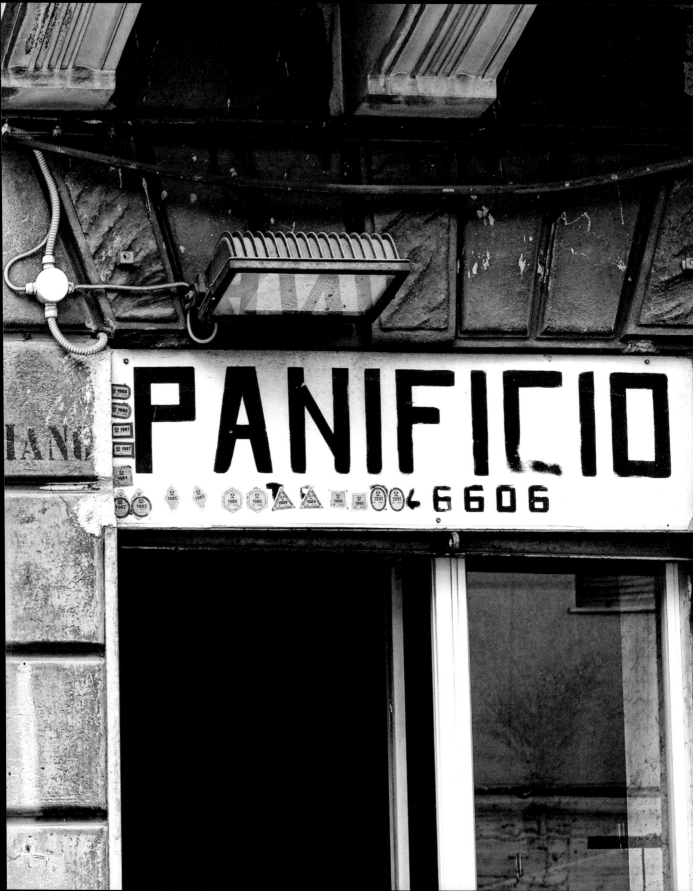

Con le verdure, i sughi,
il pesce e il formaggio,
la pasta è una grande
protagonista, spesso
grazie a formati inconsueti
e appetitosi.
Served with vegetables,
meat sauces, fish and
cheese, pasta — in all
its strange and delicious
shapes — is a cornerstone of
Sicilian cuisine.

Primi piatti

First courses

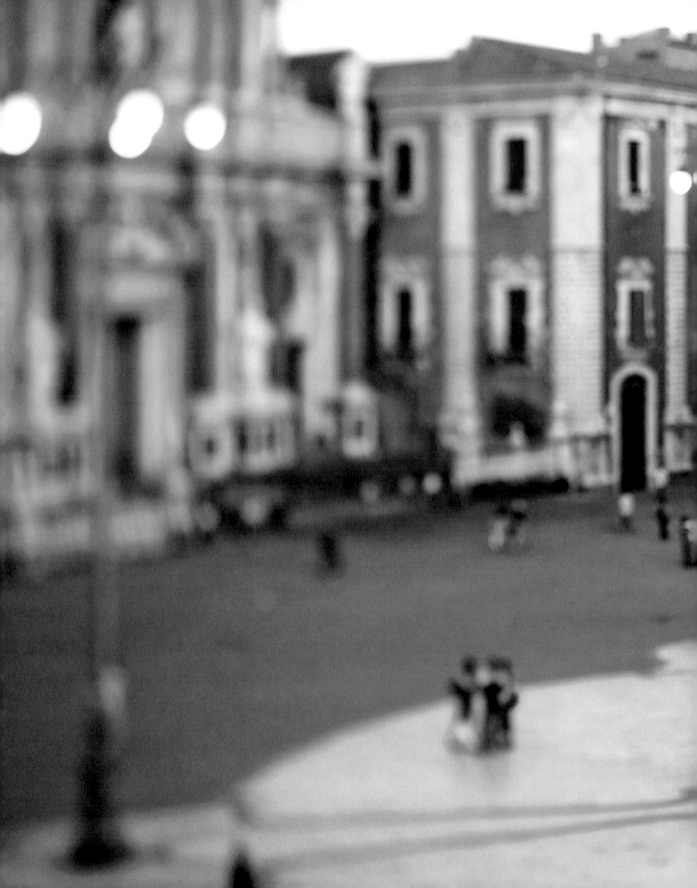

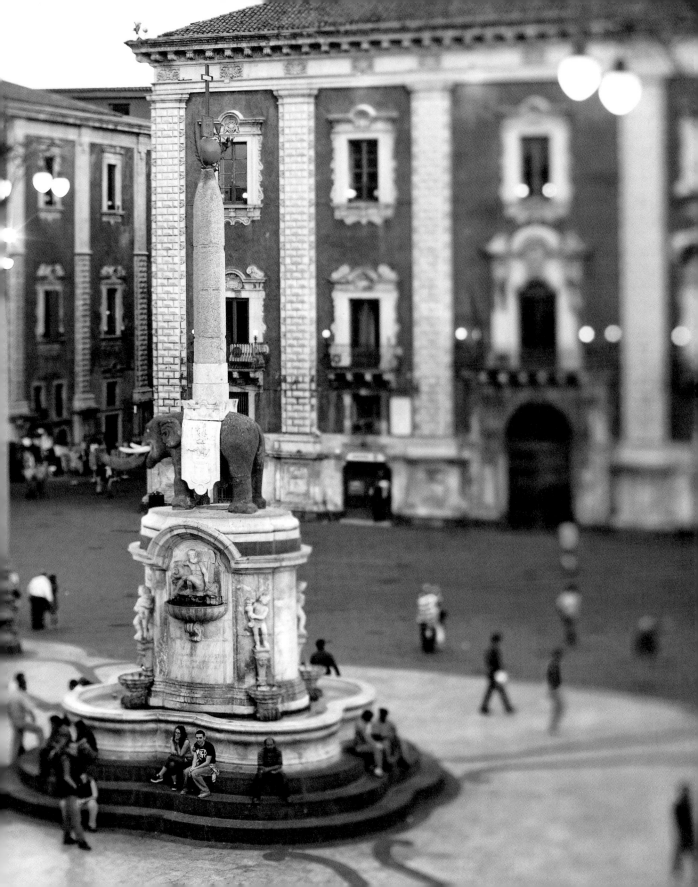

Pasta ca' nnocca
Pasta with peas and anchovies

● ○ ○

Ingredienti per 4 persone:
- *500 g di pasta (formato a piacere)*
- *500 g di alici fresche*
- *400 g di piselli*
- *4 cipollotti*
- *1 cucchiaino di concentrato di pomodoro*
- *prezzemolo*
- *pangrattato (a piacere)*
- *olio extravergine d'oliva*

Serves 4:
- *500g (1 lb) pasta (any shape)*
- *500g (1 lb) fresh anchovies*
- *400g (2⅔ cups) peas*
- *4 spring onions*
- *1 teaspoon tomato paste*
- *Italian parsley*
- *breadcrumbs (optional)*
- *extra virgin olive oil*

Pulire con cura e diliscare le alici.

Rosolare in olio i cipollotti tritati, aggiungervi i piselli, il concentrato di pomodoro sciolto in mezzo bicchiere d'acqua e portare a cottura coprendo.

A cottura ultimata dei piselli, aggiungere le alici e lasciarle sfaldare, quindi il prezzemolo tritato.

A parte cuocere la pasta in acqua bollente. Scolare lasciando un po' umido.

Versare la pasta nella padella in cui si è cotto il condimento e spadellare, aggiungendo eventualmente un po' di olio.

Servire spolverando a piacere con del pangrattato tostato.

Thoroughly clean and scale the anchovies.

Sauté the chopped spring onions in oil. Add the peas and the tomato paste, dissolved in half a cup of water. Cover until cooked.

Once the peas are cooked, add the anchovies and cook until they fall apart, then add the chopped parsley.

Cook the pasta separately in boiling water. Drain but leave the pasta a little wet.

Tip the pasta into the pan with the sauce and sauté, adding a little oil if desired.

Optionally serve with toasted breadcrumbs sprinkled over the top.

Vino Wine:
"Zibibbo" 2009 - Sicilia IGT Bianco - Cantine Barraco, Marsala (Trapani)

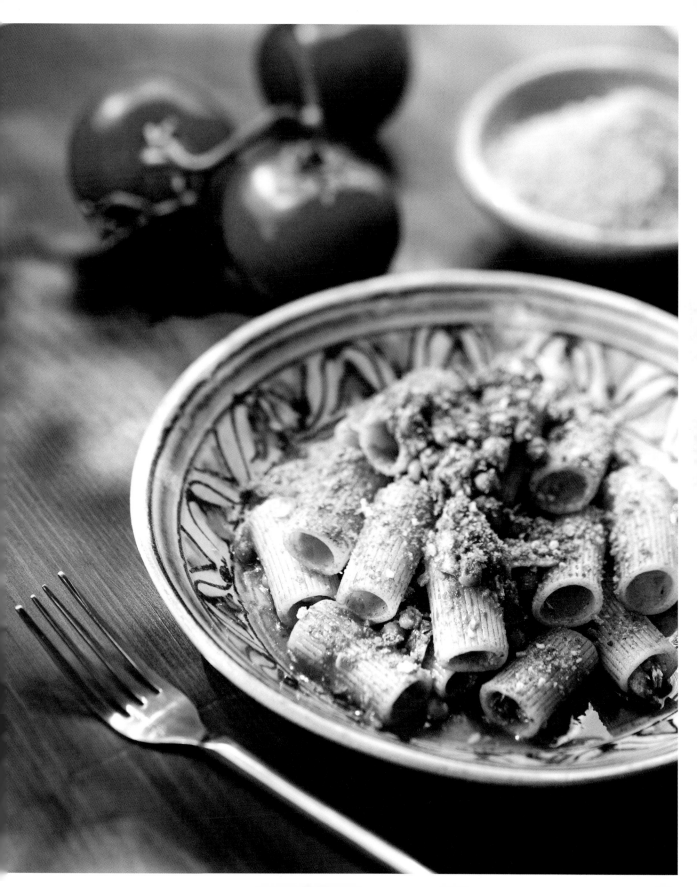

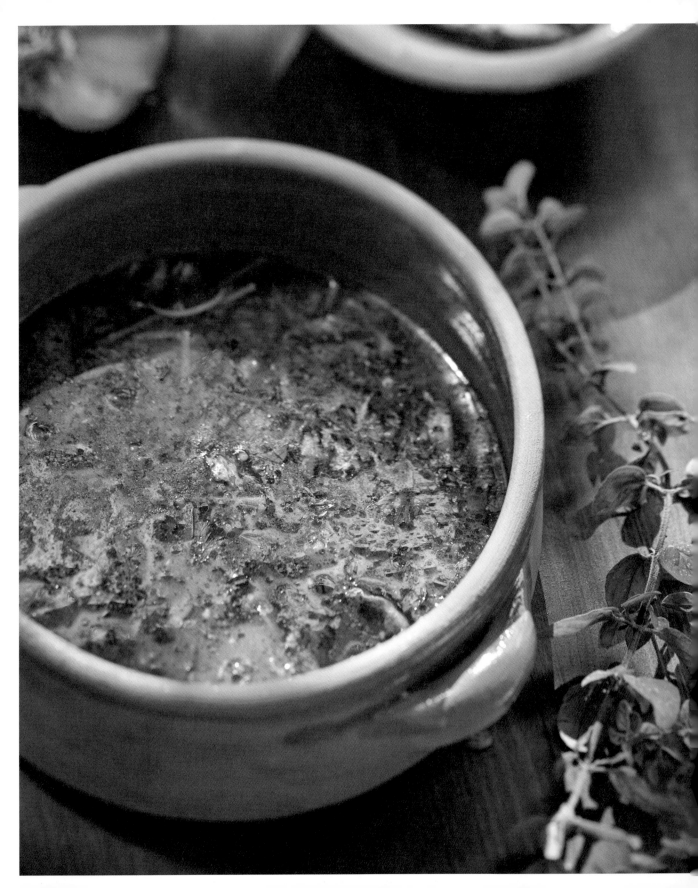

Spaghetti sminuzzati al brodetto di masculini

Spaghetti pieces in anchovy broth

● ○ ○

Ingredienti per 4 persone:
- 160 g di spaghetti sminuzzati
  (o anellini)
- 300 g di alici fresche
- 1 punta di cucchiaino
  di concentrato di pomodoro
- 1 spicchio di aglio
- pecorino grattugiato
- olio extravergine d'oliva

Serves 4:
- 160g (6⅔ oz) spaghetti broken
  into pieces (or anellini pasta)
- 300g (11 oz) fresh anchovies
- 1 small dab tomato paste
- 1 garlic clove
- grated pecorino cheese
- extra virgin olive oil

Pulire e diliscare le alici.

Rosolare l'aglio in olio non troppo caldo, aggiungere le alici e soffriggere dolcemente, sminuzzandole con l'aiuto di un cucchiaio di legno.

A parte sciogliere in 250 ml di acqua bollente il concentrato di pomodoro.

Versare l'acqua appena colorata sulle alici e portare a lenta ebollizione.

Alla ripresa del bollore, calare gli spaghetti sminuzzati.

A cottura ultimata, spolverare nei piatti con una generosa grattugiata di pecorino.

Clean and scale the anchovies.

Soften the garlic in warm oil.
Add the anchovies and gently fry, shredding them using a wooden spoon.

Separately, dissolve the tomato paste in 250ml (1 cup) of boiling water.

Pour the slightly coloured water over the anchovies and bring to a slow boil.

Once boiling, add the broken spaghetti.

When cooked, sprinkle with ample grated pecorino cheese.

Vino Wine:

"Grillo" 2009 - Sicilia IGT Bianco - Cantine Feudo Montoni, Cammarata (Agrigento)

Pasta ca' muddica
Pasta with breadcrumbs

● ○ ○

Ingredienti per 4 persone:
- *400 g di spaghetti*
  (preferibilmente grossi)
- *50 g di concentrato di pomodoro*
- *3 acciughe salate*
- *1 spicchio di aglio*
- *pangrattato*
- *olio extravergine d'oliva*
- *sale*

Serves 4:
- *400g (14 oz) spaghetti*
  (preferably fat)
- *50g (3½ tablespoons) tomato*
  paste
- *3 salted anchovies*
- *1 garlic clove*
- *breadcrumbs*
- *extra virgin olive oil*
- *salt*

Far rosolare in olio lo spicchio di aglio e alcuni filetti di acciughe salate, lasciandoli sciogliere con l'aiuto di un cucchiaio di legno.

Aggiungere il concentrato di pomodoro sciolto in acqua calda e far sobbollire per 15 minuti circa.

A parte, abbrustolire in una padella il pangrattato, precedentemente inumidito con olio, fino a doratura.

Cuocere gli spaghetti in abbondante acqua salata, lasciandoli molto al dente.

Estrarli direttamente dalla pentola con il forchettone e tuffarli nell'intingolo.

Aggiungere un'abbondante manciata di pangrattato e mescolare rapidamente a fuoco spento.

Sistemare nei piatti e spolverare con abbondante pangrattato.

In the oil lightly fry the garlic and a few salted anchovy fillets, shredding them with a wooden spoon.

Add the tomato paste dissolved in hot water and simmer for approximately 15 minutes.

Separately, toast the breadcrumbs in an oiled pan until golden brown.

Cook the spaghetti in ample salted water, leaving quite al dente.

Remove the spaghetti from the pot with a large fork and drop straight into the sauce.

Add a generous handful of breadcrumbs and stir quickly with the flame turned off.

Serve sprinkled with plenty of breadcrumbs.

Vino Wine:
Castellucci Miano Brut 2009 - Sicilia IGT - Cantina Castellucci Miano, Valledolmo (Palermo)

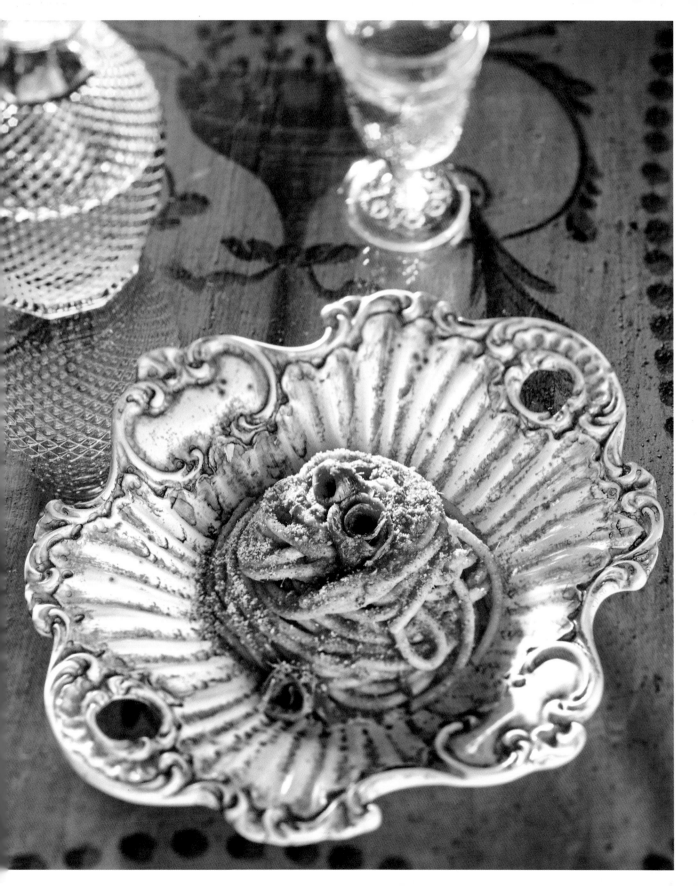

Ravioli di primosale alla riduzione di aceto balsamico e mandorle tostate

Primosale cheese ravioli with balsamic vinegar reduction and roasted almonds

● ● ●

Ingredienti per 4 persone:
- 250 g di farina 00
- 4 uova
- 400 g di primosale (pecorino fresco)
- 100 g di mandorle non sbucciate
- noce moscata
- 2 foglie di salvia fresca
- 150 ml di aceto balsamico
- 2 cucchiai di zucchero
- pepe nero in grani

Serves 4:
- 250g (1⅔ cups) 00 flour
- 4 eggs
- 400g (14 oz) primosale cheese (fresh pecorino)
- 100g (½ cup) unpeeled almonds
- nutmeg
- 2 fresh sage leaves
- 150ml (⅔ cup) balsamic vinegar
- 2 tablespoons sugar
- black peppercorns

Vino Wine:
"Vinudilice" - Sicilia DOC Rosato - Azienda agricola I Vigneri, Randazzo (Catania)

Preparazione dei ravioli:
Tritare finemente nel frullatore il formaggio, aggiungere un grosso pizzico di noce moscata e 2 tuorli e lavorare rapidamente per ottenere un composto il più possibile omogeneo.

A parte preparare la pasta con la farina e le restanti uova. Stendere una sfoglia sottilissima e ricavare con il tagliapasta dei dischi di 7 cm. Porre al centro mezzo cucchiaio di ripieno e chiudere con le dita i ravioli pizzicando la pasta.

Cucinare a vapore.

Preparazione della riduzione e delle mandorle:
Versare l'aceto in una padella, aggiungere lo zucchero e la salvia e lasciare ridurre a fuoco lento fino a una consistenza sciropposa. Prima di spegnere la fiamma, aggiungere un grosso pizzico di pepe nero pestato al mortaio.

Tostare le mandorle in forno a 200 °C per 10 minuti e tritarle grossolanamente.

Composizione del piatto:
Disporre 4/5 ravioli su ogni piatto, ricoprire con una cucchiaiata di riduzione e una generosa spolverata di granella di mandorle.

Ravioli:
Finely chop the cheese in a blender. Add a large pinch of nutmeg and 2 egg yolks and blend on high to produce a completely uniform mixture.

Separately, prepare the dough with the flour and remaining eggs.

Spread a thin sheet of the dough and cut into discs with a 7cm pasta cutter. Place half a tablespoon of the filling in the middle and close by pinching with your fingers to make the ravioli.

Steam.

Reduction and toasted almonds:
In a pan, add the balsamic vinegar, sugar and sage, and let reduce over a low heat until it reaches a syrupy consistency. Immediately before turning off the flame, add a big pinch of cracked black peppercorns.

Roast the almonds at 200°C (390°F) for 10 minutes and chop coarsely.

Presentation:
Place 4–5 ravioli on each plate, cover with a spoonful of the reduction and a generous sprinkling of chopped almonds.

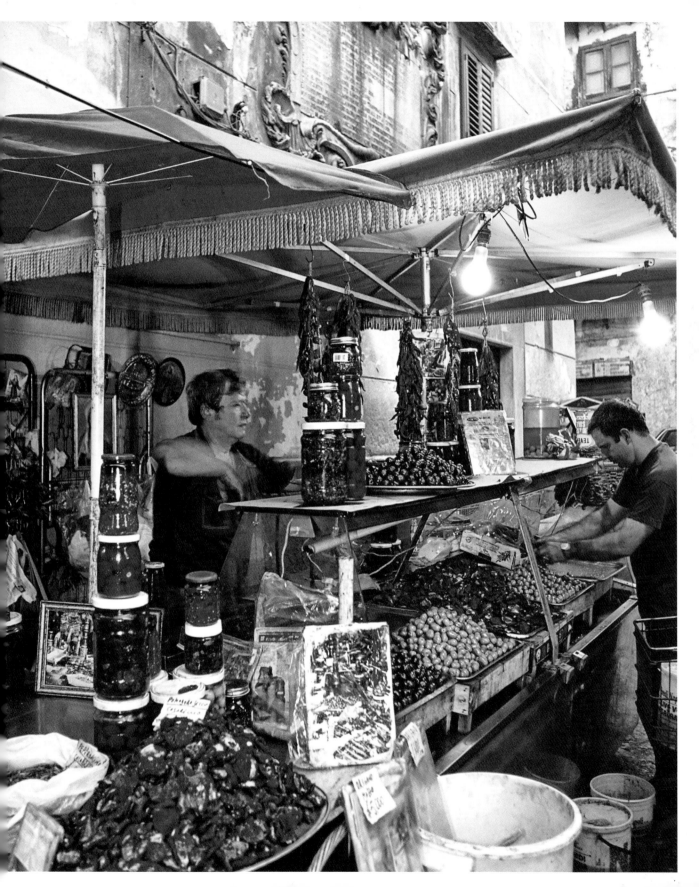

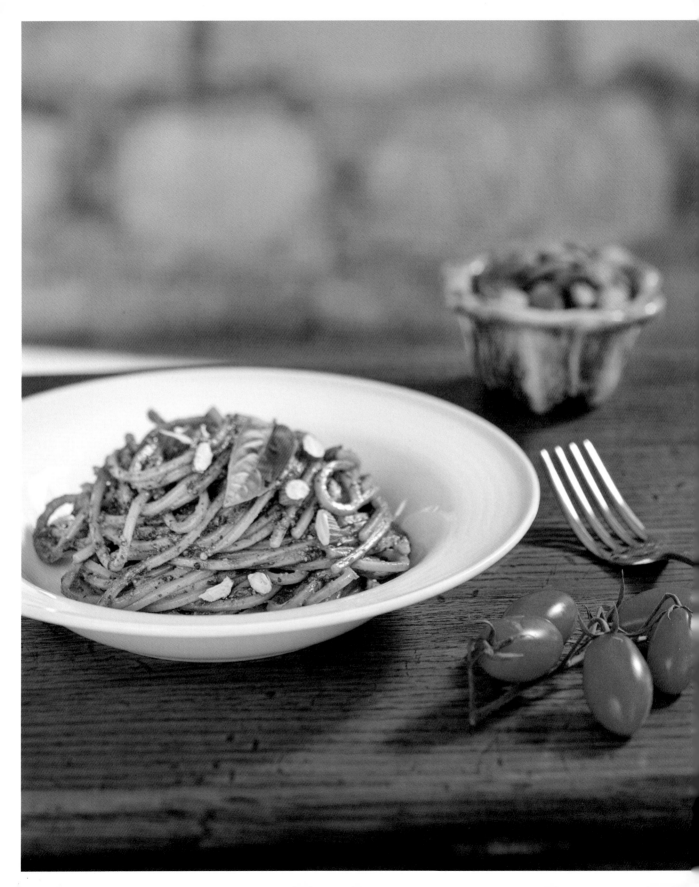

Spaghetti al pesto alla trapanese

Spaghetti with pesto Trapani style

● ○ ○

Ingredienti per 4 persone:
- *400 g di spaghetti*
- *200 g di basilico*
- *4 spicchi di aglio*
- *150 g di mandorle crude spellate*
- *100 g di polpa di pomodoro
  datterino*
- *olio extravergine d'oliva*
- *1 cucchiaino di sale*

Serves 4:
- *400g (14 oz) spaghetti*
- *200g (5 cups) basil*
- *4 garlic cloves*
- *150g (¾ cup) raw peeled almonds*
- *100g (⅔ cup) crushed raw
  tomatoes*
- *extra virgin olive oil*
- *1 teaspoon salt*

Frullare l'aglio, l'olio e le mandorle fino a ottenere una crema omogenea.

Aggiungere il basilico, il pomodoro e l'olio fino a ottenere una salsa vellutata.

Lasciare riposare la salsa e nel frattempo cuocere la pasta.

In a blender, combine the garlic, oil and almonds to form a uniform cream.

Add the basil, tomato and oil to form a smooth sauce.

Let the sauce sit while cooking the pasta.

Vino Wine:
"Il Coro" 2008 - Sicilia IGT Bianco - Cantina Fondo Antico, Trapani

Pasta al nero di seppia
Pasta with squid ink

● ● ○

Ingredienti per 4 persone:
- *400 g di vermicelli o bucatini*
- *1 kg di seppie fresche*
- *100 g di concentrato di pomodoro*
- *2 bicchieri di vino bianco secco*
- *4 cipollotti*
- *pecorino grattugiato*
- *origano*
- *prezzemolo*
- *1 pizzico di peperoncino macinato*
- *olio extravergine d'oliva*
- *sale*

Serves 4:
- *400g (14 oz) vermicelli*
  or bucatini pasta
- *1kg (2¼ lbs) fresh squid*
- *100g (⅓ cup) tomato paste*
- *2 glasses dry white wine*
- *4 spring onions*
- *grated pecorino cheese*
- *oregano*
- *Italian parsley*
- *1 pinch ground chilli pepper*
- *extra virgin olive oil*
- *salt*

Asportare dalle seppie le vescichette contenenti il nero, riponendole in un bicchiere con dell'olio.

Pulire e spellare le seppie tagliandole a pezzettini.

Tritare i cipollotti e rosolarli nell'olio, aggiungere le seppie e, non appena sfrigolano, bagnarle con il vino in cui sia stato in precedenza sciolto il concentrato di pomodoro.

Abbassare la fiamma, aggiungere origano e peperoncino e portare a cottura.

A 3 minuti dalla fine, aggiungere il nero, bucando la vescica con una forchetta. Lasciar bollire per un paio di minuti.

A parte cuocere la pasta in acqua salata bollente. Scolare, lasciando un po' umido, aggiungere gli spaghetti al nero, cospargere con il pecorino grattugiato e spadellare rapidamente.

Guarnire con prezzemolo tritato.

Remove the ink sacs from the squid and place them in a glass of the oil.

Clean and skin the squid and cut into small pieces.

Chop the spring onions and brown them in the oil. Add the squid and, as soon as it starts sizzling, pour in the wine, previously mixed with the tomato paste.

Lower the heat, add the oregano and chilli, and leave to cook.

Three minutes before cooked, add the squid ink by puncturing the sacs with a fork. Leave to boil for a couple of minutes.

Cook the pasta separately in boiling salted water. Drain the pasta, leaving a little wet, and add to the sauce. Sprinkle with grated pecorino and sauté quickly.

Garnish with chopped parsley.

Vino Wine:
"Suber" 2007 - Sicilia IGT Rosso - Azienda agricola Daino, Caltagirone (Catania)

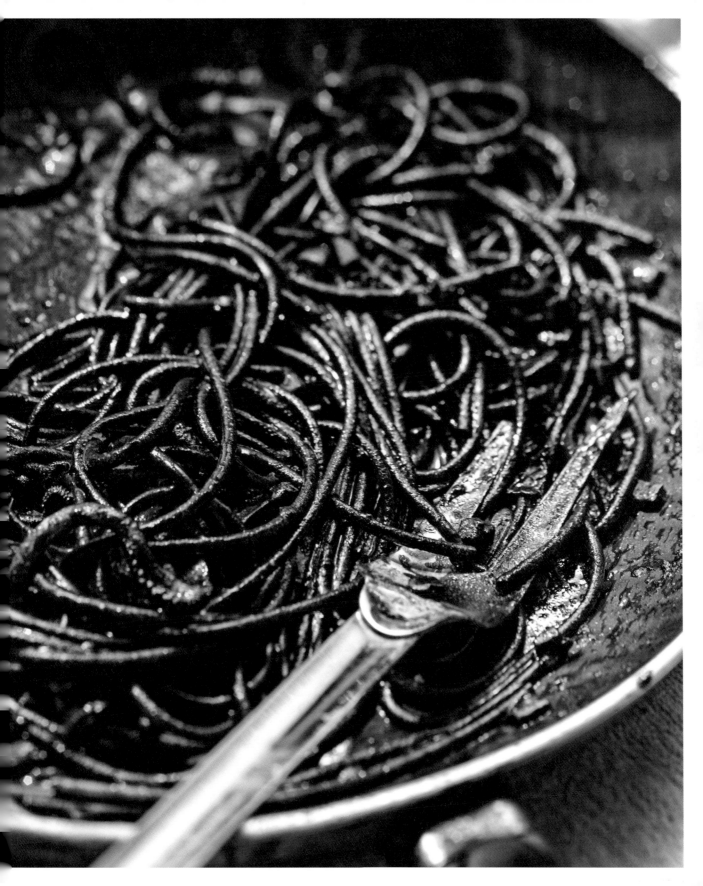

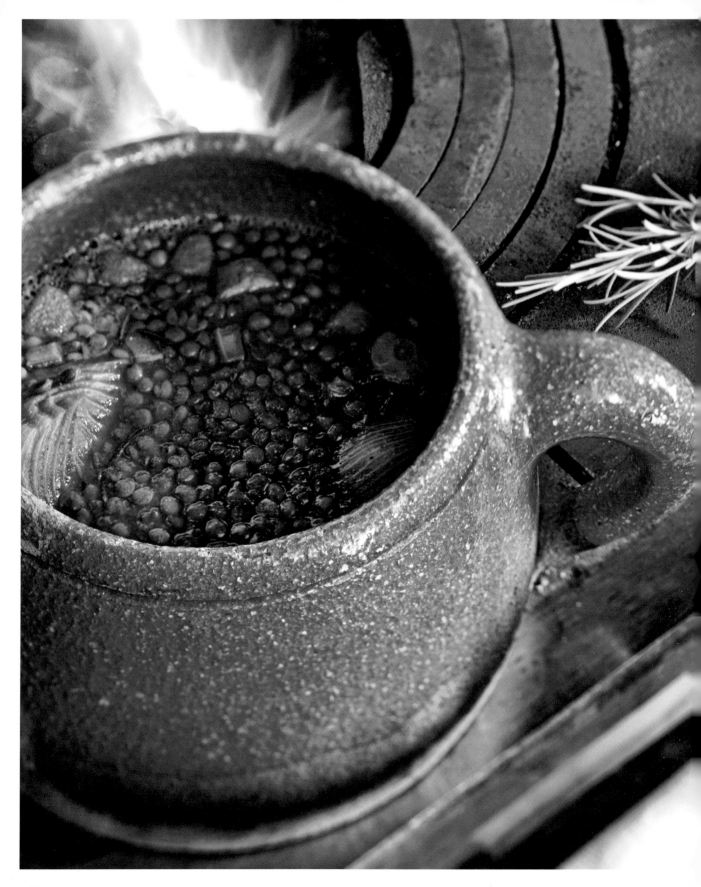

Zuppa di lenticchie
Lentil soup

● ○ ○

Ingredienti per 4 persone:
- *320 g di lenticchie*
- *2 filetti di pomodoro spellati*
  e privati dei semi
- *2 coste di sedano*
- *2 carote*
- *1 cipolla*
- *1 rametto di rosmarino*
- *olio extravergine d'oliva*
- *sale*
- *pepe*
- *crostoni di pane raffermo*

Serves 4:
- *320g (1½ cups) lentils*
- *2 tomato fillets, peeled and seeded*
- *2 celery sticks*
- *2 carrots*
- *1 onion*
- *1 sprig rosemary*
- *extra virgin olive oil*
- *salt*
- *pepper*
- *croutons made from old bread*

Risciacquare ripetutamente le lenticchie sotto acqua corrente fredda.

Sistemare le lenticchie in una pentola, possibilmente in terracotta, coprire con acqua fredda e aggiungere pomodoro, sedano, cipolla e carota, tagliati a tocchi grossolani, e il rosmarino.

Mettere a fuoco lento e portare a cottura per 1 ora circa.

A metà cottura aggiustare di sale.

A cottura ultimata aggiungere pepe e olio.

Accompagnare con dei crostoni di pane raffermo.

Rinse the lentils well under cold running water.

Place them in a pot, preferably earthenware, cover with cold water, and add the tomatoes, celery, onion and carrot, all chopped into fairly large pieces, and the rosemary.

Cook over a low heat for approximately 1 hour.

Halfway through cooking, add salt to taste.

When cooked, add pepper and oil.

Serve with the croutons.

Vino Wine:

"Lolik" 2007 - Sicilia IGT Bianco - Cantine Guccione, San Cipirello (Palermo)

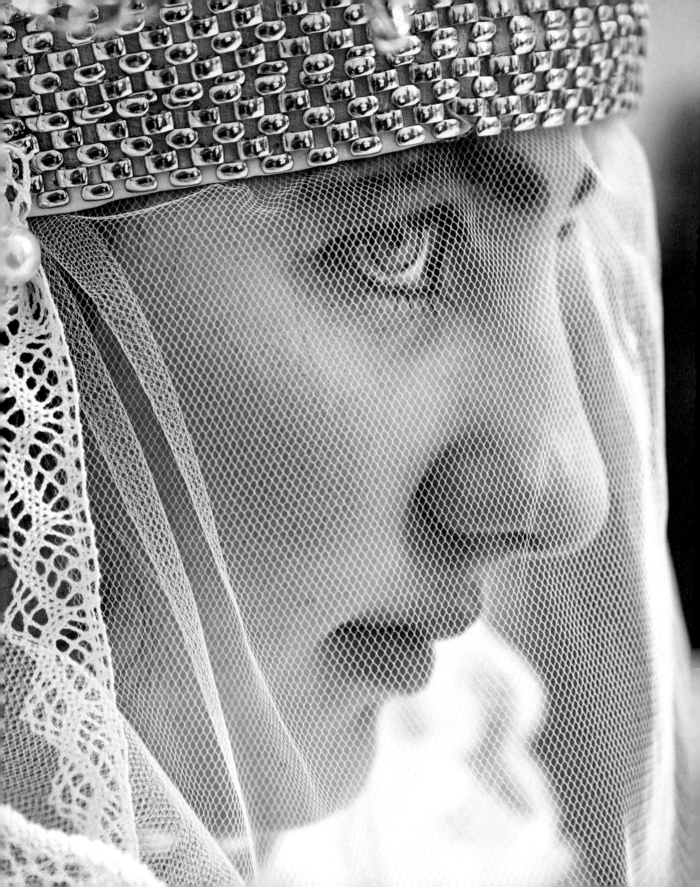

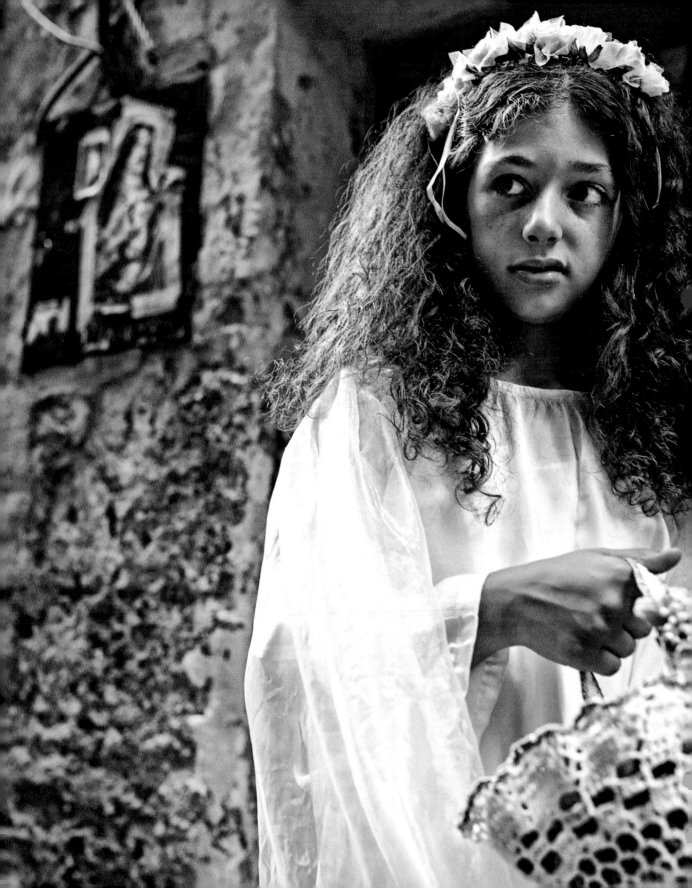

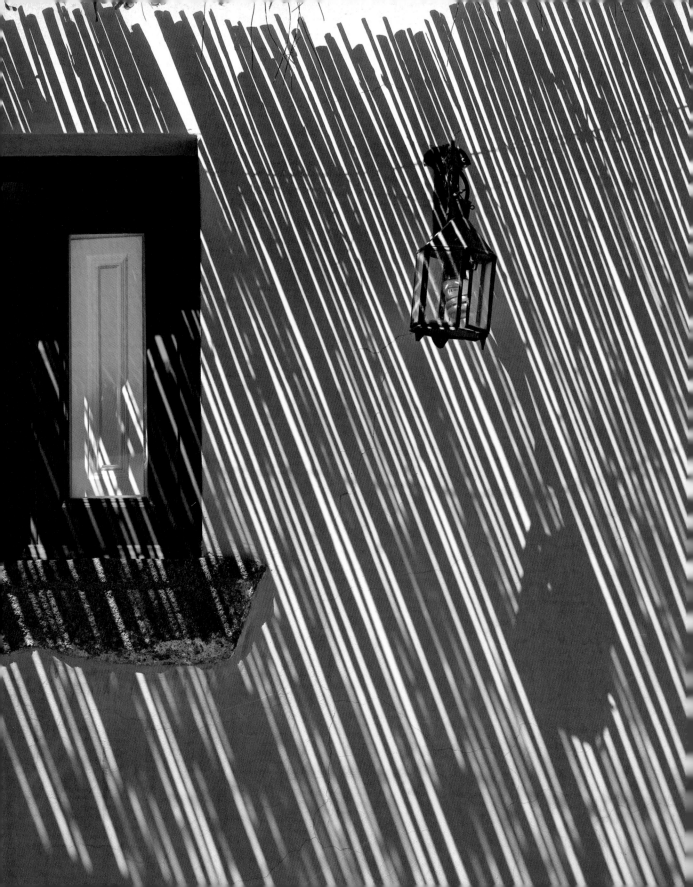

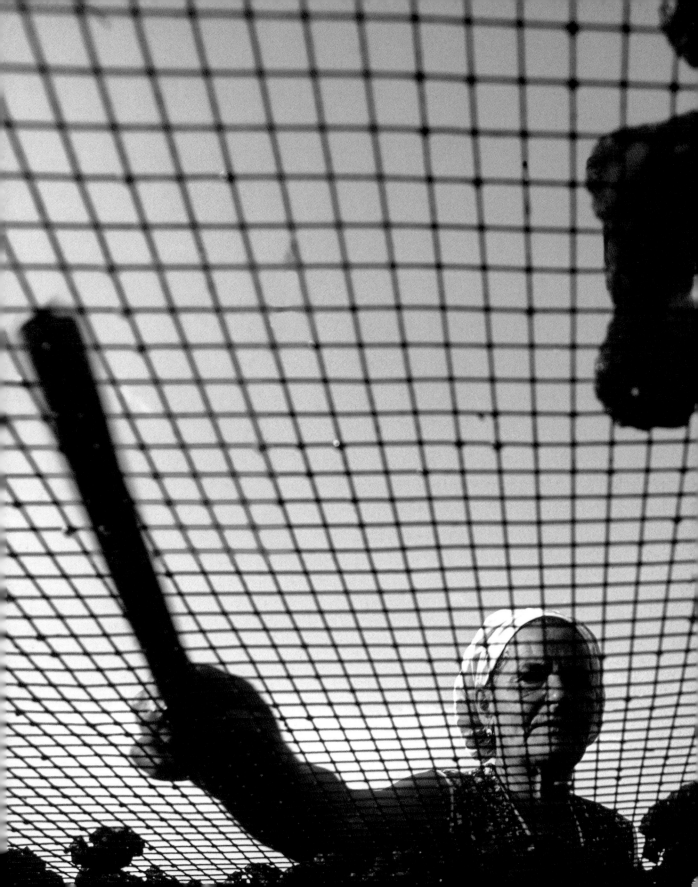

Gamberoni negli spaghettini croccanti
Prawns with crispy noodles

● ● ○

Ingredienti per 4 persone:
- 400 g di spaghettini o capelli d'angelo
- 16 gamberoni
- 1 kg di pomodori per salsa
- 2 spicchi di aglio
- origano
- peperoncino
- olio extravergine d'oliva
- strutto di maiale o olio di semi di girasole
- sale

Serves 4:
- 400g (14 oz) spaghetti or capelli d'angelo pasta
- 16 prawns
- 1kg (2¼ lbs) ripe tomatoes
- 2 garlic cloves
- oregano
- chilli pepper
- extra virgin olive oil
- pork lard or sunflower oil
- salt

Privare il gamberone del carapace e della testa (quest'ultima da utilizzare per il sugo).

Cuocere la pasta e, poco prima della cottura, estrarla dalla pentola e stenderla su un canovaccio. Arrotolare una forchettata di pasta intorno al gamberone e immergere il tutto in un pentolino profondo in cui sia stato scaldato lo strutto o l'olio di semi, fino a doratura della pasta.

Portare a bollore le teste dei gamberoni insieme al pomodoro tagliato a pezzetti e far sobbollire per 30 minuti circa.

Trasferire tutto nel passaverdura e poi in un colino fine, rimettere in pentola e completare la cottura del sugo, aromatizzando con aglio tritato, origano, un pizzico di peperoncino e olio d'oliva.

Stendere a specchio su un piatto una o due cucchiaiate di intingolo, adagiarvi i gamberoni e servire immediatamente.

Shell the prawns and remove the heads (retain for the sauce).

Cook the pasta and, shortly before fully cooked, remove from the pan and spread on a towel.

Roll a forkful of pasta around each prawn and deep fry in the lard or sunflower oil until the pasta is golden brown.

Bring the chopped tomatoes and prawn heads to the boil and simmer for 30 minutes.

Transfer to a fine purée sieve and return to the pan to finish cooking, adding the garlic, oregano, a pinch of chilli pepper and olive oil.

Spread one or two spoonfuls of the sauce on a plate, arrange the prawns on top.

Serve immediately.

Vino Wine:
"Le bianche" 2009 - Sicilia IGT Bianco - Cantina Sallier de La Tour, Monreale (Palermo)

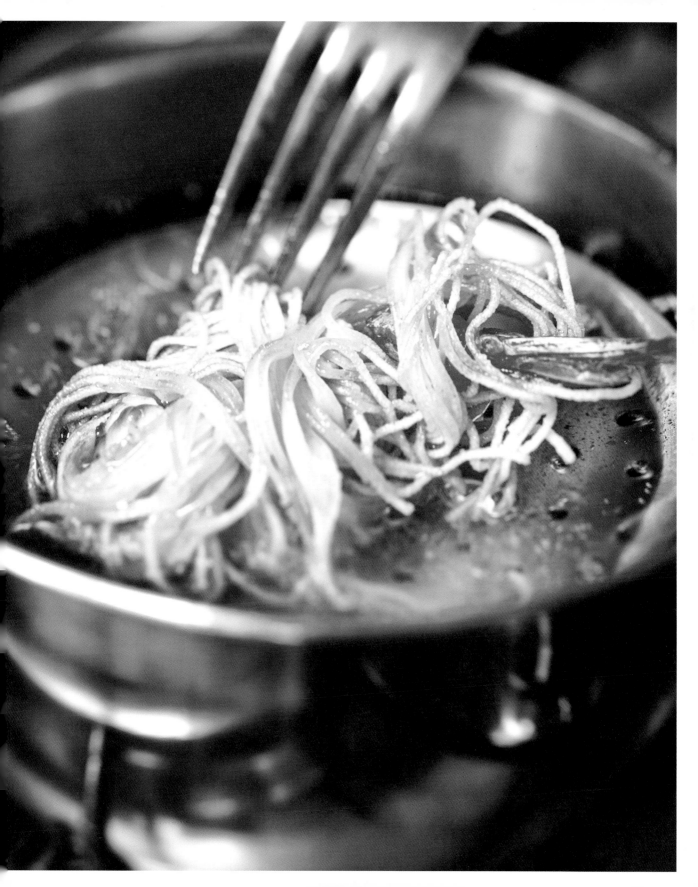

Spaghettini sminuzzati con i taddi ri cucuzza

Spaghettini pieces with Sicilian squash leaves

● ● ○

Ingredienti per 4 persone:
- 160 g di spaghettini sminuzzati
- 3 mazzi di tenerumi (foglie tenere della zucchina lunga)
- 1 zucchina lunga
- ½ kg di pomodoro da spellare
- 3 spicchi di aglio
- 1 mazzetto di basilico
- peperoncino
- olio extravergine d'oliva
- sale

Serves 4:
- 160g (5⅔ oz) broken spaghettini pasta
- 3 bunches of tenerumi (soft Sicilian squash leaves)
- 1 Sicilian squash
- ½ kg (1 lb) tomato
- 3 garlic cloves
- 1 bunch of basil
- chilli pepper
- extra virgin olive oil
- salt

Vino Wine:
"Salina Bianco" 2009 - Salina IGT Bianco - Azienda agricola Carlo Hauner, Salina (Messina)

Staccare dal fusto le foglie più tenere che andranno lavate accuratamente e quindi lessate in 1 l d'acqua salata, estratte ancora al dente utilizzando una schiumarola, e tritate con il coltello. Nell'acqua rimanente lessare la zucchina spellata e tagliata a cubetti, estrarla con la schiumarola e metterla da parte.

Sbollentare i pomodori, pelarli, privarli dei semi e tagliarli a filetti.

Soffriggere l'aglio in abbondante olio, aggiungere i filetti di pomodoro e cuocere per 3 minuti. Regolare di sale e spegnere.

Unire in un tegame di coccio o in una pentola antiaderente i pomodori, i tenerumi tritati, i cubetti di zucchina, le foglie di basilico, il peperoncino e aggiungere un po' dell'acqua avanzata dalla cottura delle verdure. Mettere a bollire l'acqua avanzata, che potrebbe tornare utile per terminare la cottura.

Quando le verdure avranno raggiunto il bollore, calare la pasta e lasciarla cuocere quasi come un risotto, aggiungendo a poco a poco l'acqua di cottura delle verdure.

Disporre in una zuppiera e servire con un filo d'olio.

Remove the softest leaves from the squash and thoroughly wash and boil in 1l (4¼ cups) of salted water. Remove when *al dente* using a slotted spoon, retaining the cooking water, and chop with a knife.Reuse the water to boil the squash, peeled and cubed. Remove with a slotted spoon and set aside.

Blanch the tomatoes, peel, remove the seeds and cut into strips.

Sauté the garlic in ample olive oil, add the peeled tomato slices and cook for 3 minutes. Add salt and turn off the flame.

In an earthenware dish or non-stick pan, combine the tomatoes, chopped squash leaves, diced squash, basil leaves and chilli pepper, adding a little of the retained cooking liquid from the vegetables. Bring the cooking liquid back to the boil, which may be needed later.

When the vegetables are boiling, drop in the pasta and cook in a similar way to risotto, adding a little of the cooking liquid as needed.

Serve in a soup tureen with a drizzle of oil.

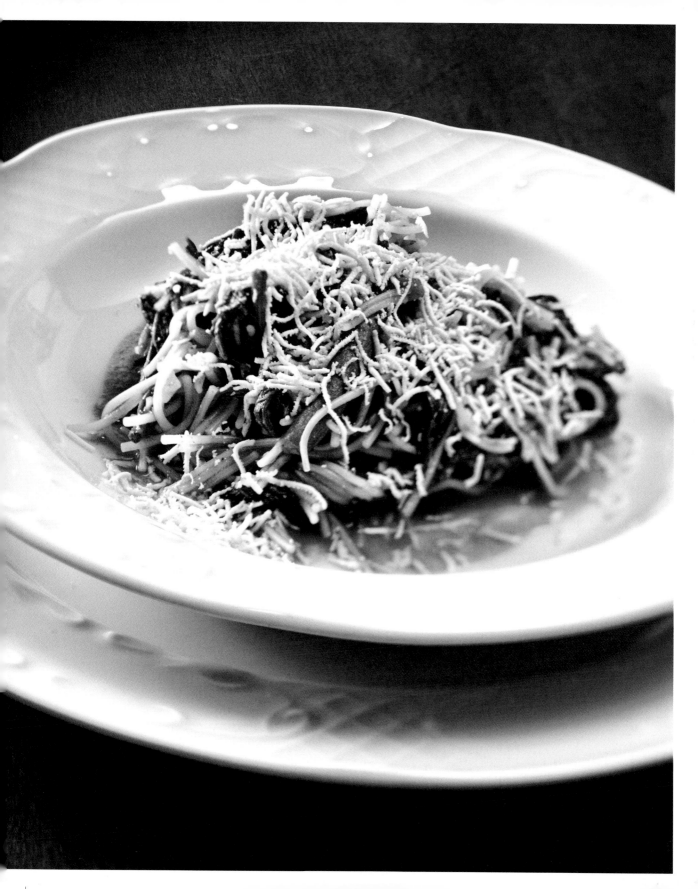

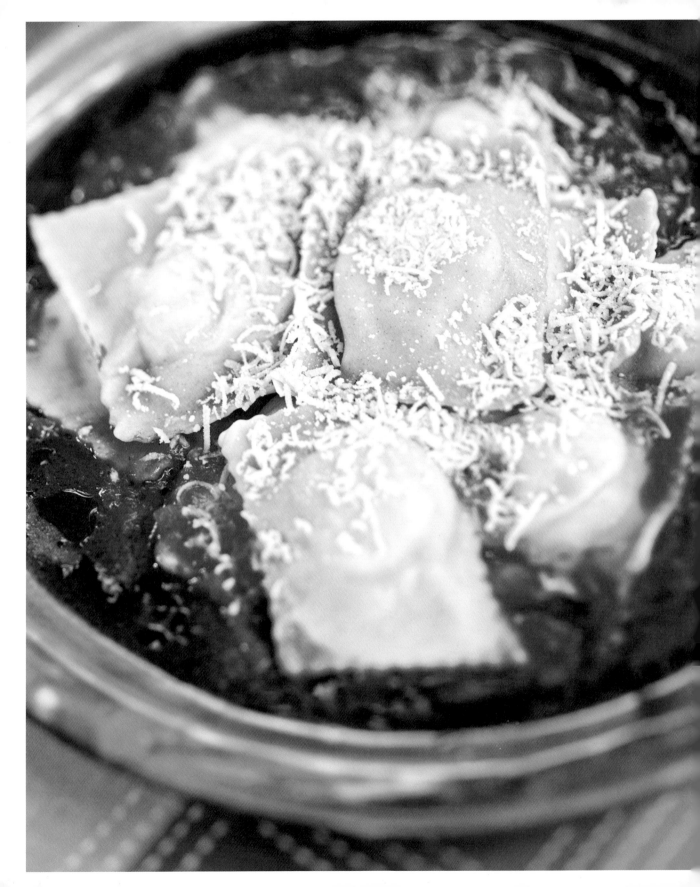

Ravioli di ricotta al sugo di maiale

Ricotta ravioli with pork sauce

● ● ●

Ingredienti per 5 persone:
Per il sugo:
- *1 kg di carne di maiale*
  (pezzo intero)
- *200 g di concentrato di pomodoro*
- *2 cipolle*
- *2 carote*
- *2 coste di sedano*
- *5 foglie di alloro*
- *noce moscata*
- *4 chiodi di garofano*
- *½ stecca di cannella*
- *1 buccia d'arancia*
- *vino rosso*
- *olio extravergine d'oliva*
- *sale*
- *pepe*

Per i ravioli:
- *250 g di farina 00*
- *250 g di farina di semola*
- *4 uova*
- *1 kg di ricotta*
- *1 buccia d'arancia*
- *sale*

Preparazione del sugo (il giorno precedente):

Tritare la cipolla, il sedano
e le carote e far rosolare nell'olio
caldo in una capiente casseruola.

Aggiungere la carne e far imbiondire.
Bagnare con una dose generosa di vino.

Aggiungere il concentrato di pomodoro,
tutte le altre spezie, l'alloro e la buccia
d'arancia. Aggiungere acqua fino al filo
superiore della carne e cuocere a fuoco
lentissimo per almeno 4 ore.

Una volta raffreddato, eliminare
lo strato di grasso coagulatosi in superficie.

Preparazione dei ravioli:

Fare la fontana, mescolando le
due farine con un grosso pizzico di sale
e porre al centro le uova. Impastare fino
a ottenere un impasto liscio e omogeneo.

Con l'aiuto di una frusta, lavorare
la ricotta fino a ridurla a una crema
finissima. Grattugiarvi un po' di
buccia d'arancia.

Sauce (prepare the day before):

Chop the onion, celery and carrots and
sauté in hot oil in a large saucepan.

Brown the meat. Add a generous
amount of the wine.

Add the tomato paste, all the spices,
the bay leaf and the orange peel. Add
water up to the top edge of the meat
and cook over a low heat for at least
4 hours.

Once cooled, skim off the fat.

Ravioli:

Mix the two types of flour with a large
pinch of salt. Make a well and add the
eggs. Knead until the dough is smooth
and even.

Whisk the ricotta into a fine cream.
Grate in a little orange zest.

With a pasta machine or rolling pin,
roll the dough into thin sheets. Evenly
space small amounts of the ricotta
cheese on the sheets.

>>>   >>>

Serves 5:
Sauce:
- *1kg (2¼ lbs) pork (single piece)*
- *200g (¾ cup) tomato paste*
- *2 onions*
- *2 carrots*
- *2 celery sticks*
- *5 bay leaves*
- *nutmeg*
- *4 cloves*
- *½ cinnamon stick*
- *1 orange peel*
- *red wine*
- *extra virgin olive oil*
- *salt*
- *pepper*
Ravioli:
- *250g (1⅔ cups) 00 flour*
- *250g (1½ cups) semolina flour*
- *4 eggs*
- *1kg (2¼ lbs) ricotta cheese*
- *1 orange peel*
- *salt*

<<<

Stendere la pasta con la macchina
o col matterello in sfoglie sottili e
disporvi in maniera il più possibile
regolare dei mucchietti di ricotta lavorata.

Stendere una seconda sfoglia
da adagiare sulla prima.

Aiutandosi con le mani, sigillare
il più possibile la pasta e ricavarne
dei ravioli con un tagliapasta quadrato
o con la rondella taglia biscotti.

Cuocere i ravioli in acqua bollente
salata, e condire con il sugo di maiale
che nel frattempo si sarà sufficientemente
ristretto.

<<<

Lay a second sheet of the dough over
the top.

With the hands, seal the dough as
much as possible and then cut out the
ravioli using a pastry cutter or a square
biscuit cutter.

Cook the ravioli in boiling salted water.
Add the pork sauce, which will have
now reduced sufficiently.

Vino Wine:
"Verdò" 2007 - Sicilia IGT Rosso - Cantine Sergio Barone, Pachino (Siracusa)

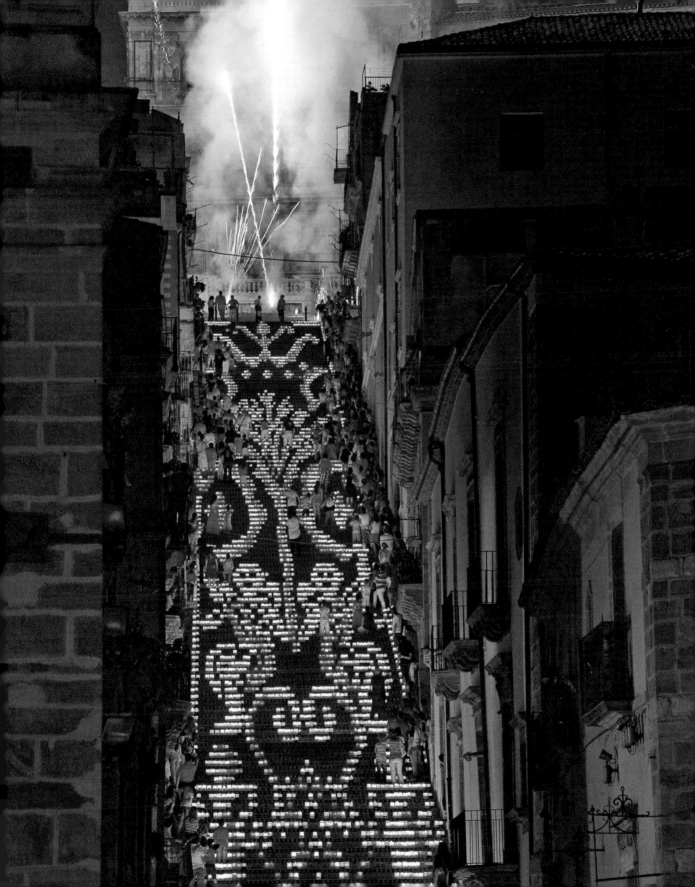

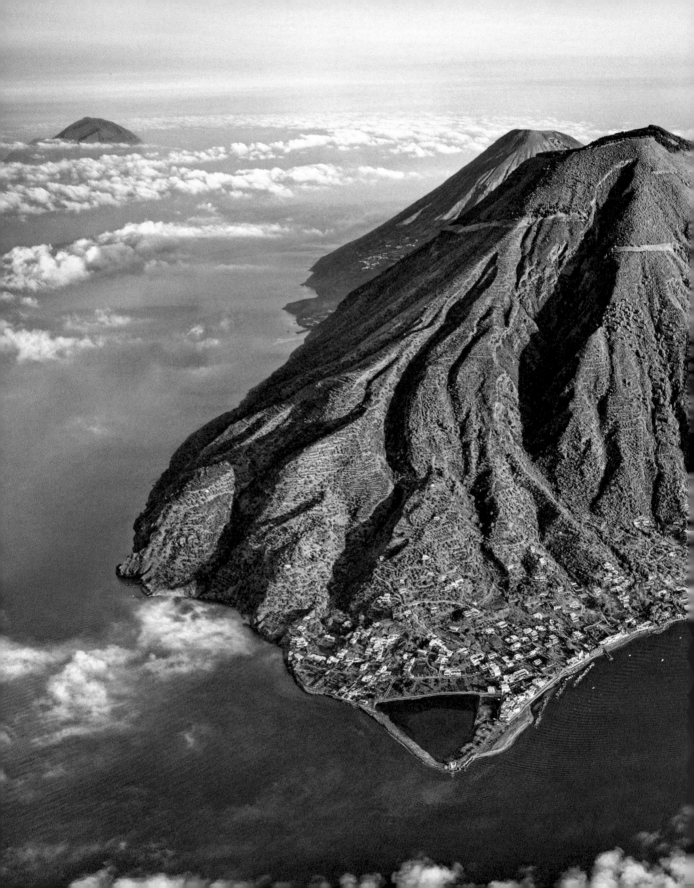

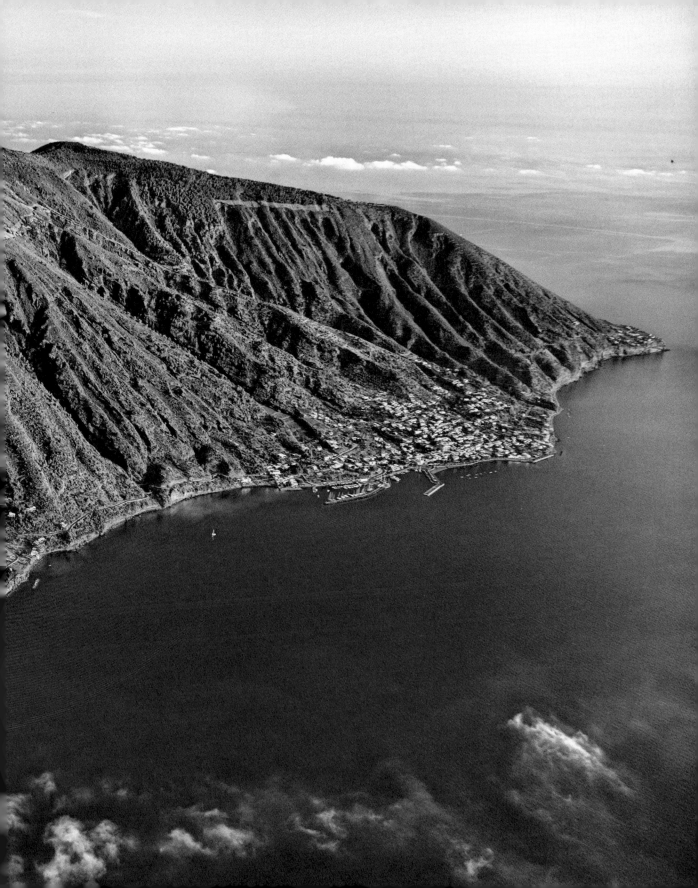

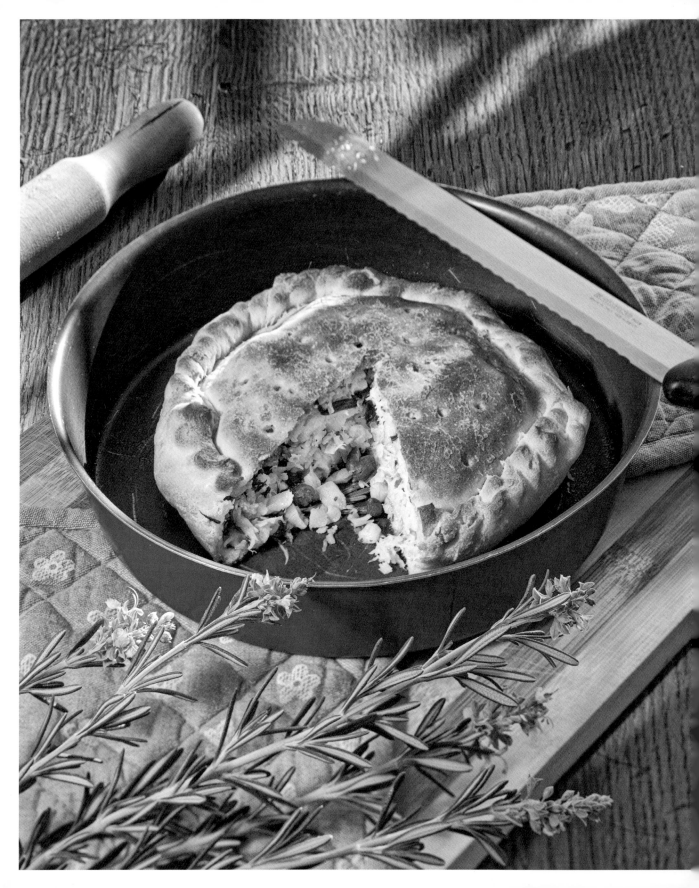

Impanata di baccalà
Cod pie

● ● ○

Ingredienti per 4 persone:
Per la pasta:
- *600 g di farina di grano duro*
- *20 g di lievito*
- *1 cucchiaio di miele*
- *1 tazzina di olio extravergine d'oliva*
- *10 g di sale*

Per il ripieno:
- *1 kg di baccalà*
- *800 g di cavolfiori*
- *1 cipolla*
- *2 cucchiai di capperi*
- *2 rametti di rosmarino*
- *olio extravergine d'oliva*
- *sale e pepe*

Serves 4:
Pastry:
- *600g (5¼ cups) durum wheat flour*
- *20g (1 tablespoon) yeast*
- *1 tablespoon honey*
- *1 Italian coffee cup extra virgin olive oil*
- *10g (2 teaspoons) salt*

Filling:
- *1kg (2¼ lbs) baccalà (dried salted cod)*
- *800 g (1¾ lbs) cauliflower*
- *1 onion*
- *2 tablespoons capers*
- *2 sprigs rosemary*
- *extra virgin olive oil*
- *salt and pepper*

Impastare la pasta e tenere in caldo a lievitare, avvolta prima in un canovaccio di cotone e poi in una coperta di lana per 1 ora e mezza circa.

Lessare il cavolfiore in acqua bollente salata, lasciandolo al dente.

In un'altra pentola lessare il baccalà.

Tagliare a tocchetti il cavolfiore e il baccalà.

In una tortiera ben oliata stendere un disco di pasta del diametro leggermente superiore.

Riempire la tortiera con il cavolfiore, il baccalà, la cipolla tritata, i capperi, il rosmarino, sale, pepe e un generoso filo d'olio.

Chiudere la tortiera con un altro disco di pasta e sigillare con cura il bordo.

Con una forchetta perforare il disco e infornare a 200 °C per 30 minuti circa.

Knead the dough and leave to rise in a warm place, wrapping it first in a cotton dishcloth and then in a wool blanket, for approximately 90 minutes.

Boil the cauliflower in salted water until *al dente*.

In another pot, boil the baccalà.

Cut the cauliflower and baccalà into small pieces.

In a well-oiled round baking dish, spread a circle of dough slightly larger than the dish.

Fill with the cauliflower, baccalà, chopped onion, capers, rosemary, salt, pepper and a generous drizzle of olive oil.

Close with another circle of dough and seal the edges carefully.

Pierce the centre with a fork and place in the oven at 200°C (390°F) for approximately 30 minutes.

Vino Wine:

"Eureka" 2009 - Sicilia IGT Bianco - Cantina Marabino, Noto (Siracusa)

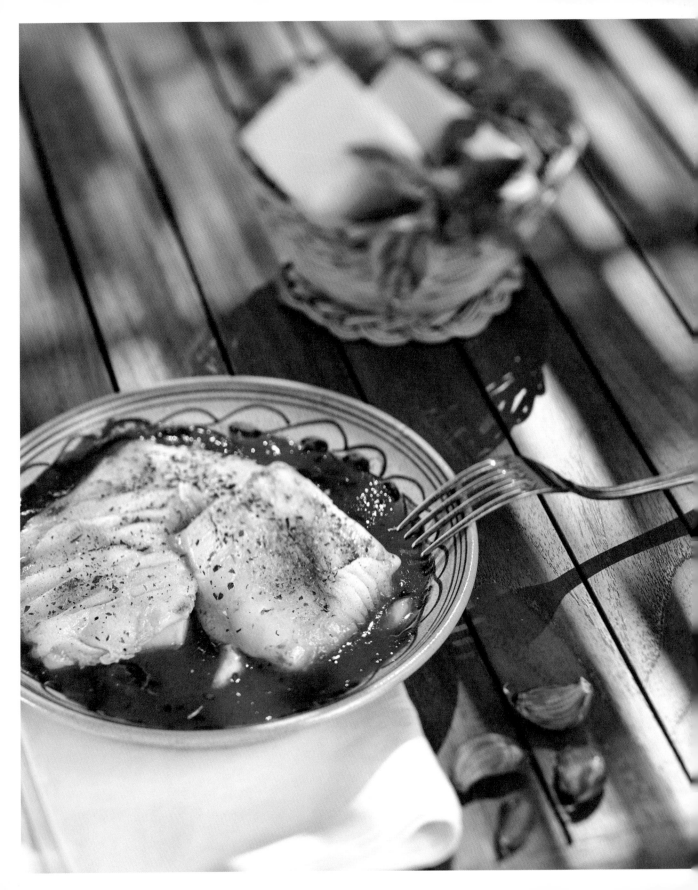

Caciocavallo con salsa di pomodoro

Caciocavallo cheese with tomato sauce

● ○ ○

Ingredienti per 4 persone:
- *350 g di caciocavallo primosale*
- *1 l di salsa di pomodoro*
- *1 spicchio di aglio*
- *olio extravergine d'oliva*

Serves 4:
- *350g (12 oz) caciocavallo primosale cheese*
- *1l (2 pts) basic tomato sauce*
- *1 garlic clove*
- *extra virgin olive oil*

Versare in padella la salsa di pomodoro e alcuni cucchiai di olio in cui sia stato soffritto l'aglio.

Appena la salsa inizia a sobbollire aggiungere il caciocavallo tagliato dello spessore di 1 cm e coprire.

Cuocere per 5 minuti e servire caldo.

Fry the garlic in oil then add a few tablespoons of the oil to the tomato sauce in a pan.

Heat and as soon as the sauce begins to bubble add the cheese cut into 1cm thick pieces and cover.

Cook for 5 minutes and serve hot.

Vino Wine:
"Siccagno" 2009 - Sicilia IGT Rosso - Azienda agricola Arianna Occhipinti, Vittoria (Ragusa)

Pasta 'ncasciata

Pasta with pork and cauliflower sauce

• • •

Ingredienti per 4 persone:
- *320 g di rigatoni*
- *500 g di carne di maiale*
  (pezzo intero)
- *200 g di salsiccia*
- *4 puntine di maiale*
- *200 g di concentrato di pomodoro*
- *2 cipolle*
- *½ cavolfiore*
- *2 foglie di alloro*
- *5 chiodi di garofano*
- *una grattata di noce moscata*
- *caciocavallo fresco*
- *pecorino grattugiato*
- *vino rosso*
- *olio extravergine d'oliva*
- *sale*
- *pepe*

Soffriggere in olio una cipolla tagliata a velo e aggiungere la carne di maiale lasciando dorare.

Bagnare con abbondante vino rosso e aggiungere il concentrato di pomodoro sciolto in vino o in acqua, gli aromi e le spezie.

In un'altra casseruola, far rosolare in olio la seconda cipolla e le cime di cavolfiore a crudo. Sfumare con altro vino rosso.

Appena il sugo comincia a restringersi, aggiungerne al cavolfiore qualche mestolo, fino a cottura al dente.

Nel frattempo, nella casseruola in cui è in cottura la carne, aggiungere la salsiccia e le puntine, regolando di sale e pepe.

A cottura ultimata, spegnere e lasciare raffreddare, togliendo la carne dal sugo.

Fry the finely chopped onion and add the pork and brown.

Add plenty of red wine, the tomato paste (dissolved in water or wine), herbs and spices.

In another pan, brown the second onion and the cauliflower florets in oil. Add red wine.

As soon as the sauce begins to thicken, add a few ladles to the cauliflower, and cook until *al dente*.

Meanwhile, in the pan in which the meat is cooking, add the sausage and the ribs, seasoning with the salt and pepper.

When cooked, turn off and allow to cool, removing the meat from the sauce.

Dice the pork and the ribs and slice the sausages.

Serves 4:
- 320g (11 oz) rigatoni pasta
- 500g (1 lb) pork (single piece)
- 200g (7 oz) Italian sausage
- 4 pork ribs
- 200g (¾ cup) tomato paste
- 2 onions
- ½ cauliflower
- 2 bay leaves
- 5 cloves
- a little grated nutmeg
- fresh caciocavallo cheese
- grated pecorino cheese
- red wine
- extra virgin olive oil
- salt
- pepper

Ricavare dei dadini dal pezzo intero e dalle puntine e tagliare a fettine la salsiccia.

Riunire le carni al sugo e aggiungere il cavolfiore. Far riprendere il bollore, aggiungendo, se necessario, un po' di vino rosso e acqua.

A parte, cuocere la pasta, scolando al dente.

Unire al sugo, mescolando velocemente e aggiungendo il caciocavallo fresco tagliato a dadini e il pecorino grattugiato.

Return to the sauce and add the cauliflower. Bring to the boil, adding, a little red wine and water if needed.

Separately, cook the pasta and drain when *al dente*.

Mix with the sauce, stirring quickly and adding the diced fresh caciocavallo cheese and grated pecorino.

Vino Wine:
"Salina Bianco" - Salina IGT Bianco - Cantine Colosi, Messina

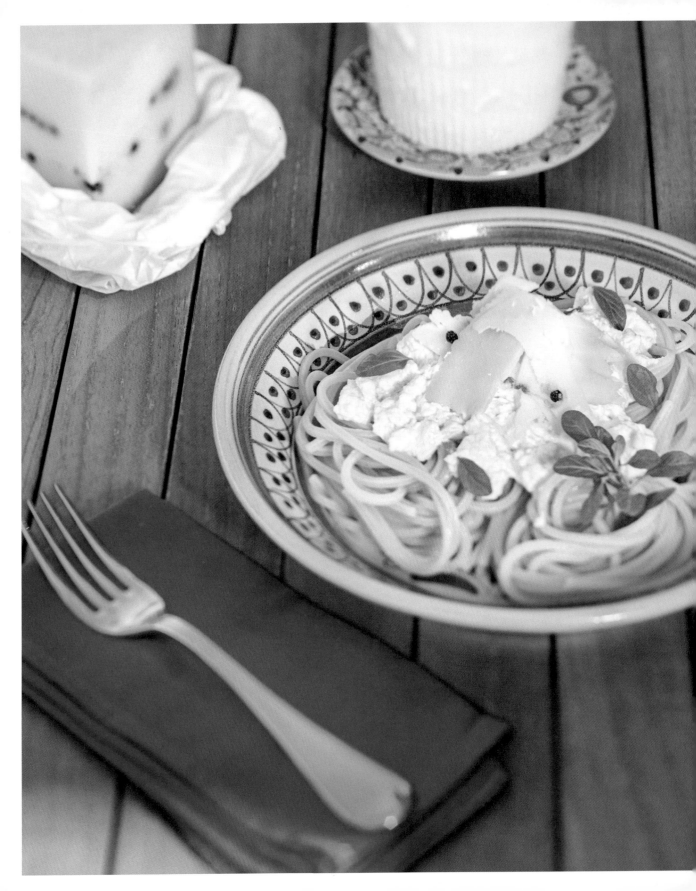

Spaghetti con ricotta e pecorino

Spaghetti with ricotta and primosale cheeses

● ○ ○

Ingredienti per 4 persone:
- *400 g di spaghetti*
- *500 g di ricotta*
- *100 g di pecorino primosale a scaglie*
- *15 foglioline di maggiorana*
- *olio extravergine d'oliva*
- *sale*
- *pepe*

Serves 4:
- *400g (14 oz) spaghetti*
- *500g (1 lb) ricotta cheese*
- *100g (1 cup) flaked primosale cheese (fresh pecorino)*
- *15 marjoram leaves*
- *extra virgin olive oil*
- *salt*
- *pepper*

Lavorare la ricotta con l'olio con un cucchiaio di legno e aggiungere la maggiorana fino a ottenere una crema vellutata.

A parte lessare la pasta e aggiungere alla ricotta una tazza da tè prelevata dall'acqua di cottura.

Condire la pasta e cospargere con le scaglie di pecorino.

Combine the ricotta and oil with a wooden spoon, then add the marjoram. Continue stirring to form a velvety cream.

Separately, boil the pasta and add a teacup of the pasta water to the ricotta mixture.

Top the pasta with the ricotta mixture and sprinkle with the flaked primosale cheese.

Vino Wine:
"SP 68" 2009 - Sicilia IGT Bianco - Azienda agricola Arianna Occhipinti, Vittoria (Ragusa)

Pasta alla Norma

Pasta with aubergine, tomato, ricotta and basil

● ● ○

Ingredienti per 4 persone:
- *400 g di spaghetti o vermicelli*
- *1 kg di pomodori per salsa*
- *1 melanzana*
- *basilico*
- *2 spicchi d'aglio*
- *ricotta salata grattugiata*
- *olio extravergine d'oliva*
- *sale fino e sale grosso*
  (per la salamoia)

Serves 4:
- *400g (14 oz) spaghetti*
  or vermicelli
- *1kg (2¼ lbs) ripe tomatoes*
- *1 aubergine*
- *basil*
- *2 garlic cloves*
- *grated salted ricotta cheese*
- *extra virgin olive oil*
- *fine salt and coarse salt*
(for brine)

Tagliare i pomodori in quarti, porli
in una pentola di alluminio e schiacciarli
con le mani. Accendere la fiamma a fuoco
forte e far bollire per 20 minuti circa.

Passare al passaverdura e porre
nuovamente sul fuoco, aggiungendo
l'aglio e abbondante basilico.

Fare ridurre per circa un terzo,
sempre a fuoco vivace. Spegnere
il fuoco e aggiungere olio.

A parte tagliare le melanzane a fette
sottili, tuffarle in acqua fredda e salata.
Lasciarle sotto un peso per 1 ora circa,
quindi sgocciolarle e strizzarle.

Friggerle in olio caldo e disporle
su carta assorbente.

Cuocere la pasta in abbondante acqua
salata, lasciandola molto al dente.

Scolare e condire con salsa di
pomodoro e fette di melanzane fritte.

Spolverare con abbondante ricotta
salata grattugiata.

Cut the tomatoes into quarters, place in
an aluminium pot and mash with your
hands. Turn the heat to high
and boil for approximately 20 minutes.

Pass through a purée sieve and
return to the stove, adding the garlic
and a generous amount of basil.

Reduce by approximately a third
on a high flame. Turn off the heat
and add the oil.

Separately, finely slice the aubergines,
dip in cold water and salt. Leave under
a weight for approximately 1 hour,
then drain and squeeze dry.

Fry in hot oil and place on absorbent
paper.

Cook the spaghetti in ample
salted water, leaving quite *al dente*.

Drain and add the tomato sauce
and slices of fried aubergine.

Sprinkle with plenty of grated
salted ricotta.

Vino Wine:
"Etna Rosso" 2008 - Etna DOC
Rosso - Cantine Barone
di Villagrande, Milo (Catania)

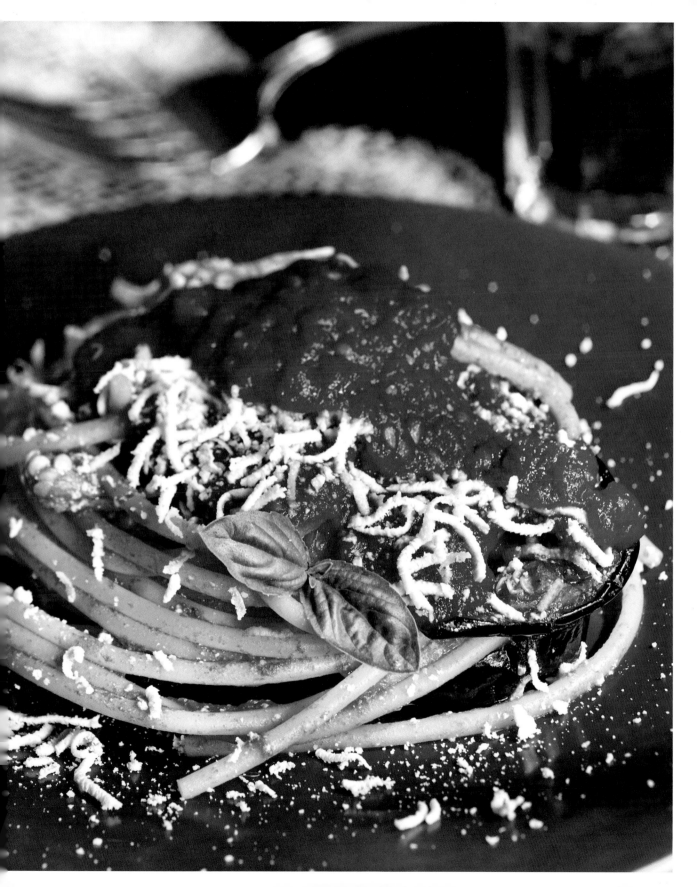

Couscous alla trapanese
Couscous Trapani style

● ● ○

Ingredienti per 4 persone:
- *1 polpo*
- *6 triglie*
- *2 dentici*
- *2 orate*
- *2 scorfani*
- *500 g di molluschi*
  (cozze e vongole)
- *4 calamari*
- *500 g di pomodori maturi*
- *1 cucchiaio di concentrato*
  di pomodoro
- *1 cipolla*
- *1 carota*
- *2 spicchi di aglio*
- *1 mazzetto di sedano*
- *2 peperoncini piccoli*
- *1 mazzettino di prezzemolo*
- *1 mazzettino di basilico*
- *½ bicchiere di vino bianco*
- *olio extravergine d'oliva*
- *sale*
Per il couscous:
- *1 kg di couscous precotto*
- *1 spicchio di aglio*
- *2 cucchiai di prezzemolo tritato*
- *olio extravergine d'oliva*
- *sale*

In una casseruola soffriggere l'aglio e la cipolla tritati per 5 minuti.

Aggiungere le verdure, il prezzemolo, il basilico, i pomodori tagliati a pezzetti, i peperoncini, il concentrato di pomodoro sciolto precedentemente nel vino, aggiustare di sale e lasciare cuocere per 20 minuti circa.

Adagiarvi il pesce e i molluschi precedentemente nettati e lasciare cuocere per 15 minuti circa dall'inizio del bollore.

In a saucepan, fry the garlic and onion for 5 minutes.

Add the vegetables, parsley, basil, finely chopped tomatoes, chilli peppers and tomato paste dissolved in the wine. Season with salt and cook for approximately 20 minutes.

Add the cleaned fish and seafood. Bring to the boil and cook for approximately 15 minutes.

Serves 4:
- 1 octopus
- 6 mullet
- 2 snapper
- 2 bream
- 2 rose fish
- 500g (1 lb) shellfish
  (mussels and clams)
- 4 squid
- 500g (1 lb) ripe tomatoes
- 1 tablespoon tomato paste
- 1 onion
- 2 garlic cloves
- 1 carrot
- 1 small bunch celery
- 2 small chilli peppers
- 1 small bunch Italian parsley
- 1 small bunch basil
- ½ glass white wine
- extra virgin olive oil
- salt

Couscous:
- 1kg (2¼ lbs) pre-cooked couscous
- 1 garlic clove
- 2 tablespoons chopped Italian
  parsley
- extra virgin olive oil
- salt

A parte, soffriggere in una padella
il prezzemolo e l'aglio tritati,
aggiungervi quindi il couscous
mescolando bene.

Ricoprire con 1 l di acqua calda
salata e coprire la padella fino
a completo assorbimento.

Accompagnare il couscous
con la zuppa di pesce.

Separately in a pan, fry the chopped
parsley and chopped garlic. Add the
couscous and mix well.

Cover with 1l (4 cups) of warm salted
water. Cover the pan until completely
absorbed.

Serve the couscous with the soup.

Vino Wine:
"Lolik" 2007 - Sicilia Bianco IGT - Cantine Guccione, San Cipirello (Palermo)

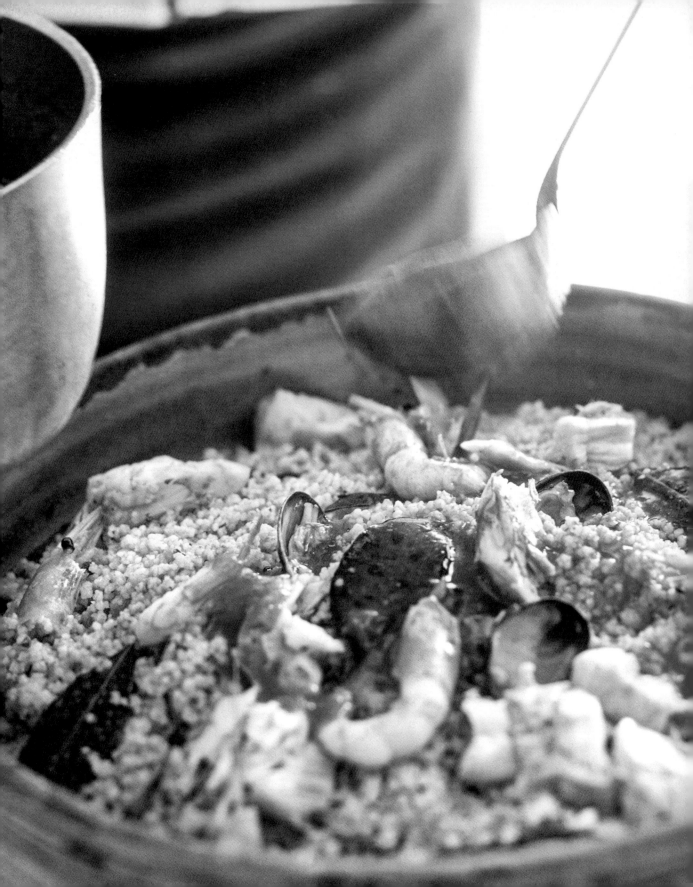

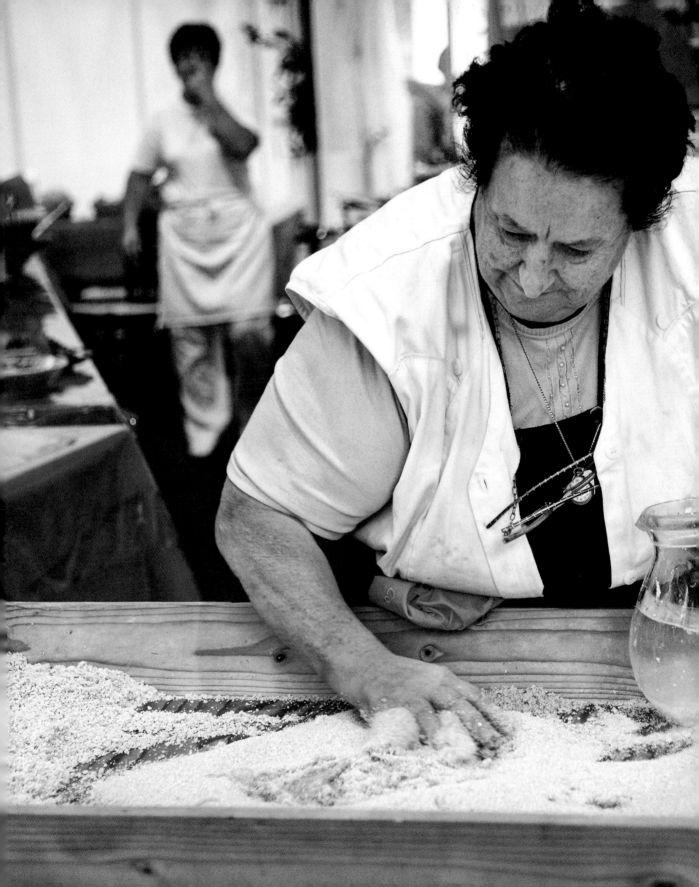

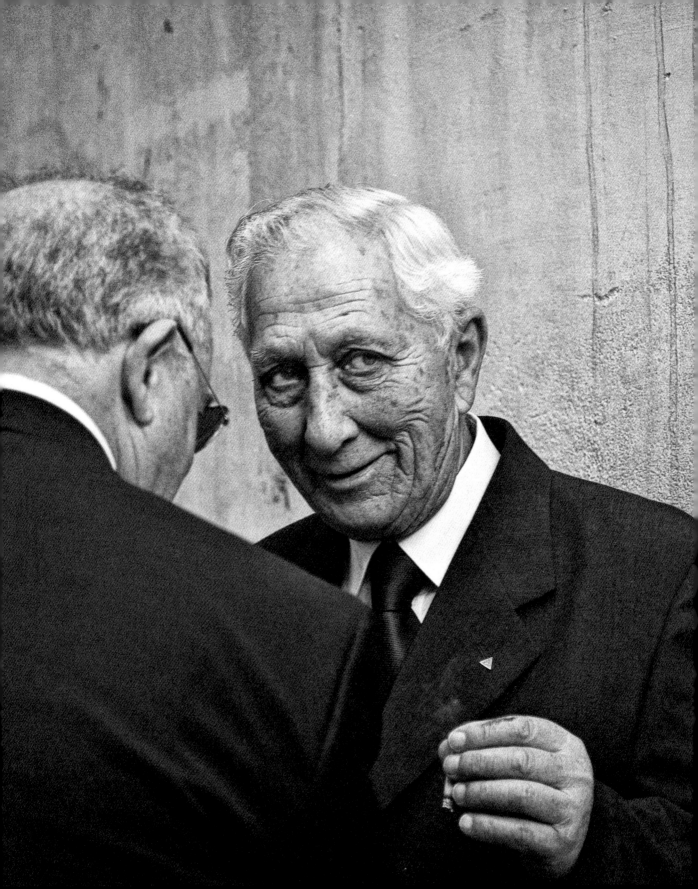

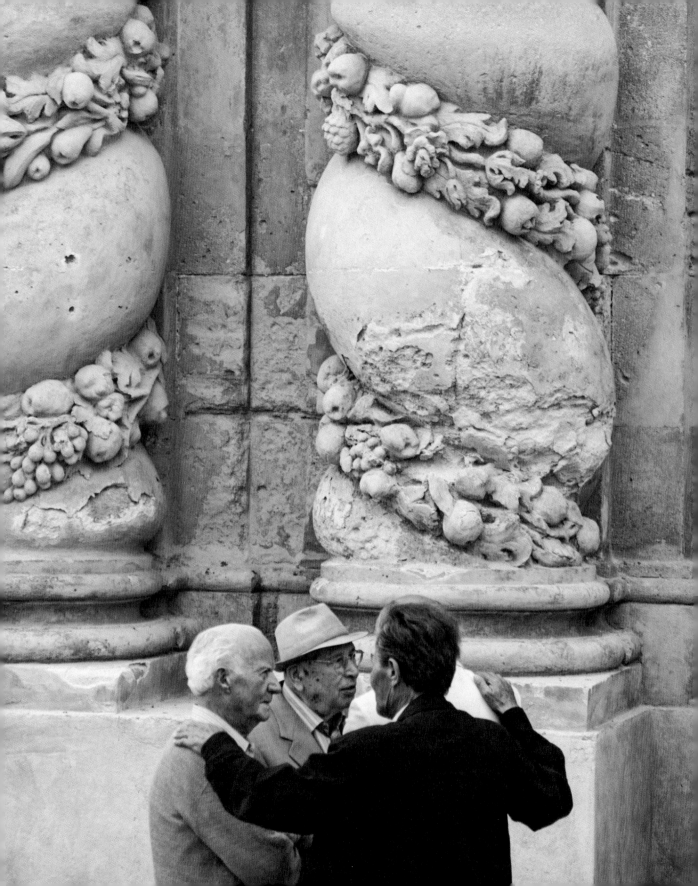

Risotto ai fiori di zucca e spuma di tuma persa

Risotto with courgette flowers and frothed tuma persa cheese

• • •

Ingredienti per 4 persone:
- 320 g di riso Carnaroli
  o Vialone Nano
- 16 fiori di zucca
- 50 g di tuma persa o,
  in alternativa, di parmigiano
  reggiano grattugiato
- 100 g di panna da montare
- 4 cucchiai di polpa di pomodoro
- 1 zucchina bianca piccola
- ½ cipolla
- brodo vegetale
- vino bianco
- olio extravergine d'oliva
- burro
- sale
- pepe

Tritare la cipolla e tagliare la zucchina a julienne.

Rosolare in olio la cipolla e tuffarvi le zucchine, lasciando a fuoco dolce.

Aggiungere la polpa di pomodoro passata al passaverdura e ½ bicchiere di acqua e far cuocere fino a metà cottura, per 15 minuti circa. Aggiustare di sale e pepe.

Nel frattempo far bollire la panna e sciogliervi la tuma persa grattugiata.

Filtrare al colino fine e versare nel sifone della panna montata. Sparare due cartucce di gas e conservare in frigo a testa in giù.

In una casseruola versare un cucchiaio di olio e una grossa noce di burro. Far riscaldare e, non appena il burro è sciolto, versare il riso.

Chop the onion and julienne the courgette.

Fry the onion in oil. Add the courgette and cook over a low flame.

Add the crushed raw tomatoes, passed through a purée sieve, and ½ cup water, and heat until half cooked (approximately 15 minutes). Season with salt and pepper.

Meanwhile, boil the cream and dissolve the grated tuma persa cheese in it.

Strain through a fine sieve and pour into a cream whipper. Charge the whipper with two bulbs and refrigerate upside-down.

Heat a tablespoon of olive oil and a large knob of butter in a saucepan. As soon as the butter has melted, add the rice.

Serves 4:
- 320g (11 oz) Carnaroli
  or Vialone Nano rice
- 16 courgette flowers
- 50g (¼ cup) tuma persa cheese
  (or grated Parmesan cheese)
- 100g (½ cup) heavy whipping
  cream
- 4 tablespoons of crushed raw
  tomatoes
- 1 small white courgette
- ½ onion
- vegetable broth
- white wine
- extra virgin olive oil
- butter
- salt
- pepper

Far tostare con cura il riso e,
non appena i chicchi sono lucidi,
sfumare con il vino.

Cominciare a versare qualche mestolo
di brodo vegetale e lasciar sobbollire
sino a tre quarti di cottura.

Aggiungere le zucchine con tutto
l'intingolo e completare la cottura.

Aggiungere i fiori di zucca puliti con un
panno umido e tritati grossolanamente.
Mescolare energicamente e spegnere la
fiamma.

Aggiungere una noce di burro
e lasciare mantecare per 5 minuti.

Sistemare un mestolo di risotto
al centro del piatto e guarnire con
un ciuffo di spuma di tuma persa.

Fry the rice and as soon as the grains
are shiny, add the wine.

Begin to add a few ladles of the
vegetable stock and simmer until
three quarters cooked.

Add the courgette and all the sauce and
finish cooking.

Add the coarsely chopped courgette
flowers, cleaned with a damp cloth.
Mix thoroughly and turn off the heat.

Add a knob of butter and let it melt
through for 5 minutes.

Place a ladle of risotto in the centre of
each plate and top with the whipped
tuma persa cheese.

Vino Wine:
"Catarratto" 2008 - Sicilia IGT Bianco - Cantine Barraco, Marsala (Trapani)

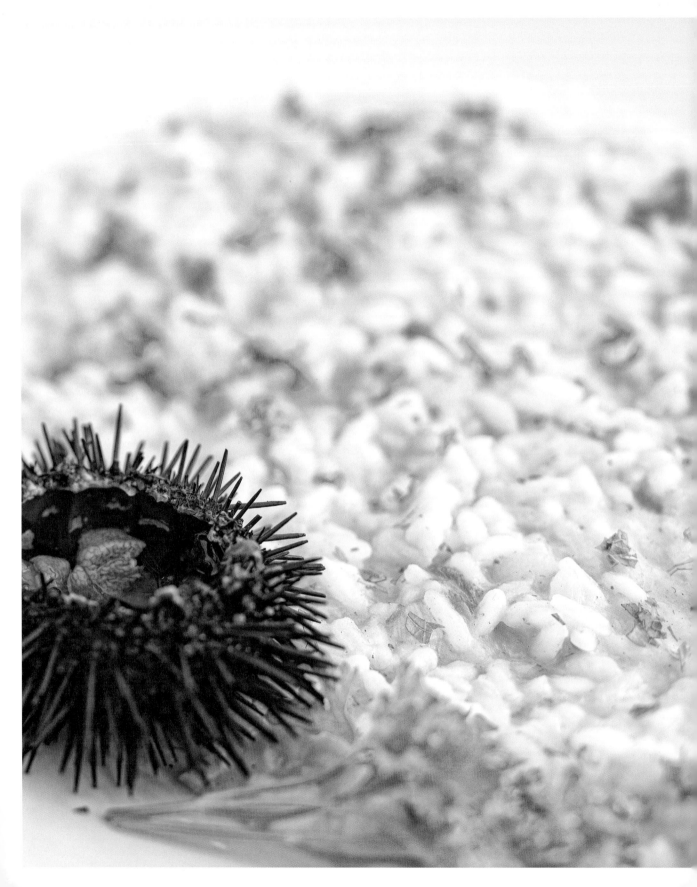

Risotto ai ricci di mare
Risotto with sea urchin

● ● ○

Ingredienti per 4 persone:
- 280 g di riso Carnaroli o Vialone Nano
- 500 g di pesci da brodo (scorfani, cipolle, gallinelle, tracine)
- 120 g di ricci di mare
- 1,5 l di acqua
- 0,75 l di vino
- 2 scalogni
- 1 spicchio di aglio
- prezzemolo
- 1 grosso pizzico di timo
- 2 foglie di alloro
- buccia di limone (a piacere)
- olio extravergine d'oliva
- sale

Serves 4:
- 280g (1⅓ cups) Carnaroli or Vialone Nano rice
- 500g (1 lb) stock fish (rose fish, bandfish, tub gurnard, weaverfish)
- 120g (4¼ oz) sea urchin roe
- 1.5l (3 pts) water
- 750ml (1½ pts) wine
- 2 shallots
- 1 garlic clove
- Italian parsley
- 1 large pinch of thyme
- 2 bay leaves
- lemon peel (optional)
- extra virgin olive oil
- salt

In una casseruola profonda mettere l'acqua, il vino, gli scalogni interi, il timo, l'alloro e i pesci da brodo ben nettati. Portare a bollore a fuoco dolce e lasciare sobbollire per 30 minuti circa. Spegnere la fiamma e filtrare il fumetto.

A parte, far scaldare in un tegame l'olio con l'aglio, da eliminare non appena comincia a dorare.

Aggiungere il riso e far tostare a fuoco dolce. Appena è perfettamente lucido, iniziare la cottura aggiungendo progressivamente il fumetto e correggendo di sale.

Dopo 20 minuti circa, spegnere il fuoco e mantecare con le uova di riccio e l'olio, conservando un paio di cucchiaiate di ricci per la decorazione dei piatti.

Disporre al centro del piatto una porzione di risotto, sistemare in cima i ricci messi da parte e spolverare con prezzemolo tritato e, a piacere, buccia di limone grattugiata.

Put the water, wine, whole shallots, thyme, bay leaves and the thoroughly cleaned stock fish in a deep pan. Bring to the boil over a low heat and simmer for approximately 30 minutes. Turn off the heat and strain the stock.

Separately, heat the oil in a pan with the garlic, removing it as soon as it begins to brown.

Add the rice and fry over a low heat. As soon as the rice is shiny, begin cooking by gradually adding the fish stock and salt.

After approximately 20 minutes, turn off the heat and stir in the sea urchin roe and oil, keeping a couple of spoonfuls of the roe for decorating the plates.

Place a portion of the risotto in the centre of each plate, top with the set aside sea urchin roe, and sprinkle with chopped parsley (optional) and lemon zest.

Vino Wine:
"Grillo" 2009 - Sicilia IGT Bianco - Cantine Barraco, Marsala (Trapani)

Pasta cchi vrocculi arriminati
Pasta with broccoli

● ○ ○

Ingredienti per 4 persone:
- *400 g di pasta corta (ditali)*
- *500 g di broccoli*
- *2 spicchi di aglio*
- *50 g di pecorino grattugiato*
- *50 g di caciocavallo grattugiato*
- *80 g di caciocavallo fresco a pezzetti*
- *olio extravergine d'oliva*
- *sale*
- *pepe*

Serves 4:
- *400g (14 oz) short pasta (ditali)*
- *500g (1 lb) broccoli*
- *2 garlic cloves*
- *50g (½ cup) pecorino cheese, grated*
- *50g (½ cup) caciocavallo cheese, grated*
- *80g (3 oz) fresh caciocavallo cheese in small pieces*
- *extra virgin olive oil*
- *salt*
- *pepper*

Cuocere i broccoli al vapore.

In una padella insaporire i broccoli nell'olio con l'aglio tritato e il sale per 5 minuti.

Cuocere la pasta in abbondante acqua salata, scolare al dente e condire con i broccoli e le tre varietà di formaggio.

Steam the broccoli.

In a pan, fry the broccoli, minced garlic and salt in the oil for 5 minutes.

Boil the pasta in ample salted water and drain when *al dente*. Mix with the broccoli and the cheeses.

Vino Wine:
"Porta del Vento" - Sicilia IGT Bianco - Azienda agricola Porta del Vento, Camporeale (Palermo)

Timballo di anelletti

Anelletti pasta pie

● ● ○

Ingredienti per 4 persone:
- *450 g di anelletti*
- *200 g di muscolo di maiale*
- *200 g di muscolo di manzo*
- *1 cotica tagliata a striscioline*
- *100 g di piselli*
- *1 cucchiaio di concentrato di pomodoro*
- *½ bicchiere di vino rosso*
- *½ cipolla tritata*
- *2 spicchi di aglio*
- *1 foglia di alloro*
- *2 litri di salsa di pomodoro*
- *6 foglie di basilico*
- *burro*
- *200 g di caciocavallo a scaglie*
- *olio extravergine d'oliva*
- *sale*

Serves 4:
- *450g (16 oz) anelletti pasta*
- *200g (7 oz) lean pork*
- *200g (7 oz) lean beef*
- *pork rind cut into strips*
- *100g (⅔ cup) peas*
- *1 tablespoon tomato paste*
- *½ glass red wine*
- *½ onion, chopped*
- *2 garlic cloves*
- *1 bay leaf*
- *2l (4¼ pts) basic tomato sauce*
- *6 basil leaves*
- *butter*
- *200g (7 oz) caciocavallo cheese, in flakes*
- *extra virgin olive oil*
- *salt*

Far imbiondire nell'olio la cipolla tritata, unire quindi l'aglio tritato. Dopo un paio di minuti unire la carne e la cotica, lasciando insaporire per 5 minuti mescolando bene.

Aggiungere il concentrato di pomodoro diluito nel vino e lasciare evaporare.

Aggiungere la salsa di pomodoro, la foglia di alloro, il sale e lasciare cuocere per 1 ora e mezza a fuoco basso. Prima di spegnere aggiungere il basilico fresco e i piselli e lasciare cuocere per altri 5 minuti.

Tagliare la carne in piccoli pezzi. Lessare gli anelletti in abbondante acqua salata, scolare e condire con il sugo.

Imburrare una teglia da forno e sistemarvi uno strato di pasta condita, spolverando con il formaggio a scaglie.

Ripetere l'operazione con un secondo strato e terminare con il formaggio.

Infornare a 180 °C per 20 minuti.

Fry the onion in the oil until golden, then add the chopped garlic. After a couple of minutes, add the meat and pork rind, and brown for 5 minutes, turning the meat regularly.

Add the tomato paste diluted in the wine and allow to evaporate.

Add the tomato sauce, bay leaf and salt, and cook for 90 minutes over a low heat. Before switching off the heat, add the fresh basil and peas, and cook for another 5 minutes.

Cut the meat into small pieces.

Boil the anelletti pasta in ample salted water, drain and mix with the sauce.

In a buttered baking dish, make a layer of the pasta and sauce, then sprinkle with the flaked cheese. Make a second layer in the same way, topping with the cheese.

Bake at 180°C (360°F) for approximately 20 minutes.

Vino Wine:
"Terra delle Sirene" - Sicilia IGT Rosso - Azienda agricola Zenner, Catania

Bucatini
con le sarde a mare
Bucatini pasta
with 'sardines left in the sea'

● ○ ○

Ingredienti per 4 persone:
- 400 g di bucatini
- 700 g di finocchietto selvatico
- 10 filetti di acciughe salate
- 1 cipolla
- 100 g di pinoli
- 100 g di uvetta
- olio extravergine d'oliva
- sale

Serves 4:
- 400g (14 oz) bucatini pasta
- 700g (1½ lbs) fennel
- 10 salted anchovy fillets
- 1 onion
- 100g (¾ cup) pine nuts
- 100g (⅔ cup) raisins
- extra virgin olive oil
- salt

Lessare i finocchietti in acqua salata, scolare e tagliare a pezzetti. Mettere da parte l'acqua di cottura.

In una padella far dorare la cipolla tritata con l'olio, i pinoli, aggiungere l'uvetta e le acciughe e proseguire per 5 minuti fino alla sfaldatura delle acciughe.

Aggiungere i finocchietti e rosolare per altri 5 minuti.

Lessare i bucatini nell'acqua dei finocchietti, scolare e condire con la salsa.

Boil the fennel in salted water, drain and cut into pieces, setting aside the cooking liquid.

In a frying pan, cook the chopped onion in the olive oil until golden with the pine nuts. Add the raisins and anchovies and cook for another 5 minutes until the anchovies fall apart.

Add the fennel and cook for another 5 minutes.

Boil the pasta in the water used to boil the fennel, drain and serve with the sauce.

Vino Wine:
"Catarratto" 2008 - Sicilia IGT Bianco - Cantine Barraco, Marsala (Trapani)

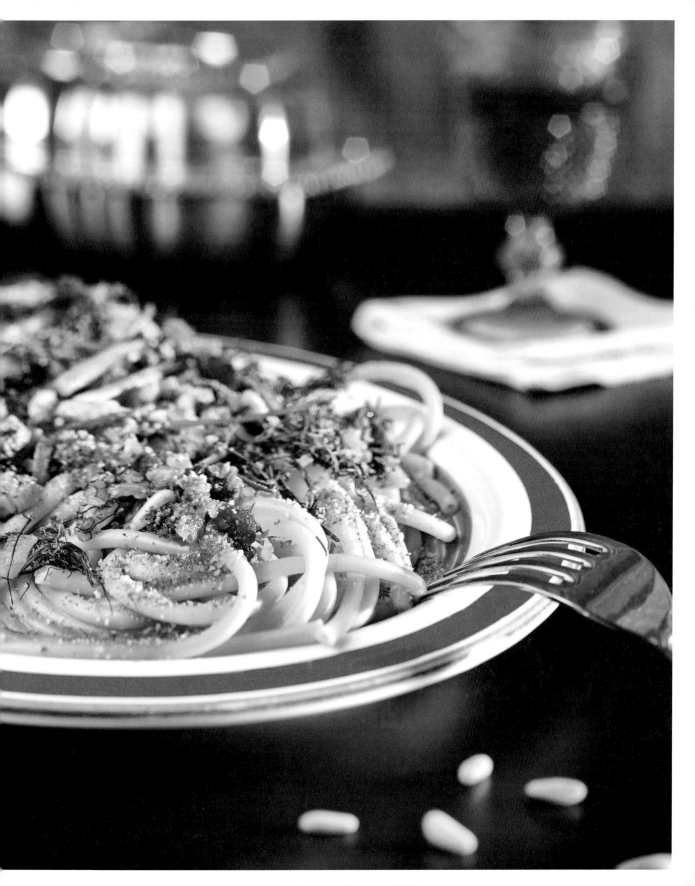

Caserecce con zucchine fritte e menta

Caserecce pasta with fried courgettes and peppermint

● ○ ○

Ingredienti per 4 persone:
- *400 g di caserecce*
- *4 zucchine medie*
- *2 spicchi d'aglio*
- *30 foglioline di menta*
- *olio extravergine d'oliva*
- *sale*
- *pepe*

Serves 4:
- *400g (14 oz) caserecce pasta*
- *4 medium courgettes*
- *2 garlic cloves*
- *30 peppermint leaves*
- *extra virgin olive oil*
- *salt*
- *pepper*

Tagliare le zucchine a rondelle non troppo spesse e friggerle in padella con l'aglio.

Lasciare dorare ambedue i lati delle rondelle, eliminare l'aglio, aggiungere sale, pepe e le foglioline di menta, rimestando per un paio di minuti.

Nel frattempo cuocere le caserecce, scolare e infine condire.

Cut the courgettes into fairly thin circular slices and fry with the garlic.

Allow both sides to brown and remove the garlic. Add salt, pepper and the peppermint leaves, and stir for a couple of minutes.

Meanwhile, cook the caserecce pasta, drain and finally mix with the sauce.

Vino Wine:
"Vigna di Gabri" 2009 - Contessa Entellina DOC Bianco - Cantina Donnafugata, Marsala (Trapani)

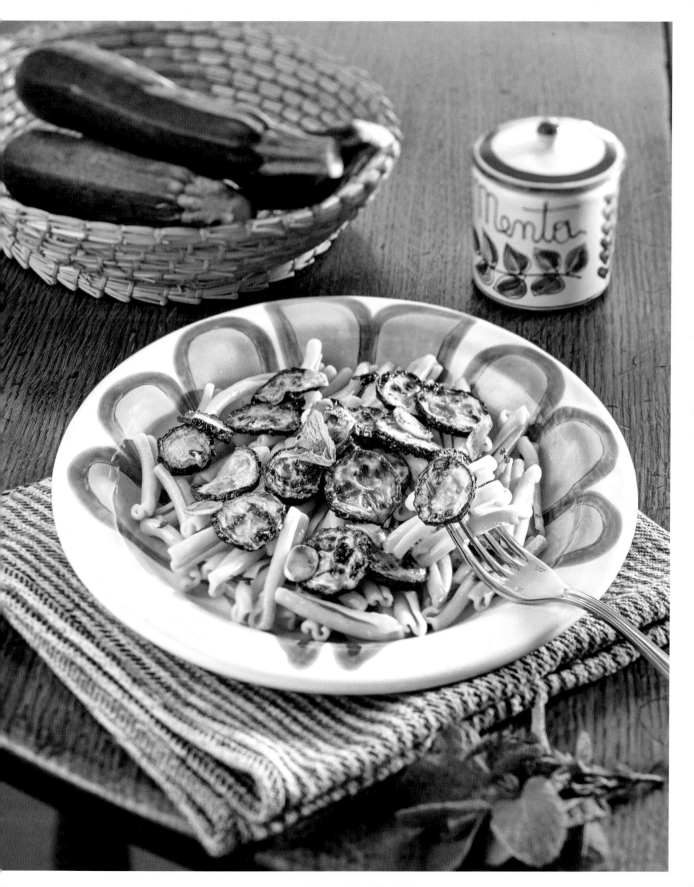

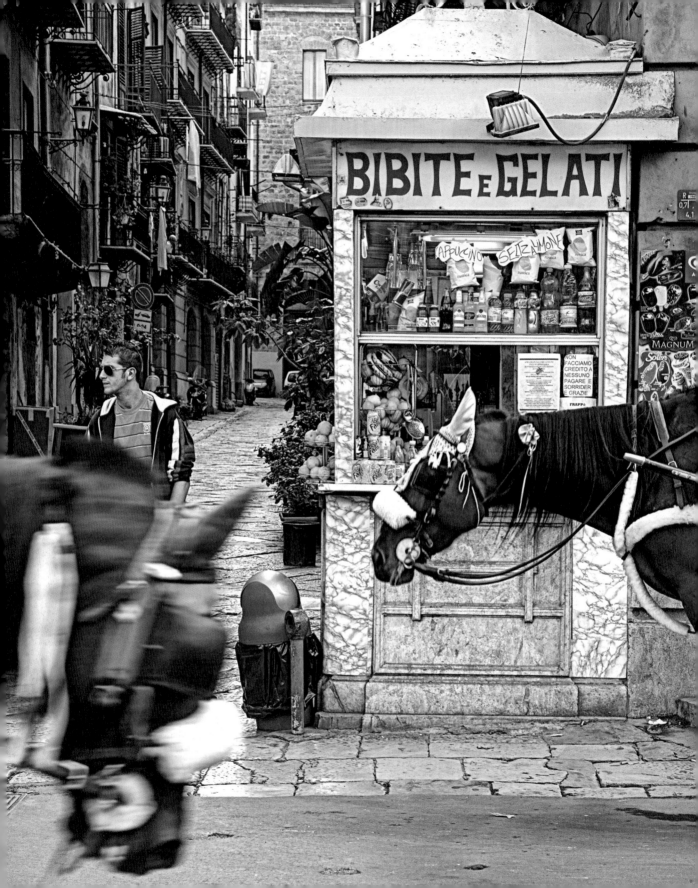

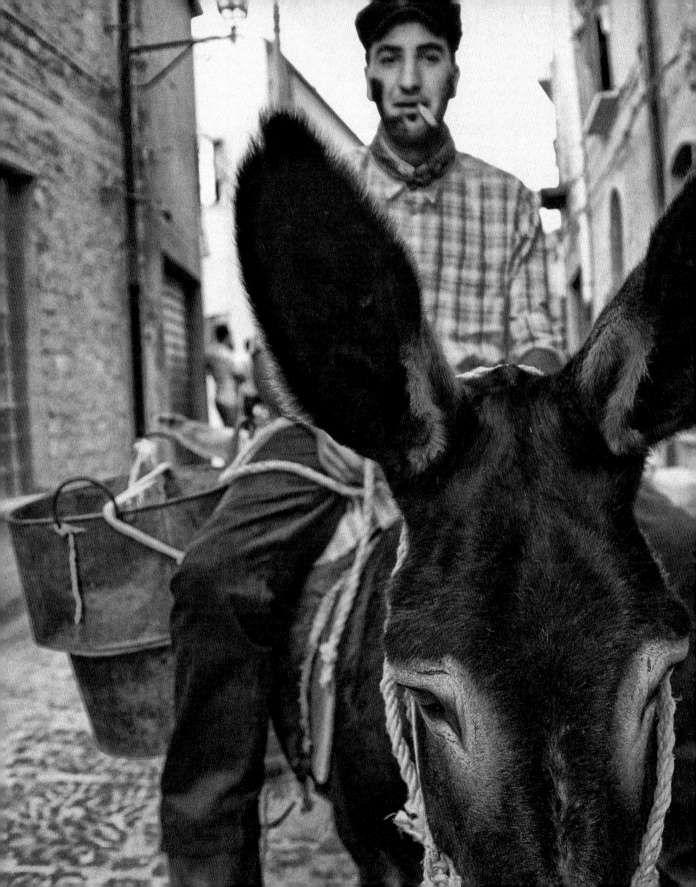

Anche se il "farsumagru" resta il simbolo della cucina di carne, non mancano altre gustose preparazioni a base di vitello, agnello e animali da cortile.

Although farsumagru has become a symbol of its meat dishes, Sicily offers numerous other delicacies made from veal, lamb, poultry and rabbit.

Carne

Meat

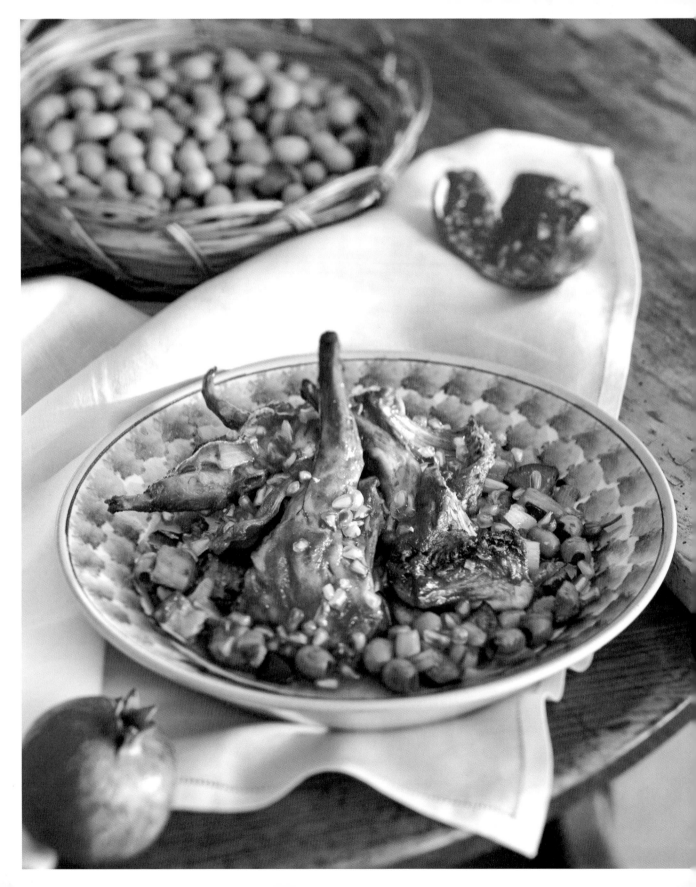

Coniglio alla stimpirata
Sweet-and-sour rabbit

● ● ○

Ingredienti per 4 persone:
- 1 coniglio in pezzi
- 1 gambo di sedano
- 1 cipolla
- 2 melanzane
- 20 olive verdi denocciolate
- 1 cucchiaio di capperi
- 1 tazza di salsa di pomodoro
- chicchi di un melograno
- 15 mandorle tostate in graniglia
- 3 cucchiai di miele
- aceto di vino rosso
- olio extravergine d'oliva

Serves 4:
- 1 rabbit cut into serving pieces
- 1 celery stalk
- 1 onion
- 2 aubergines
- 20 pitted green olives
- 1 tablespoon capers
- 1 cup basic tomato sauce
- seeds of 1 pomegranate
- 15 toasted almonds, chopped fine
- 3 tablespoons honey
- red wine vinegar
- extra virgin olive oil

Friggere a fuoco lento i pezzi di coniglio in una padella con dell'olio, fino a doratura esterna.

Sciogliere il miele in un bicchiere di aceto, mescolando velocemente con un cucchiaio.

Versare il miele sulla carne, rigirando i pezzi per alcuni minuti e infine spegnere.

Tagliare le melanzane a cubetti e friggerle in padella con olio.

Soffriggere la cipolla, il sedano, le olive e i capperi per 10 minuti, unirvi quindi le melanzane fritte e la salsa di pomodoro, lasciando cuocere per ulteriori 10 minuti.

Sistemare il coniglio e il suo sughetto e lasciare insaporire per 10 minuti nella padella della caponata.

Disporre su piatti da portata e lasciare raffreddare, aggiungendo i chicchi di melograno e la graniglia di mandorle tostate.

Fry the rabbit pieces in the oil over a low heat until golden brown.

Dissolve the honey in a glass of vinegar, stirring rapidly with a spoon.

Pour the honey over the meat, turning the pieces repeatedly for a few minutes. Turn off the flame.

Cut the aubergines into small cubes and fry in a pan with oil.

Fry the onion, celery, olives and capers for 10 minutes, then add the fried aubergines and tomato sauce. Leave to cook for another 10 minutes.

Place the rabbit and its cooking liquids into the sauce and let it absorb the flavours for 10 minutes.

Arrange on plates and let cool. Top with the pomegranate seeds and chopped toasted almonds.

Vino Wine:
"Grillo parlante" 2009 - Sicilia IGT Bianco - Cantina Fondo Antico, Trapani

Farsumagru alla catanese
Veal roulade Catania style

● ● ●

Ingredienti per 4 persone:
- 1 fetta di vitello (taglio
  "lattughino") di 400 g
- 100 g di pancetta a fettine sottili
- 250 g di carne tritata
- 5 uova
- 1 cipolla
- 1 grossa mollica di pane fresco
- latte
- 70 g di parmigiano
- 2 foglie di alloro
- 1 rametto di rosmarino
- noce moscata
- farina
- 2 mestoli di brodo di carne
  o vegetale
- ½ bicchiere di vino bianco
- olio extravergine d'oliva
- sale
- pepe

Stendere, pareggiare con cura
e battere la fetta di carne, rivestendola
totalmente con la pancetta.

A parte, lavorare la carne tritata
con un uovo, mollica di pane bagnata
nel latte, parmigiano, sale, pepe e noce
moscata.

Stendere la carne tritata così lavorata
sulla pancetta.

A parte, far bollire le 4 uova rimaste,
fino a farle diventare sode. Lasciarle
freddare e sbucciare. Sistemarle infine
intere sulla carne tritata.

Arrotolare la carne sulle uova fino
a ottenere un rotolo perfettamente
chiuso, sigillando con cura i due
estremi (cucire, se necessario) per
evitare la fuoriuscita delle uova,
e legare ben stretto.

Infarinare il rotolo e rosolarlo in padella
in olio. Lasciare poi asciugare dall'olio.

Tritare la cipolla e farla rosolare
in olio in una capiente casseruola
dai bordi alti.

Carefully spread, tenderize and even
out the veal. Cover completely with
the bacon.

Separately, mix the minced beef
with 1 egg, the bread soaked in milk,
Parmesan, salt, pepper and nutmeg.

Spread the mixture over the bacon.

Separately, hard boil the remaining
4 eggs. Let them cool and remove
the shells. Finally, place them whole
on the minced meat mixture.

Roll the meat around the eggs so
that it is completely closed, carefully
sealing the two ends (sew, if necessary)
to prevent the eggs from coming out,
and tie tightly.

Flour the roll and brown in oil.
Allow to rest then dry off the oil.

Chop the onion and fry till golden
in oil in a large pan with high sides.

Add the roulade, turn up the heat
and pour the wine over the top, letting
it evaporate. Add the broth, bay leaves
and rosemary.

Serves 4:
- *400g (14 oz) slice of veal suitable*
  for rolling and stuffing
- *100g (3½ oz) thinly sliced bacon*
- *250g (9 oz) minced beef*
- *5 eggs*
- *1 onion*
- *1 large piece fresh bread with*
  crusts removed
- *milk*
- *70g (2½ oz) Parmesan cheese*
- *2 bay leaves*
- *1 sprig rosemary*
- *nutmeg*
- *flour*
- *2 ladles meat or vegetable broth*
- *½ glass dry white wine*
- *extra virgin olive oil*
- *salt*
- *pepper*

Adagiarvi il rotolo, far riprendere il calore e sfumare con il vino, lasciando evaporare; aggiungere quindi il brodo, l'alloro e il rosmarino.

Sigillare la casseruola con carta di alluminio e coprire. Cuocere a fiamma dolcissima per 30 minuti.

A cottura ultimata lasciare raffreddare e tagliare a fette spesse.

Seal the pan with aluminium foil and cover. Cook over a very low heat for 30 minutes.

When cooked, allow to cool and cut into thick slices.

Vino Wine:
"Faro" 2007 - Faro DOC - Azienda agricola Bonavita, Faro Superiore (Messina)

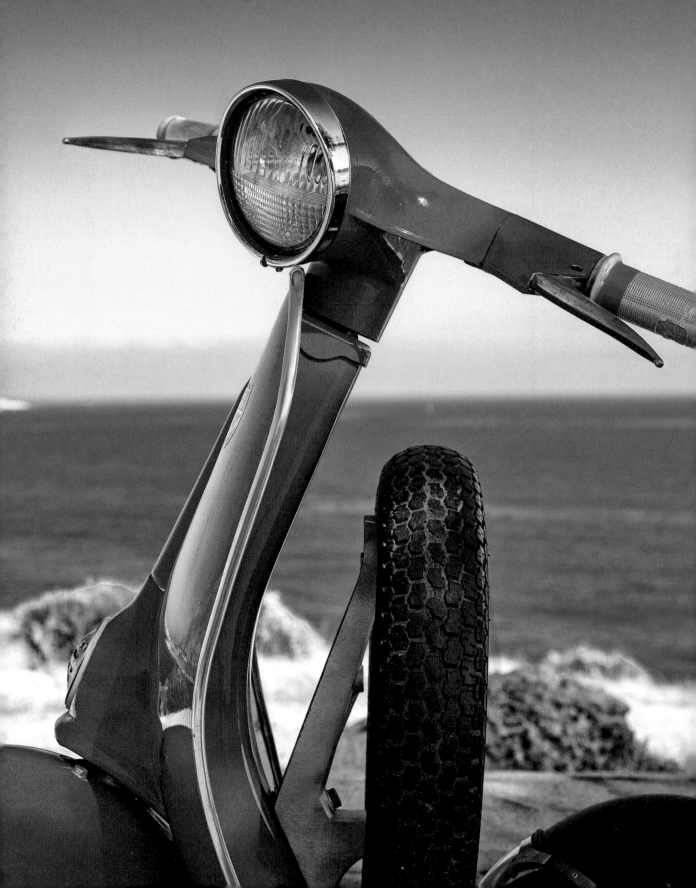

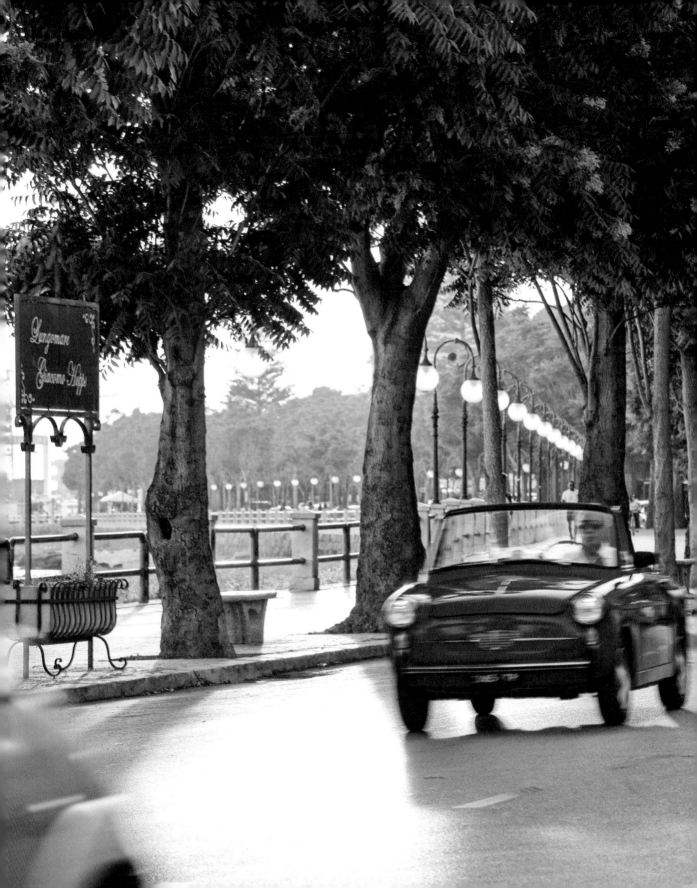

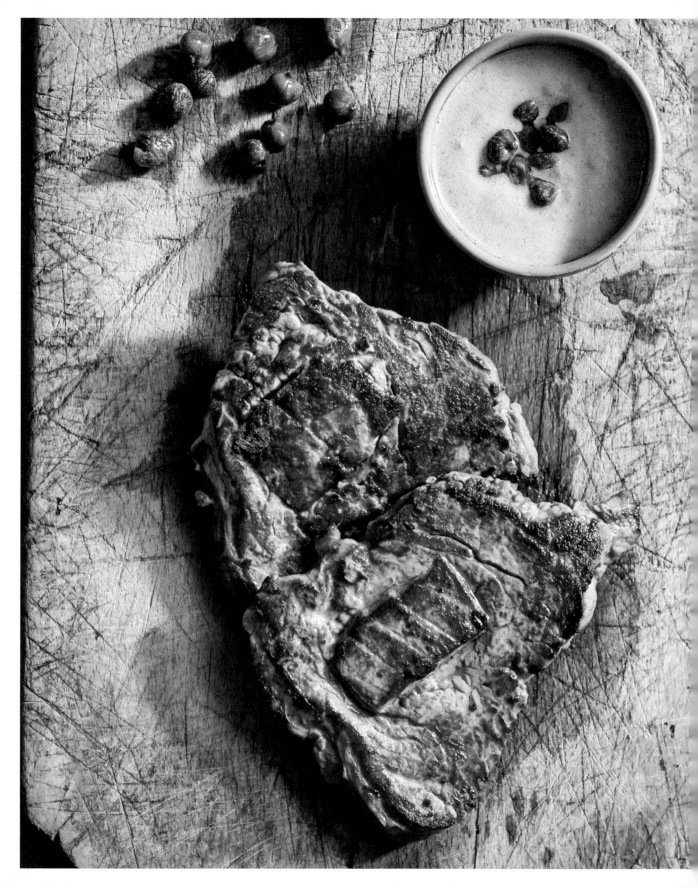

Vitello intonnato

Roast veal with tuna

● ● ●

Ingredienti per 4 persone:
- 1 pezzo intero di filetto
  di vitello (1 kg)
- 1 trancio di tonno fresco (400 g)
- 1 scaloppa di tonno (150 g)
- 1 tuorlo d'uovo
- ½ cipolla piccola
- 20 capperi (o 10 cucunci, i frutti
  del cappero)
- 4 semi di cardamomo
- 10 grani di coriandolo
- 2 chiodi di garofano
- 2 grossi pizzichi di alloro tritato
- qualche foglia di melissa
- 2 limoni di medie dimensioni
- olio extravergine d'oliva
- 2 cucchiai di aceto di vino rosso
- zucchero semolato
- zucchero di canna
- sale

**Preparazione del filetto di tonno
e della scaloppa (la sera precedente):**
Eliminare dal trancio il cordone
e l'eventuale coda e utilizzare solo
la parte centrale, nettando con cura
da tutti i grassetti e dall'eventuale
membrana esterna.

Ricavare una polvere finissima
mettendo nel frullatore 100 g di sale,
70 g di zucchero semolato, un grosso
pizzico di alloro, 5 grani di coriandolo,
2 semi di cardamomo, una grattata
di noce moscata, 1 chiodo di garofano.

Massaggiare con grande cura con
il sale bilanciato e aromatizzato, sigillare
con pellicola e conservare in frigo.

Per la scaloppa, procedere come per
il filetto, modificando le dosi del sale
bilanciato: 60 g di sale, 35 g di zucchero
semolato e 5 g di zucchero di canna.
Aggiungere tutti gli altri aromi e spezie,
sigillare e riporre in frigo.

Dopo almeno 12 ore, liberare il filetto
e il tonno dalla pellicola e risciacquarli
accuratamente sotto acqua molto
fredda.

**Tuna steak and fillet (prepare
the evening before):**
Remove the cord and tail from the
steak. Only use the central part,
carefully removing all the fat and,
if necessary, the outer membrane.

In a blender, blend 100g (6⅔
tablespoons) salt, 70g (⅓ cup) fine
sugar, a large pinch of ground bay leaf,
5 coriander seeds, 2 cardamom seeds,
some grated nutmeg and a clove to a
fine powder.

Rub the powder thoroughly
into the steak. Seal with plastic wrap
and refrigerate.

For the fillet, do the same as for the
steak, changing the seasoning powder
ingredients to 60g (¼ cup) salt, 35g
(3 tablespoons) fine sugar and 5g
(1¼ tablespoons) of cane sugar. Add
all the other spices, seal and refrigerate.

After at least 12 hours, unwrap
the tuna and rinse thoroughly under
very cold water.

>>>   >>>

Serves 4:
- *1kg (2¼ lbs) veal fillet*
- *400g (14 oz) fresh tuna steak*
- *150g (5¼ oz) tuna fillet*
- *1 egg yolk*
- *½ small onion*
- *20 capers (or 10 caper berries)*
- *4 cardamom pods*
- *10 coriander seeds*
- *2 cloves*
- *2 large pinches ground bay leaf*
- *a few lemon balm leaves*
- *2 average lemons*
- *extra virgin olive oil*
- *2 tablespoons red wine vinegar*
- *fine sugar*
- *cane sugar*
- *salt*

<<<

Preparazione del vitello intonnato:
Ricavare 4 fette dal filetto di vitello
e 4 fette dello stesso spessore dal trancio
di tonno.

Con l'aiuto di un disosso affilatissimo
o di un coltellino appuntito e affilato,
tagliare in maniera più regolare possibile
il cuore di ciascuna fetta di filetto
di vitello.

Nell'apertura così ottenuta inserire la
fetta di tonno e legare ciascuna fetta
con spago da cucina.

Preparazione della salsa:
Cucinare a vapore la scaloppa
di tonno per 10 minuti circa.

Mettere nel frullatore insieme
a 10 capperi (o 5 cucunci) e frullare
per 5 minuti alla massima velocità,
aggiungere il tuorlo e rimettere
in funzione aggiungendo tanto olio
quanto basta per ottenere una crema
spessa.

Aggiungere infine l'aceto e due dita
di acqua a temperatura ambiente.

<<<

Veal:
Cut both the veal and the tuna steak
into 4 slices of similar size.

Using an extremely sharp boning knife
or other pointed knife, cut a pocket
into the middle of each slice of veal.

Place the sliced tuna in the pocket and
tie with kitchen twine.

Sauce:
Steam the tuna fillet for approximately
10 minutes.

Place in a blender with 10 capers
(or 5 caper berries) and blend
for 5 minutes at maximum speed.
Add the egg yolk and blend again,
adding as much oil as needed to form
a thick cream.

Finally, add the vinegar and a little
tepid water.

Preparazione della guarnizione:
Sbucciare i limoni, tagliarli in fette
spesse un dito e quindi in quarti.

Tagliare i capperi (o i cucunci)
rimanenti.

Tagliare la cipolla a fette abbastanza
sottili e immergerla in acqua fredda
per 30 minuti circa.

Scaldare a fuoco vivace una padella
antiaderente, passarvi le fette di vitello
intonnato per 3/4 minuti per lato
e lasciare colorare anche i bordi.

Sistemare la fetta su uno dei lati
del piatto.

Con l'aiuto di una tasca sistemare la
salsa e quindi i limoni conditi con olio,
aggiungere i capperi (o i cucunci),
qualche fettina di cipolla e qualche
fogliolina di melissa.

Garnish:
Peel the lemons, cut into finger-thick
slices and then into quarters.

Slice the remaining capers (or caper
berries).

Cut the onion into fairly thin slices and
soak in cold water for approximately 30
minutes.

In a non-stick frying pan on a high
heat, cook the slices of tuna stuffed veal
for 3–4 minutes on each side, letting
the edges become coloured.

Place each slice on the side
of the plate.

Pipe on the sauce using a piping bag
and garnish with the lemon seasoned
with olive oil, the capers (or caper
berries), sliced onion and a few leaves
of lemon balm.

Vino Wine:
"Il Frappato" 2007 - Sicilia IGT Rosso - Azienda agricola Arianna Occhipinti, Vittoria (Ragusa)

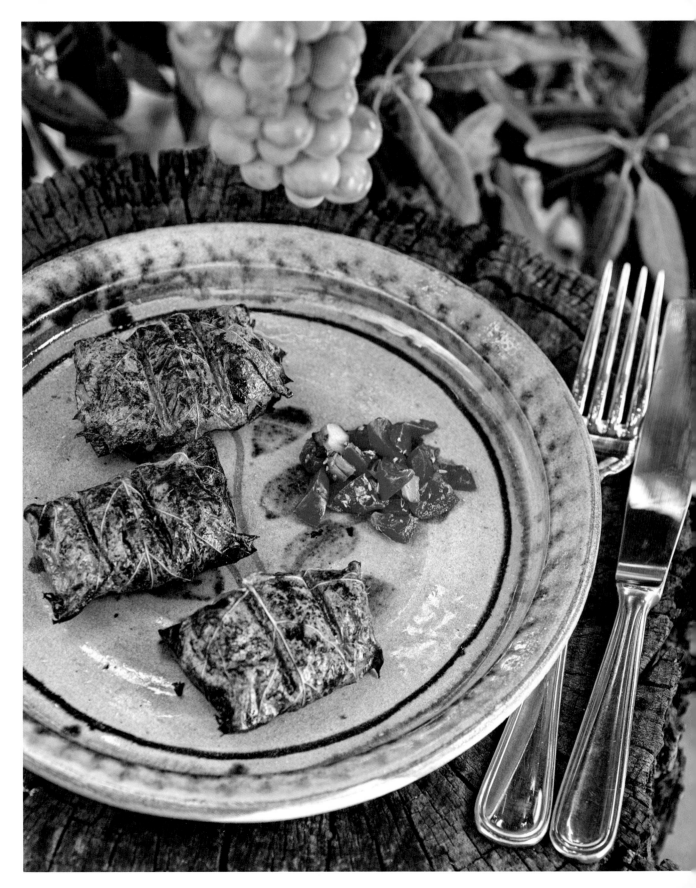

Polpette in foglia di vite
Rissoles in vine leaves

● ○ ○

Ingredienti per 4 persone:
- *1 kg di carne di vitello tritata*
- *2 uova*
- *1 grossa mollica di pane bagnata nel latte*
- *100 g di pecorino grattugiato*
- *1 spicchio di aglio*
- *1 grattata di noce moscata*
- *½ bicchiere di vino rosso o 1 spruzzata abbondante di aceto di vino rosso*
- *16 foglie di vite*
- *olio extravergine d'oliva*
- *sale*
- *pepe*

Serves 4:
- *1kg (2¼ lbs) minced veal*
- *2 eggs*
- *1 large piece bread with crusts removed soaked in milk*
- *100g (1 cup) pecorino cheese, grated*
- *1 garlic clove*
- *a little grated nutmeg*
- *½ glass red wine or 1 generous splash of red wine vinegar*
- *16 vine leaves*
- *extra virgin olive oil*
- *salt*

Amalgamare la carne con le uova, la mollica di pane, il pecorino, l'aglio tritato, la noce moscata, il vino (o l'aceto), il sale e il pepe e lavorare accuratamente il composto.

Comporre delle polpettine di forma ovale.

Spennellare con olio la foglia di vite e disporre al centro la polpetta, quindi ripiegare la foglia sulla carne.

Cuocere alla griglia a calore piuttosto elevato, rigirando un paio di volte.

Da gustare con tutta la foglia di vite.

Mix the meat with the eggs, bread, pecorino cheese, minced garlic, nutmeg, wine (or vinegar), salt and pepper to form a uniform mixture.

Shape into oval rissoles.

Brush the vine leaves with oil. Place the rissoles in the centre and wrap the leaf around the meat.

Grill at a fairly high heat, turning a couple of times.

Eat complete with the vine leaves.

Vino Wine:
"Etnarosso" 2007 - Etna DOC Rosso - Cantine Cottanera, Castiglione di Sicilia (Catania)

Agnello abbuttunatu con patate al pesto di pistacchio

Lamb stuffed with potatoes and pistachio pesto

● ● ○

Ingredienti per 4 persone:
- *1 cosciotto di agnellino di 800 g*
- *600 g di patate*
- *150 g di pecorino piccante grattugiato*
- *2 spicchi di aglio*
- *150 g di pistacchi di Bronte*
- *1 mazzetto di basilico*
- *olio extravergine d'oliva*
- *sale*
- *pepe*

Serves 4:
- *1 x 800g (1¾ lbs) leg of lamb*
- *600g (1⅓ lbs) potatoes*
- *150g (1⅓ cups) aged pecorino cheese, grated*
- *2 garlic cloves*
- *150g (5¼ oz) Bronte pistachio nuts*
- *1 small bunch of basil*
- *extra virgin olive oil*
- *salt*
- *pepper*

Preparazione del pesto:
Tritare grossolanamente il pistacchio e finemente l'aglio e il basilico. Aggiungere olio lavorando energicamente con la frusta e correggere di sale e di pepe, allungando con un po' di acqua calda.

Preparazione dell'agnello:
Disossare il cosciotto e pareggiarlo il più possibile.

Mescolare il formaggio con olio e aglio e distribuire all'interno dell'agnello in maniera uniforme. Arrotolare, evitando accuratamente la fuoriuscita del ripieno, e legare con spago da cucina.

Aggiustare di sale e pepe e oliare l'esterno dell'agnello. Infornare a 160 °C per 40 minuti circa.

A parte, lessare le patate, sbucciarle e tagliarle a fette sottili.

A cottura ultimata, tagliare a fette l'agnello e sistemare al centro del piatto, adagiando attorno le fette di patate ricoperte con il pistacchio.

Pesto:
Coarsely chop the pistachios. Finely chop the garlic and basil. Add oil and whisk vigorously, adding salt and pepper, and a little hot water to extend the pesto.

Lamb:
Bone the leg and even out the meat as much as possible.

Mix the cheese with the olive oil and garlic, and distribute evenly inside the lamb. Roll the lamb, carefully avoiding any leakage of the filling, and tie with kitchen twine.

Rub the outside of the lamb with oil, salt and pepper. Roast at 160°C (320°F) for approximately 40 minutes.

Separately, boil the potatoes, peel and cut into thin slices.

When cooked, slice the lamb and place in the middle of a serving plate. Arrange the sliced potatoes around it and cover with the pistachio pesto.

Vino Wine:
"Feudo" - Etna DOC Rosso - Cantina Girolamo Russo, Randazzo (Catania)

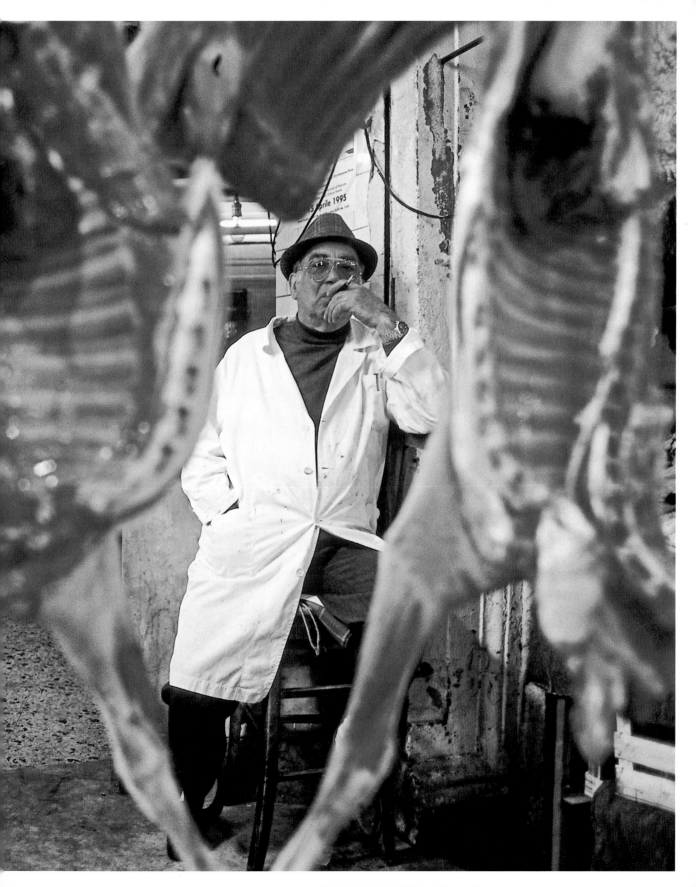

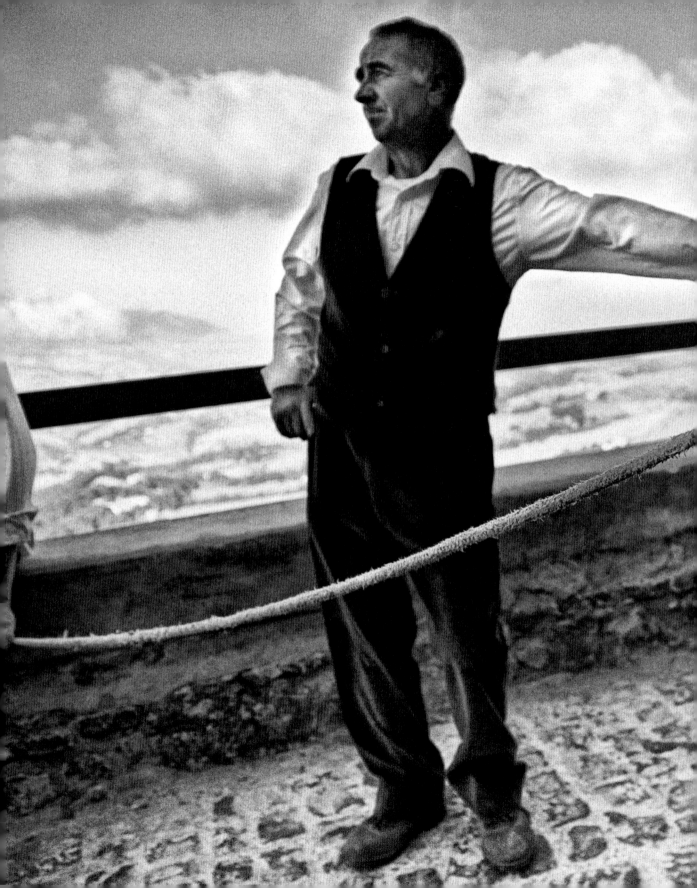

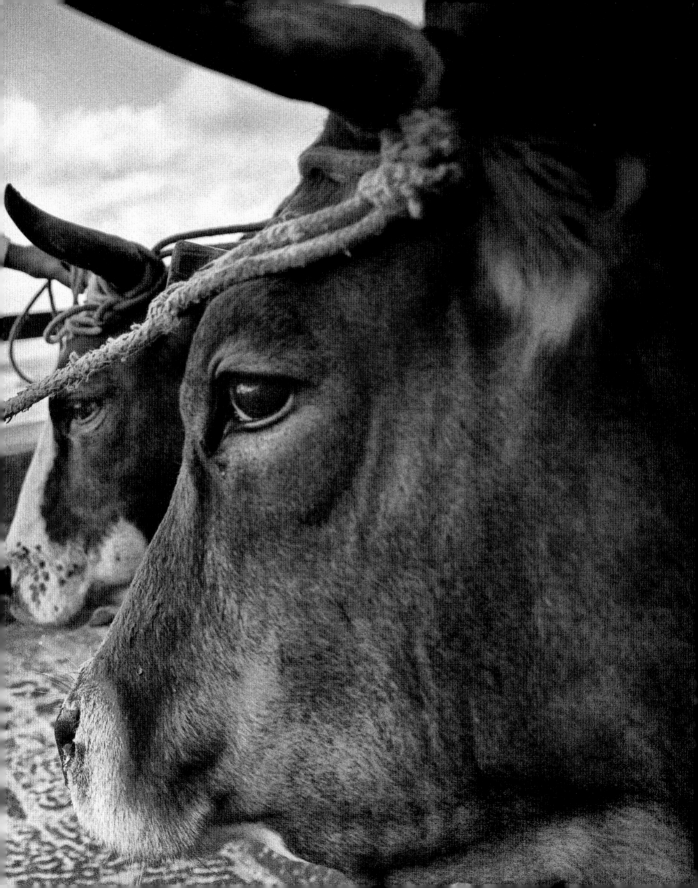

Bracioline alla messinese
Veal cutlets Messina style

● ● ○

Ingredienti per 4 persone:
- 4 fettine di fesa di vitello tagliate sottilissime
- 100 g di pangrattato
- 150 g di pecorino grattugiato
- strutto di maiale o burro
- sale
- pepe

Serves 4:
- 4 very thin veal rump cutlets
- 100g (¾ cup) breadcrumbs
- 150g (1⅓ cups) pecorino cheese, grated
- pork lard or butter
- salt
- pepper

Pareggiare le fettine di vitello e ricavarne dei piccoli rettangoli di 4 x 3 cm circa.

Spalmarle con un po' di strutto e porvi al centro il pangrattato amalgamato con il pecorino grattugiato.

Aggiungere sale e pepe.

Arrotolare le fettine e formare degli involtini, non curandosi del fatto che una piccola parte del ripieno "sporcherà" la superficie esterna, conferendo alle bracioline una gradevole crosticina.

Grigliare sulla brace incandescente per 2 minuti per lato o, in alternativa, cuocere in forno a 180 °C per 15 minuti circa, e servire calde.

Trim the veal cutlets to form small rectangles of approximately 4x3cm.

Spread with a little lard and place on the centre a little of the breadcrumbs mixed with the grated pecorino.

Add salt and pepper.

Roll the slices, ignoring any of the stuffing that might leak out onto the outer surface (it will create a nice crust when cooked).

Grill over hot coals for 2 minutes each side or, alternatively, roast at 180°C (360°F) for 15 minutes. Serve hot.

Vino Wine:
"Noto" 2008 - Noto Nero d'Avola DOC - Cantina Marabino, Noto (Siracusa)

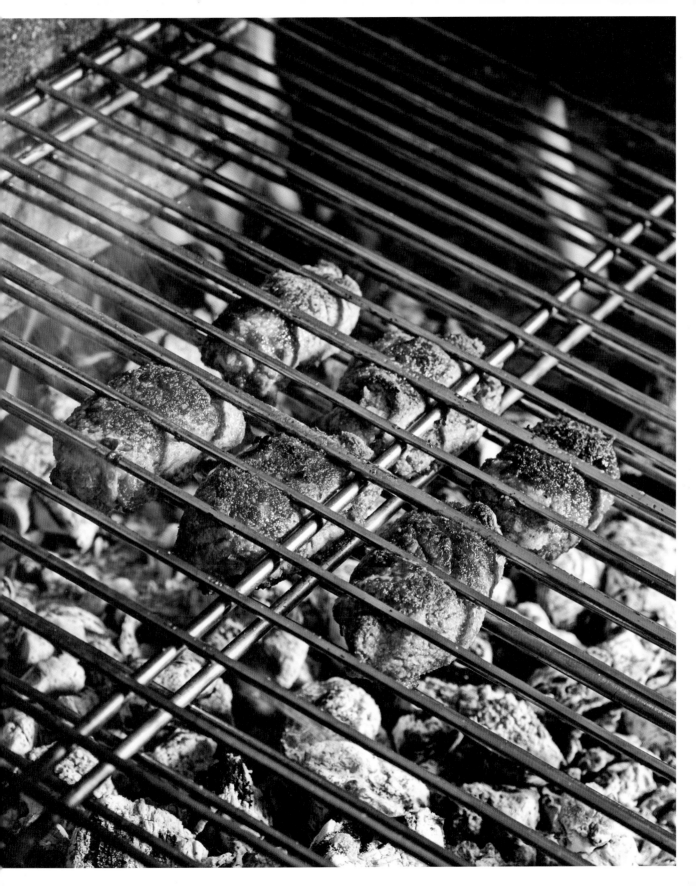

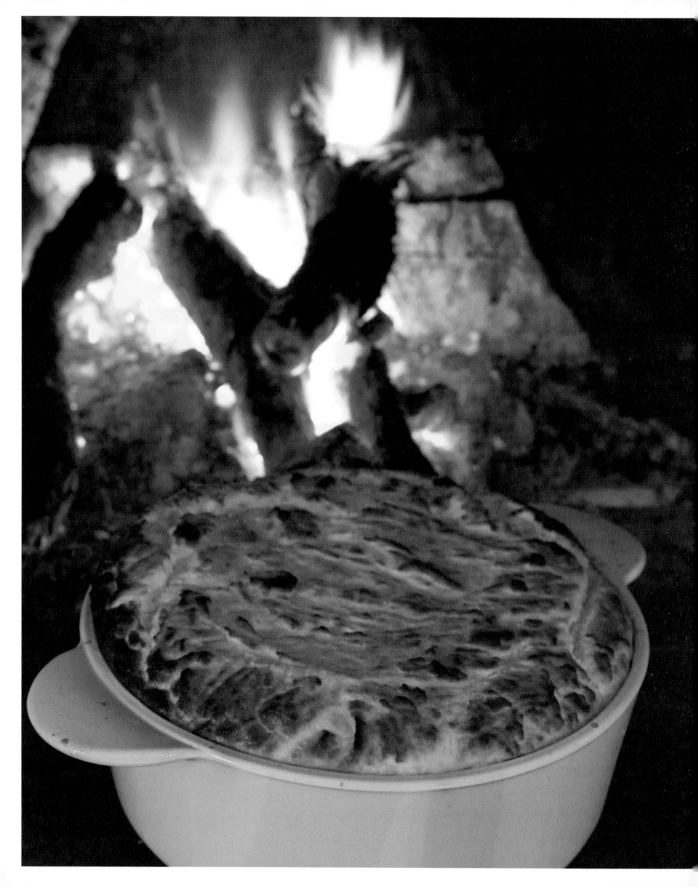

Sciusceddu pasquale

Meatball and egg soup
(traditional Easter dish)

● ● ○

Ingredienti:
- *400 g di carne di manzo tritata*
- *1 l di brodo di pollo*
- *7 uova*
- *500 g di ricotta di pecora fresca*
- *100 g di parmigiano grattugiato*
- *pangrattato*
- *1 ciuffo di prezzemolo*
- *noce moscata*
- *sale*
- *pepe*

Ingredients:
- *400g (14 oz) minced beef*
- *1l (2 pts) chicken broth*
- *7 eggs*
- *500g (1 lb) fresh sheep's milk ricotta cheese*
- *100g (½ cup) Parmesan cheese, grated*
- *breadcrumbs*
- *1 small bunch Italian parsley*
- *nutmeg*
- *salt*
- *pepper*

Amalgamare la carne con 1 uovo, il prezzemolo tritato, qualche cucchiaio di parmigiano e poco pangrattato.

Ricavare delle polpettine, metterle nel brodo caldo e lasciarle cuocere per qualche minuto.

Sbattere le uova rimaste unendovi la ricotta setacciata, il rimanente parmigiano, sale e pepe e una grattata di noce moscata.

Adagiare le polpettine in una teglia dai bordi alti, versare brodo bollente fino a ricoprirle, quindi colmare fino alle pareti con il composto di uova e ricotta.

Mettere in forno preriscaldato a 180 °C per 20 minuti circa, quindi portare la temperatura a 200 °C.

A cottura ultimata dovrà avere l'aspetto di un soufflé con la ricotta rappresa. Servire caldo.

Mix the meat with 1 egg, the chopped parsley, a few tablespoons of Parmesan and a small amount of breadcrumbs.

Form into meatballs and place in the hot broth to cook for a few minutes.

Beat the remaining eggs, combining with the sieved ricotta cheese, the remaining Parmesan cheese, salt, pepper and some grated nutmeg.

Place the meatballs in a baking dish, pour in enough boiling broth to cover them, then fill to the edges with the egg and ricotta mixture.

Place in preheated oven at 180°C (360°F) for 20 minutes then raise the temperature to 200°C (390°F) until cooked.

When cooked, it should resemble a soufflé, with the ricotta cheese quite thick. Serve hot.

Vino Wine:
"Pithos" 2008 - Sicilia IGT Bianco - Cantine Cos, Vittoria (Ragusa)

Gallina gratinata

Breaded chicken wings

● ● ○

Ingredienti per 4 persone:
- 8 coppie di ali di gallina
- succo di 3 limoni
- origano
- timo
- pangrattato
- parmigiano grattugiato
- pecorino grattugiato
- olio extravergine d'oliva
- sale
- pepe

Serves 4:
- 8 pairs chicken wings
- juice of 3 lemons
- oregano
- thyme
- breadcrumbs
- grated Parmesan cheese
- grated pecorino cheese
- extra virgin olive oil
- salt
- pepper

Cuocere le ali di gallina tagliate a pezzetti in acqua salata bollente per 15 minuti.

Sistemare le ali ben sgocciolate in una ciotola con il succo dei limoni, olio, sale, pepe e origano, e lasciare marinare in frigo per 1 ora.

Impanare le ali in un composto di pecorino, parmigiano e timo e passare infine nel pangrattato.

Sistemare in una teglia e infornare a 200 °C per 25 minuti.

Cut the chicken wings into pieces and boil in salted water for 15 minutes.

Dry the chicken well and place in a bowl with the lemon juice, oil, salt, pepper and oregano. Marinate in the refrigerator for 1 hour.

Coat the chicken with a mixture of the pecorino, Parmesan and thyme, and then coat with the breadcrumbs.

Place in a baking dish and roast at 200°C (390°F) for 25 minutes.

Vino Wine:
"Valcanzjria" 2009 - Sicilia IGT Bianco - Azienda agricola Gulfi, Chiaramonte Gulfi (Ragusa)

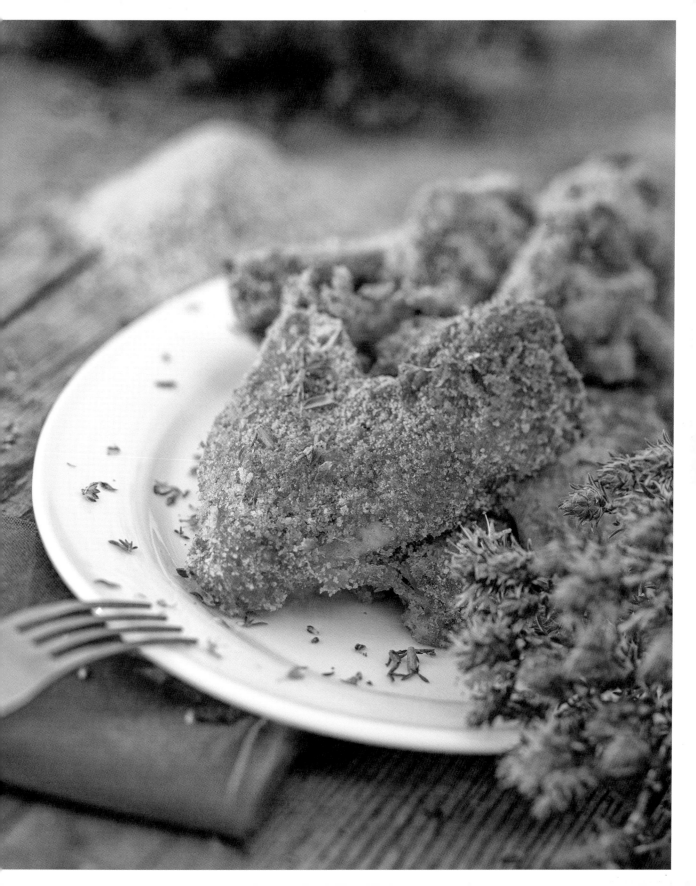

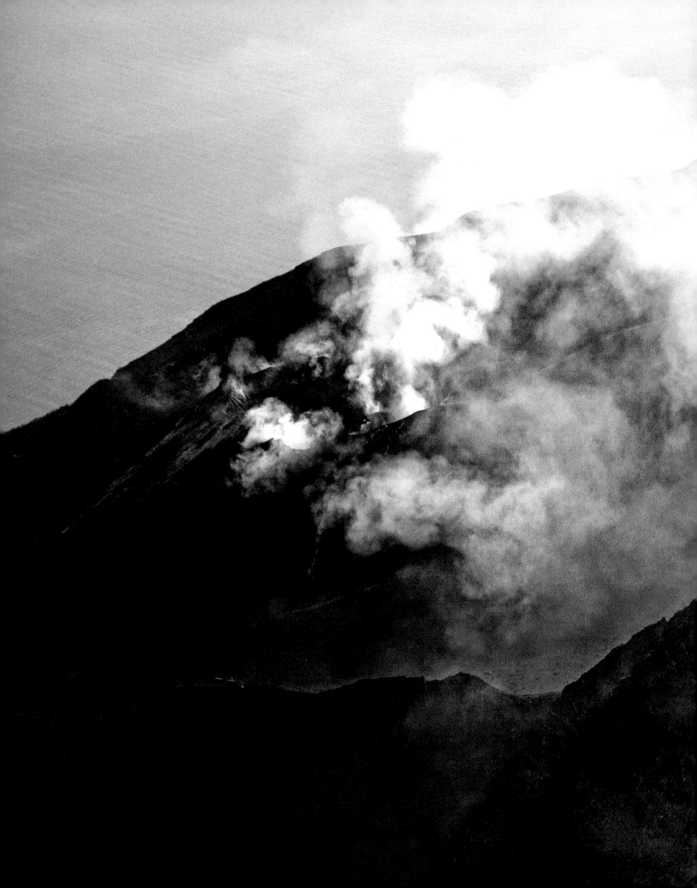

*Tonno e pesce spada
trionfano sulle tavole
siciliane… Ma da provare
sono anche i masculini,
il merluzzo e, naturalmente,
le sarde a beccafico.*

*Tuna and swordfish reign
supreme on Sicilian tables.
But never miss a chance
to sample the region's
anchovies, cod and stuffed
sardines.*

Pesce

Fish

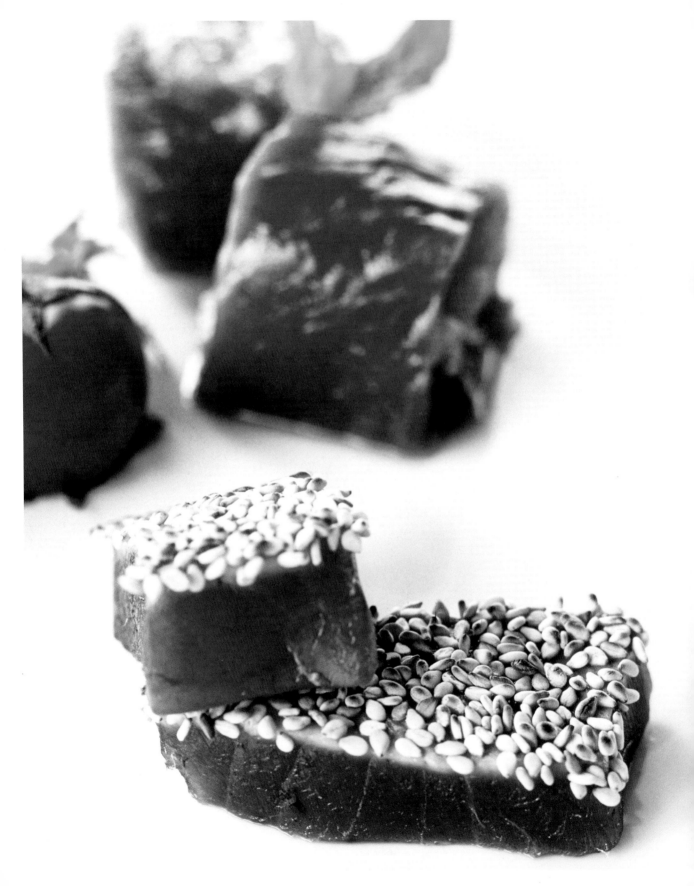

Scottata di tonno al sesamo

Seared tuna with sesame seeds

● ○ ○

Ingredienti per 4 persone:
- *400 g di filetto di tonno rosso*
- *2 cucchiai di semi di sesamo*
- *1 limone*
- *olio extravergine d'oliva*
- *sale*

Serves 4:
- *400g (14 oz) fillet of northern bluefin tuna*
- *2 tablespoons sesame seeds*
- *1 lemon*
- *extra virgin olive oil*
- *salt*

Emulsionare il succo di limone con l'olio e il sale.

Tagliare il tonno a cubetti, ricoprire con l'emulsione e lasciare riposare per 30 minuti circa.

Eliminare l'emulsione in eccesso, passare i cubetti nei semi di sesamo e scottarli su una piastra molto calda per 2/3 minuti.

Emulsify the lemon juice with the oil and salt.

Cut the tuna into small cubes, cover with the emulsion and allow to stand for approximately 30 minutes.

Discard any excess emulsion, dip the cubes in sesame seeds and sear on a very hot hotplate for 2–3 minutes.

Vino Wine:
"Nerobufaleffj" - Sicilia IGT Rosso - Azienda agricola Gulfi, Chiaramonte Gulfi (Ragusa)

Trancetto di dentice spadellato

Pan-cooked red snapper

● ● ○

Ingredienti per 4 persone:
- 1 filetto di dentice o di branzino
  con la pelle
- 4 grani di cardamomo
- 20 g di coriandolo
- 20 g di semi di finocchio
- 20 g di cumino
- 10 g di chiodi di garofano
- 100 g di zucchero di canna
- olio extravergine d'oliva
- 100 g di sale

Serves 4:
- 1 fillet red snapper or sea bass
  with the skin on
- 4 cardamom pods
- 20g (¼ cup) coriander seeds
- 20g (2⅓ tablespoons) fennel seeds
- 20g (1⅓ tablespoons) cumin
- 10g (1¾ tablespoons) cloves
- 100g (½ cup) cane sugar
- extra virgin olive oil
- 100g (⅓ cup) salt

Ricavare dal filetto dei tranci
di 180 g circa ciascuno.

Macinare al mixer il sale
con lo zucchero e tutte le spezie
fino a ottenere una polvere sottile.

Massaggiare con questa polvere
il filetto dal lato della pelle e lasciare
riposare in frigo per 1 ora.

Riscaldare una padella antiaderente,
tenendo la fiamma bassa.

Adagiarvi i tranci di pesce dal lato
della pelle e coprire. Lasciar cuocere
sempre a fiamma bassa, evitando
di girare il pesce per 15 minuti circa.

Servire immediatamente bagnando
con un filo d'olio.

Cut the fillet into slices of
approximately 180g (6⅓ oz)
each, leaving the skin on.

In a blender, combine the salt, sugar
and spices to form a fine powder.

Rub the powder on the skin side
of the fish and refrigerate for 1 hour.

Heat a non-stick frying pan over
a low heat.

Place the fish slices in the pan
skin side down and cover. Cook over
a low heat, without turning the fish
for approximately 15 minutes.

Serve immediately, sprinkled with
a little oil.

Vino Wine:
"Outis" - Etna DOC Bianco - Azienda vinicola Biondi, Trecastagni (Catania)

Stoccafisso alla messinese
Stockfish Messina style

● ● ○

Ingredienti per 4 persone:
- 1 kg di stoccafisso
- 400 g di polpa di pomodoro
- 5 patate
- 1 carota
- 1 cuore di sedano
- 1 cipolla
- 1 spicchio di aglio
- 30 olive verdi snocciolate
- 1 cucchiaio di capperi
- ½ cucchiaio di pinoli
- ½ cucchiaio di uvetta sultanina
- 1 bicchiere di vino bianco
- olio extravergine d'oliva
- sale e pepe

Serves 4:
- 1kg (2¼ lbs) stockfish (dried cod)
- 400g (2½ cups) crushed raw tomatoes
- 5 potatoes
- 1 carrot
- 1 celery heart
- 1 onion
- 1 garlic clove
- 30 pitted green olives
- 1 tablespoon capers
- ½ tablespoon pine nuts
- ½ tablespoon raisins
- 1 glass white wine
- extra virgin olive oil
- salt and pepper

Mettere in ammollo in acqua fredda lo stoccafisso per 2 giorni, avendo cura di cambiare l'acqua 4 volte al giorno.

Soffriggere la cipolla e l'aglio tritati in una padella con dell'olio, unire il pesce e rigirare per 5 minuti.

Aggiungere il vino e lasciare sfumare completamente.

Unire la polpa di pomodoro, aggiustare di sale e pepe e coprire con un po' d'acqua.

Cuocere per 1 ora circa, quindi aggiungere le patate, il sedano e la carota affettati, le olive, i capperi, i pinoli e l'uvetta sultanina, terminando la cottura in 30 minuti.

Servire caldo.

Soak the stockfish in cold water for 2 days, changing the water five times each day.

Fry the chopped onion and chopped garlic in the oil in a pan. Add the fish and stir for 5 minutes.

Add the wine and let it evaporate completely.

Add the crushed raw tomatoes, season with salt and pepper, and cover with a little water.

Cook for approximately 1 hour, then add the potatoes, the sliced celery, the sliced carrots, olives, capers, pine nuts and raisins, and cook for a further 30 minutes.

Serve hot.

Vino Wine:
"Grappoli del grillo" 2008 - Sicilia IGT Bianco - Cantina Marco De Bartoli, Marsala (Trapani)

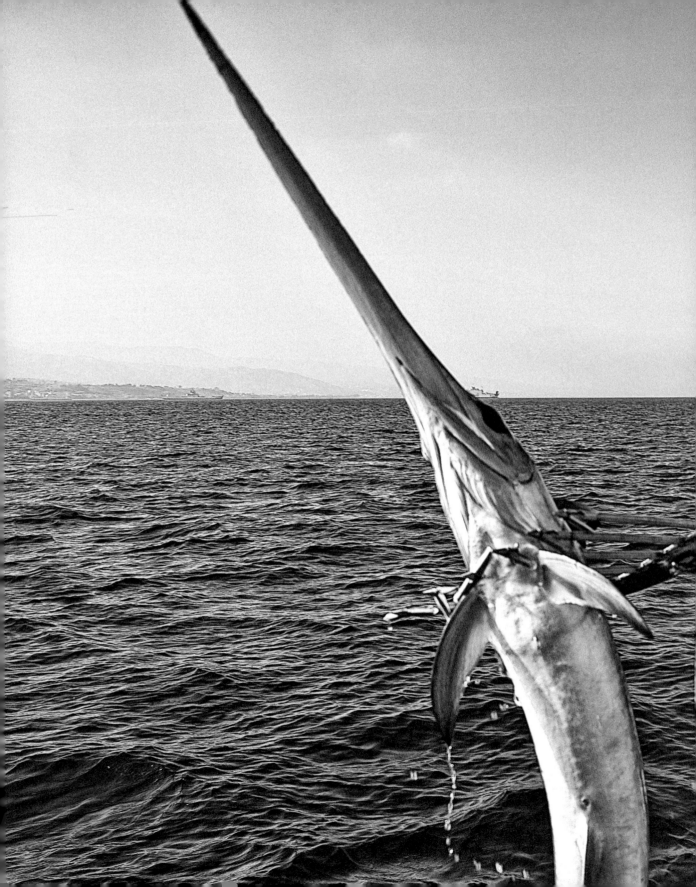

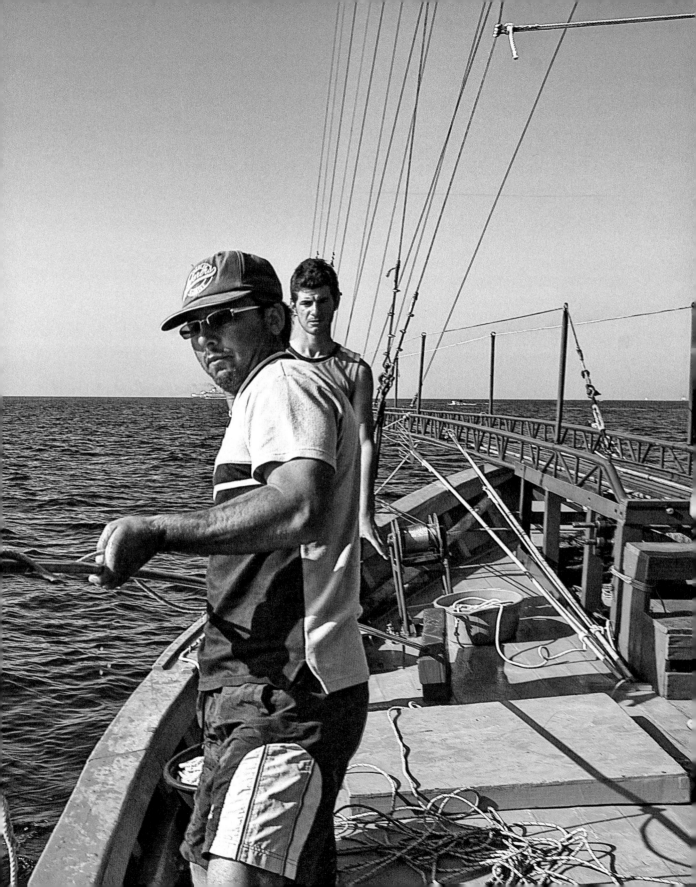

Pesce spada alla ghiotta
Tasty swordfish

● ○ ○

Ingredienti per 4 persone:
- *300 g di pesce spada in fette*
- *200 g di patate*
- *200 g di pomodori pelati*
- *½ cipolla*
- *olive verdi denocciolate*
- *1 cucchiaio di capperi dissalati*
- *basilico*
- *peperoncino*
- *olio extravergine d'oliva*
- *sale*
- *pepe*

Serves 4:
- *300 g (10½ oz) swordfish, sliced*
- *200 g (7 oz) potatoes*
- *200g (7 oz) canned peeled tomatoes*
- *½ onion*
- *green olives, pitted*
- *1 tablespoon desalinated capers*
- *basil*
- *chilli pepper*
- *extra virgin olive oil*
- *salt*
- *pepper*

Rosolare la cipolla tritata in abbondante olio e unire le olive, i capperi dissalati, i pomodori pelati, peperoncino, sale e pepe.

Lasciare in cottura per 20 minuti.

Aggiungere il pesce spada e lasciare cuocere per 5 minuti.

A parte lessare le patate, sbucciarle e tagliarle a fette, unirle al pesce e spolverare di basilico tritato.

Sauté the chopped onion in plenty of oil and add the olives, desalinated capers, peeled tomatoes, chilli pepper, salt and pepper.

Cook for 20 minutes.

Add the swordfish and cook for a further 5 minutes.

Boil the potatoes separately. Peel and slice them, then add to the fish. Sprinkle with chopped basil.

Vino Wine:
"SP 68" 2009 - Sicilia IGT Rosso - Azienda agricola Arianna Occhipinti, Vittoria (Ragusa)

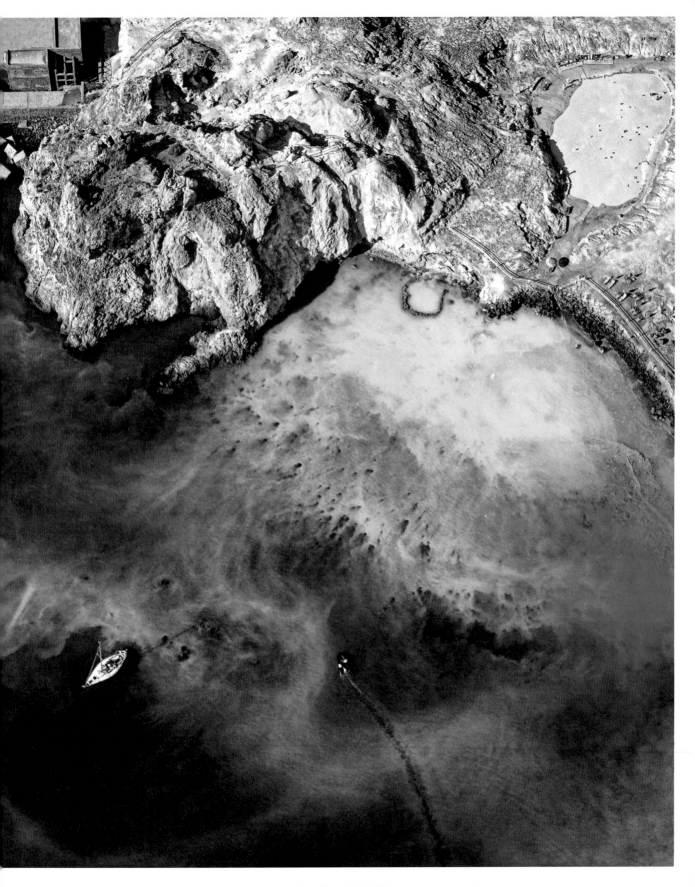

Zuppetta di telline

Cockle soup

● ● ○

Ingredienti per 4 persone:
- *1,2 kg di telline*
- *4 spicchi di aglio*
- *prezzemolo*
- *peperoncino*
- *olio extravergine d'oliva*
- *fette di pane raffermo*

Serves 4:
- *1.2kg (2⅔ lbs) cockles*
- *4 garlic cloves*
- *Italian parsley*
- *chilli pepper*
- *extra virgin olive oil*
- *sliced old bread*

Mettere le telline a bagno in acqua fredda salata per almeno 2 ore. Risciacquarle accuratamente sotto acqua corrente.

Disporle in una padella con un po' di olio e cuocere a fuoco basso coprendo.

Ad apertura avvenuta (dopo 10 minuti circa), spegnere il fuoco.

Recuperare il sughetto di risulta e filtrarlo.

A parte, in altra casseruola, unire olio, acqua, prezzemolo tritato, aglio a spicchi interi e peperoncino, portare a bollore e far ridurre di un terzo. Eliminare l'aglio.

Aggiungervi l'acqua rilasciata dalle telline e le telline.

Servire immediatamente accompagnando con fette di pane raffermo.

Soak the cockles in salted cold water for at least 2 hours. Rinse thoroughly under running water.

Place the cockles in a pan with a little oil, cover and cook over a low heat.

Once the cockles have opened (approximately 10 minutes), turn off the heat.

Strain the cooking liquid and retain.

In another saucepan, combine the oil, water, chopped parsley, whole garlic cloves and chilli pepper. Bring to the boil and reduce by a third. Discard the garlic.

Add the cockles and their cooking liquid.

Serve immediately with slices of old bread.

Vino Wine:
"Zibibbo" 2009 - Sicilia IGT Bianco - Cantina Ajello, Mazara del Vallo (Trapani)

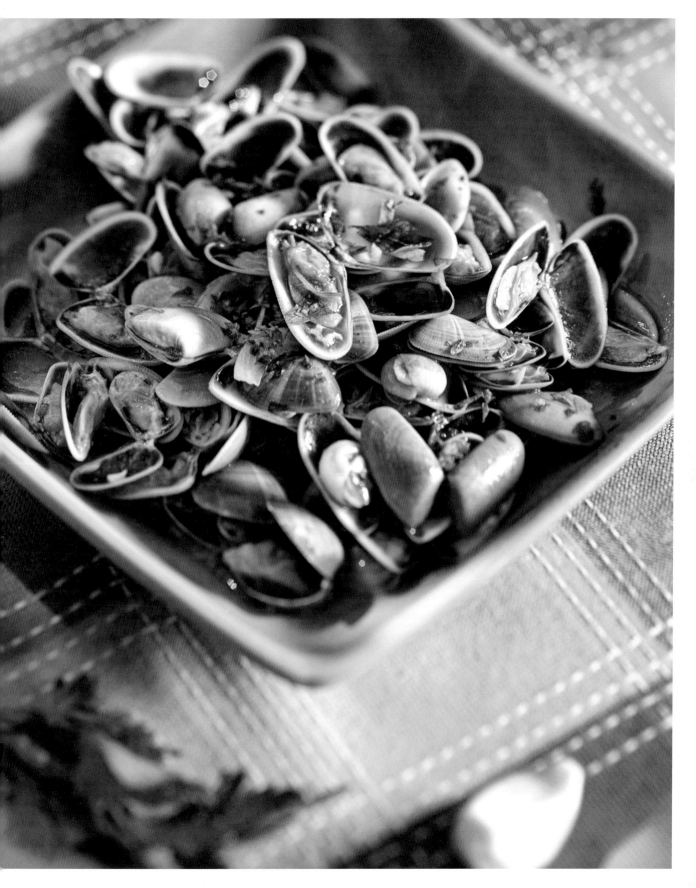

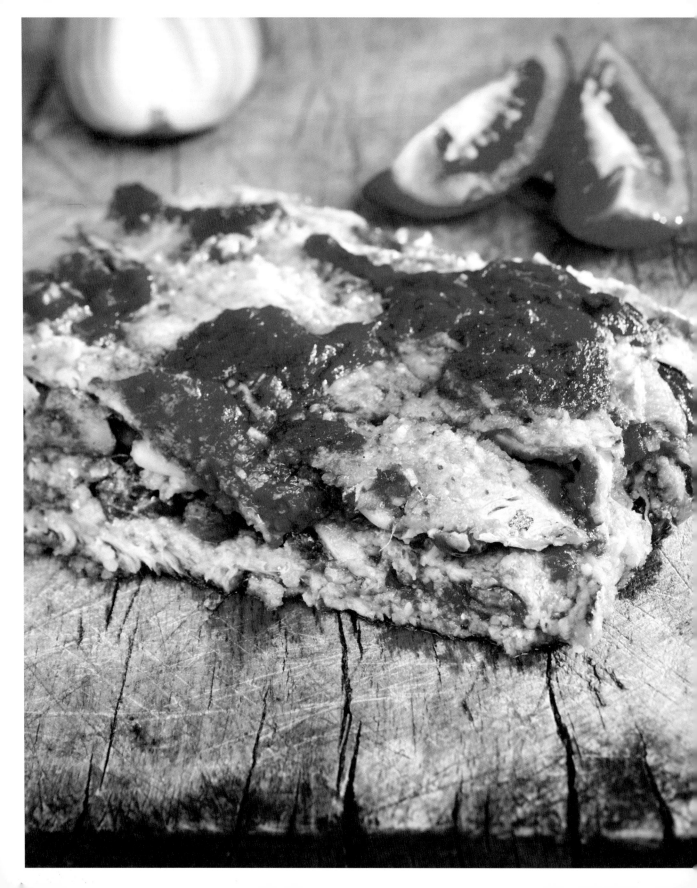

Pasticcio di masculini

Anchovy slice

● ● ○

Ingredienti per 4 persone:
- 1 kg di alici di grossa pezzatura
- ½ cipolla piccola
- 100 g di olive verdi
- 50 g di capperi sotto sale
- 50 g di uva passa
- 50 g di pinoli
- origano
- pangrattato
- 80 g di pecorino piccante
  grattugiato
- olio extravergine d'oliva
- aceto di vino rosso

Serves 4:
- 1kg (2¼ lbs) large anchovies
- ½ small onion
- 100g (3½ oz) green olives
- 50g (¼ cup) salted capers
- 50g (⅓ cup) raisins
- 50g (⅓ cup) pine nuts
- oregano
- breadcrumbs
- 80g (¾ cup) aged pecorino cheese,
  grated
- extra virgin olive oil
- red wine vinegar

Vino Wine:
"Le Vigne Niche" 2008 -
Etna DOC Bianco -
Cantina Tenuta delle Terre Nere,
Randazzo (Catania)

Eviscerare e diliscare le alici,
possibilmente senza usare acqua.

Tagliare le olive e fettine, affettare
sottilmente la cipolla e far rinvenire
l'uva passa in un po' di acqua intiepidita.

Oliare leggermente il fondo e i bordi di
una teglia di 22 cm circa di diametro.

Stendere le alici a raggiera,
sistemandole con la coda verso il centro
e la pelle poggiata sul fondo.

Cospargere sul primo strato di alici
le olive, l'uva passa, i pinoli, i capperi,
la cipolla, il pecorino e l'origano.
Bagnare con un filo di olio
e una spruzzata di aceto.

Procedere in maniera analoga anche per
il secondo strato. Chiudere la torta con
un terzo strato di alici con la parte della
pelle rivolta verso l'alto, avendo cura
di disporne solo due file, per consentire
la visione della farcitura centrale.

Spolverare con pangrattato e bagnare
con olio. Cuocere in forno a 170 °C
per 25 minuti.

Clean and bone the anchovies,
if possible without using water.

Slice the olives. Thinly slice the onion
and soak the raisins in a little cold water.

Lightly oil the bottom and sides
of an approximately 22cm diameter
baking dish.

Arrange the anchovies like spokes
in the dish, with the tails at the centre
and the skin on the bottom.

On top of the first layer of anchovies,
sprinkle the olives, raisins, pine nuts,
capers, onion, pecorino cheese and
oregano. Sprinkle with a little oil
and a splash of vinegar.

Continue to make a second layer
in the same way. Close the pie with
a third layer of anchovies with the
skin side facing up, being careful not
to completely cover the central filling.

Sprinkle with bread crumbs and oil.
Bake at 170°C (340°F) for 25 minutes.

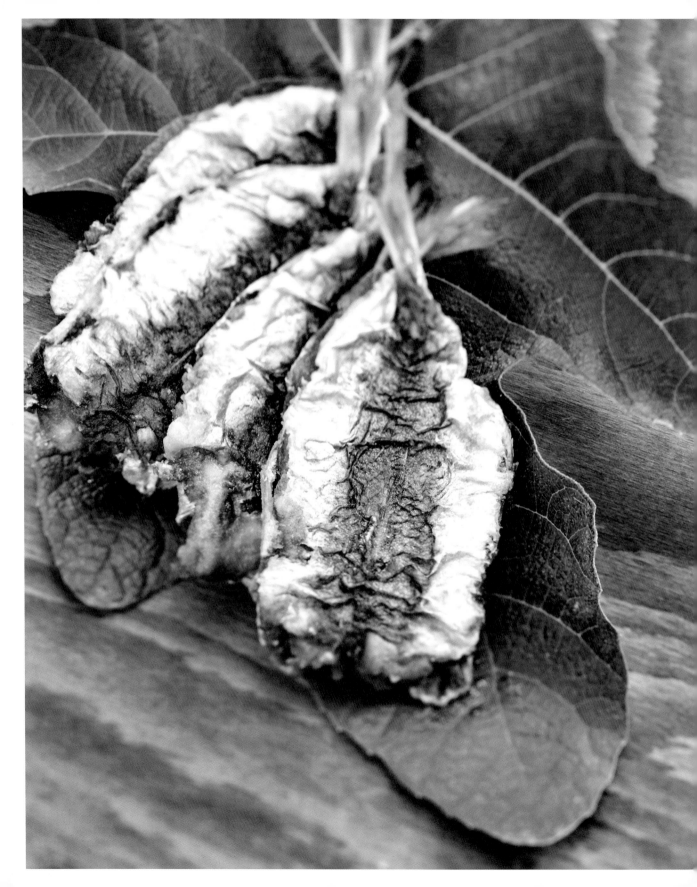

Sarde a beccafico alla catanese

Stuffed sardines Catania style

● ● ○

Ingredienti per 4 persone:
- *800 g di sarde*
- *100 g di mollica di pane fresco*
- *100 g di pecorino piccante grattugiato*
- *prezzemolo*
- *farina 00*
- *olio di semi di girasole o di mais*
- *aceto di vino rosso*

Serves 4:
- *800g (1¾ lbs) sardines*
- *100g (3½ oz) bread with crusts removed*
- *100g (1 cup) aged pecorino cheese, grated*
- *Italian parsley*
- *00 flour*
- *maize or sunflower oil*
- *red wine vinegar*

Diliscare le sarde e tenerle a bagno in aceto per 20 minuti circa, quindi asciugarle e stenderle.

A parte bagnare la mollica di pane nell'aceto, strizzarla e impastare con il pecorino e il prezzemolo tritato.

Spalmare sul lato della carne un po' di farcitura e adagiarvi un'altra sarda a formare una sorta di sandwich, sigillando accuratamente il tutto.

Infarinare e friggere in olio di semi.

Bone the sardines and soak in vinegar for approximately 20 minutes. Dry and lay flat.

Separately, soak the bread in the vinegar. Wring out and mix with the cheese and chopped parsley.

Spread a little of the stuffing on the flesh side of half the sardines. Lie another sardine on the top, forming a kind of sandwich, and seal thoroughly.

Flour and fry in vegetable oil.

Vino Wine:
"Vecchio Samperi Ventennale" - Vino liquoroso - Cantine Marco De Bartoli, Marsala (Trapani)

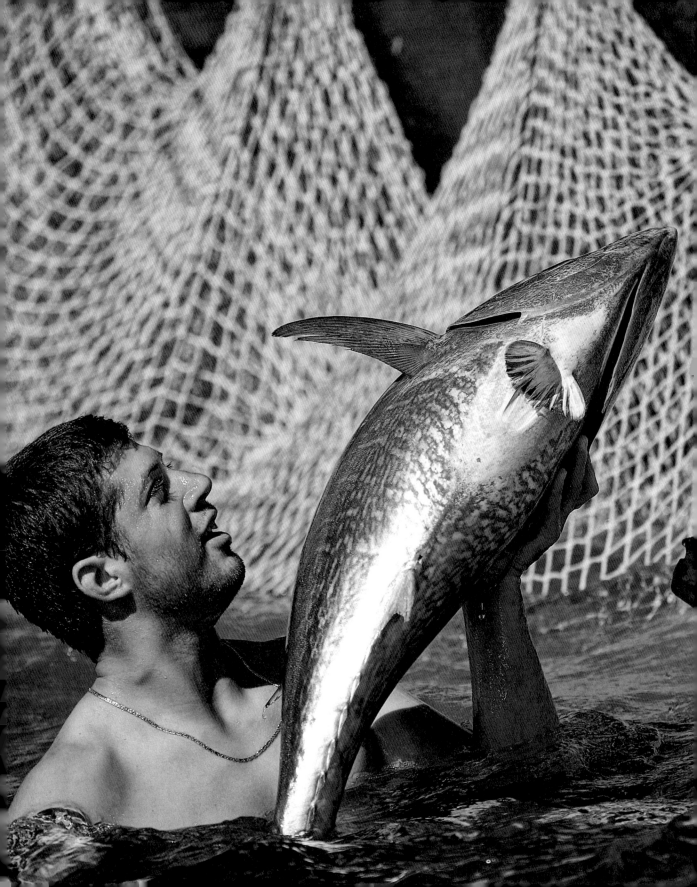

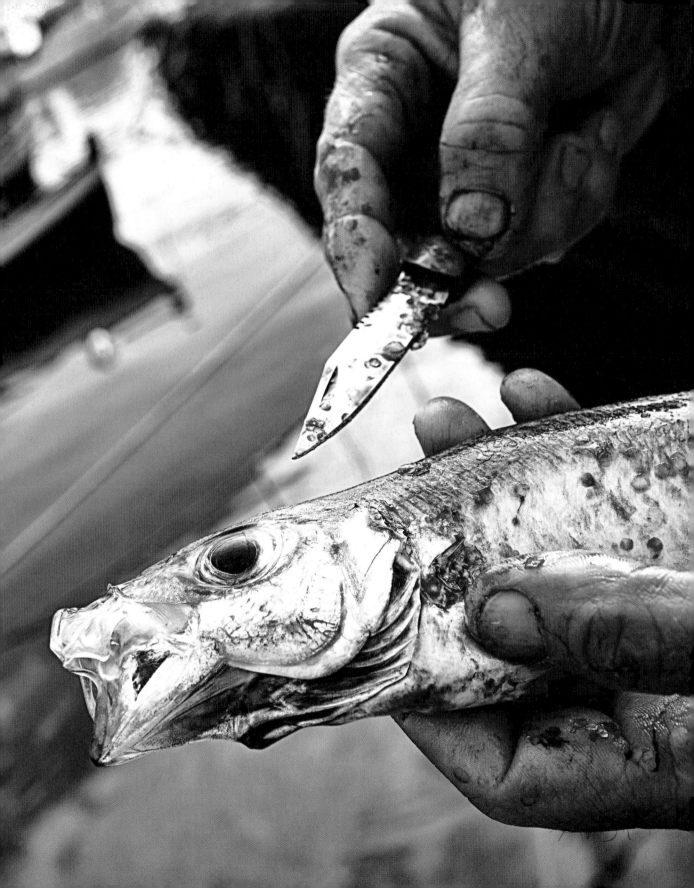

Sarde a beccafico alla palermitana
Stuffed sardines Palermo style

● ● ○

Ingredienti per 4 persone:
- *800 g di sarde fresche*
- *2 spicchi di aglio*
- *100 g di uva passa*
- *100 g di pinoli*
- *80 g di olive verdi denocciolate*
- *50 g di capperi*
- *80 g di mollica di pane fresco*
- *80 g di pecorino piccante grattugiato*
- *alloro (a piacere)*
- *olio extravergine d'oliva*
- *aceto di vino rosso*
- *sale*
- *pepe*

Serves 4:
- 800g (1¾ lbs) fresh sardines
- 2 garlic cloves
- 100g (⅔ cup) raisins
- 100g (¾ cup) pine nuts
- 80g (½ cup) pitted green olives
- 50g (¼ cup) capers
- 80g (3 oz) fresh bread with crusts removed
- 80g (¾ cup) aged pecorino cheese, grated
- bay leaves (optional)
- extra virgin olive oil
- red wine vinegar
- salt
- pepper

Diliscare le sarde e metterle a mollo nell'aceto per 20 minuti circa, quindi asciugarle e stenderle.

Bagnare con aceto la mollica di pane e strizzare accuratamente, unirvi l'olio, il pecorino, un pizzico di sale, un pizzico di pepe, l'uva passa fatta rinvenire in acqua tiepida, i pinoli, le olive verdi tagliate a fettine, i capperi e l'aglio finemente tritato.

Lavorare con cura l'impasto fino a completo amalgama e ricavarne delle palline.

Adagiare al centro di ogni sarda una pallina di ripieno, ripiegarle su se stesse e sigillare con cura, evitando la fuoriuscita dell'impasto.

Cuocerle alla griglia o in forno a 170 °C per 15 minuti circa, inframmezzando a piacere con delle foglie di alloro.

Bone the sardines and soak in vinegar for approximately 20 minutes. Dry and lay flat.

Sprinkle the bread with vinegar and squeeze thoroughly. Combine with the oil, pecorino cheese, a pinch of salt, a pinch of pepper, the raisins softened in lukewarm water, pine nuts, sliced green olives, the capers and the finely chopped garlic.

Combine into a completely uniform mixture and form into small balls.

Place a ball of the filling on the centre of a sardine, folding it over on itself and sealing carefully, avoiding any leaks.

Cook on the grill or in the oven at 170°C (340°F) for approximately 15 minutes, placing bay leaves in between the fish if desired.

Vino Wine:
"Il giglio" 2009 - Sicilia IGT Bianco - Cantina Masseria del Feudo, Caltanissetta

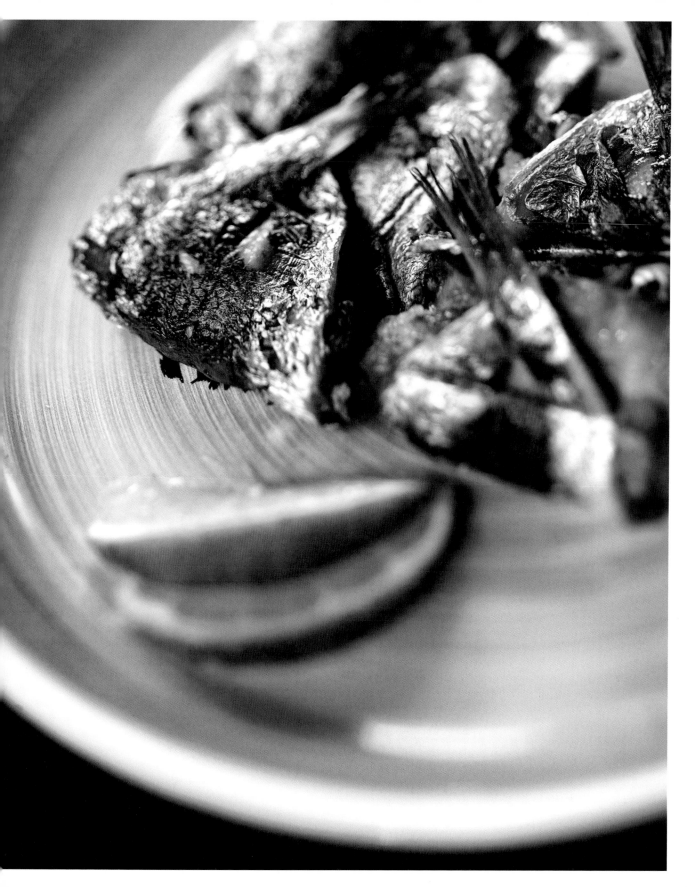

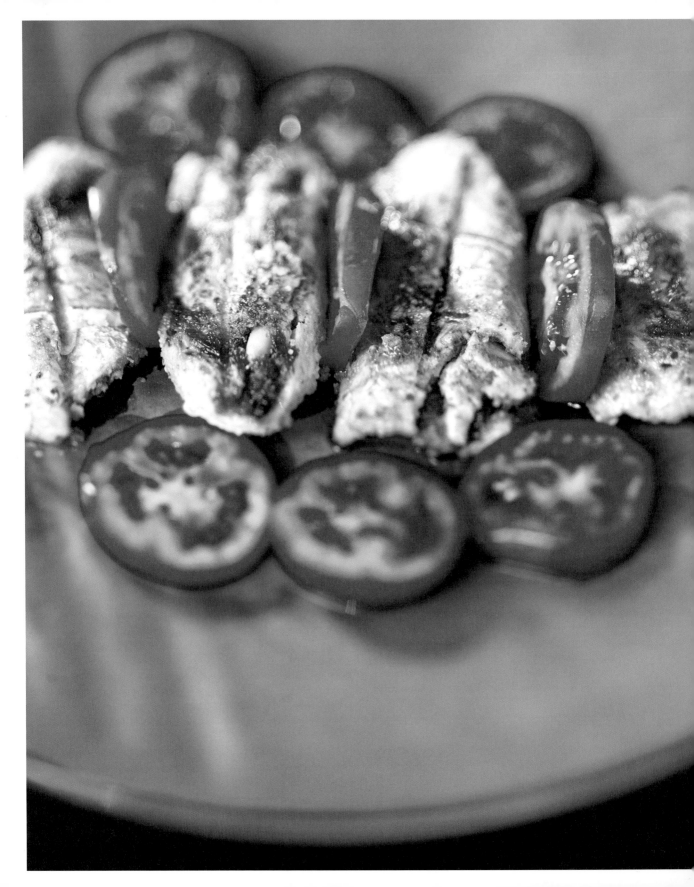

Involtini di pesce spada
Swordfish rolls

● ● ○

Ingredienti per 4 persone:
- 16 fettine di pesce spada tagliate sottilmente
- 100 g di pangrattato
- 100 g di pecorino grattugiato
- 1 cucchiaio di capperi
- 1 cucchiaio di olive verdi denocciolate
- 2 spicchi di aglio
- olio extravergine d'oliva

Per il "salamarigghiu":
- olio extravergine d'oliva
- succo di limone
- prezzemolo
- origano
- aglio
- peperoncino

Serves 4:
- 16 thin slices swordfish
- 100g (¾ cup) breadcrumbs
- 100g (1 cup) grated pecorino cheese
- 1 tablespoon capers
- 1 tablespoon pitted green olives
- 2 garlic cloves
- extra virgin olive oil

Sauce:
- extra virgin olive oil
- lemon juice
- Italian parsley
- oregano
- garlic
- chilli pepper

Pareggiare le fettine di pesce spada, fino a ottenere rettangoli regolari.

Tritare i ritagli insieme all'aglio, ai capperi e alle olive verdi, mescolare al pangrattato, al pecorino grattugiato e bagnare con olio fino a ottenere un composto morbido ma compatto.

Formare delle palline con il composto, disponendole su ogni fettina, quindi arrotolare le fettine formando degli involtini.

Grigliare sulla brace incandescente o, in alternativa, cuocere in forno a 170 °C per 15 minuti circa.

Condire con un "salamarigghiu" realizzato con olio, prezzemolo tritato, succo di limone, origano, aglio tritato e peperoncino.

Trim the slices of swordfish to form rectangles.

Chop the offcuts together with the garlic, capers and green olives. Mix in the breadcrumbs and grated pecorino cheese and sprinkle with oil until the mixture is soft but firm.

Form small balls with the mixture, placing them on each slice of swordfish. Then roll the slices.

Grill over hot coals for 2 minutes. Alternatively, roast at 170°C (340°F) for approximately 15 minutes.

Season with the sauce, made by combining the olive oil, chopped parsley, lemon juice, oregano, chopped garlic and chilli pepper.

Vino Wine:
"Grappoli del grillo" 2008 - Sicilia IGT Bianco - Cantina Marco De Bartoli, Marsala (Trapani)

Filetto di dentice con salsa di menta

Fillet of red snapper with mint sauce

● ○ ○

Ingredienti per 4 persone:
- *4 filetti di dentice*
- *2 filetti di acciuga*
- *200 g di mollica di pane*
- *1 cucchiaio di capperi*
- *1 ciuffetto di prezzemolo*
- *20 foglioline di menta*
- *farina di grano duro*
- *1 cucchiaio di zucchero semolato*
- *olio extravergine d'oliva*
- *aceto di vino bianco*

Serves 4:
- *4 red snapper fillets*
- *2 anchovy fillets*
- *200g (7 oz) bread with crusts removed*
- *1 tablespoon capers*
- *1 bunch Italian parsley*
- *20 peppermint leaves*
- *durum wheat flour*
- *1 tablespoon fine sugar*
- *extra virgin olive oil*
- *white wine vinegar*

Infarinare i filetti di dentice e friggerli in olio ben caldo.

Frullare le acciughe, la mollica di pane, i capperi, il prezzemolo, la menta, l'aceto e lo zucchero fino a ottenere una salsa.

Cospargere i filetti con la salsa e servire freddo.

Flour the red snapper fillets and fry in hot oil.

Mix the anchovies, bread, capers, parsley, peppermint, vinegar and sugar to form a sauce.

Sprinkle the fillets with the sauce and serve cold.

Vino Wine:
"Chardonnay" 2008 - Sicilia IGT Bianco - Cantine Planeta, Menfi (Agrigento)

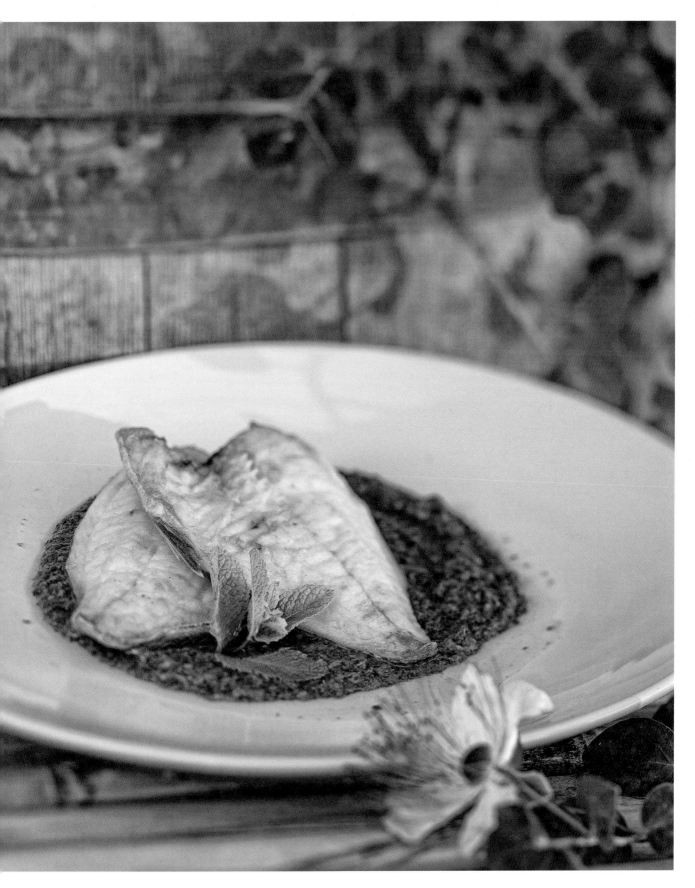

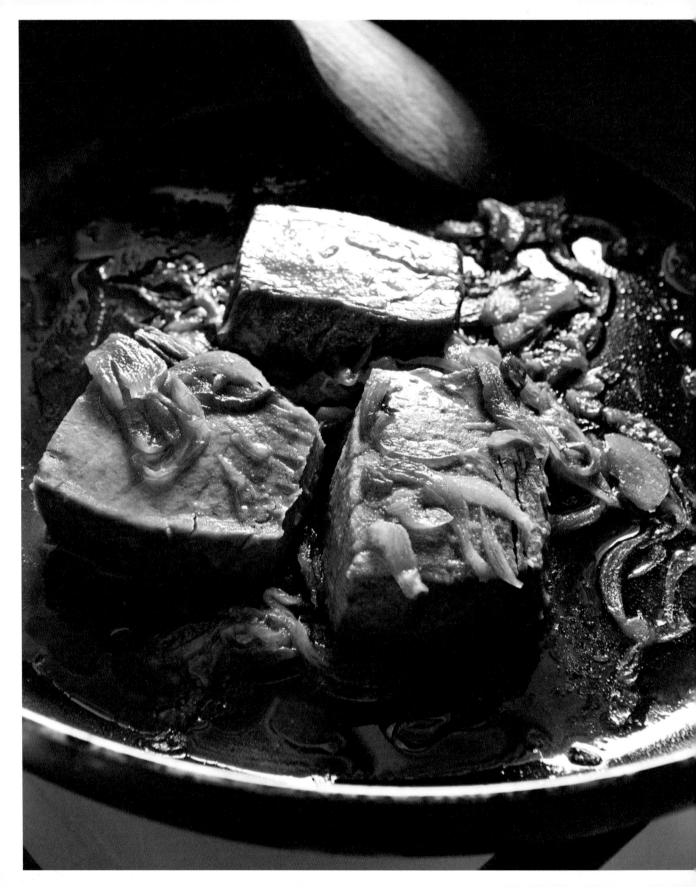

Tranci di tonno con cipolla in agrodolce

Sweet-and-sour tuna steaks with onions

● ● ○

Ingredienti per 4 persone:
- 800 g di tonno (trancio unico)
- 350 g di cipolle
- qualche fogliolina di menta fresca
- olio extravergine d'oliva
- 100 g di aceto di vino rosso
- 100 g di zucchero semolato
- sale

Per la marinatura:
- 10 grani di ginepro
- 5 grani di cardamomo
- 1 grosso pizzico di cumino
- 1 grosso pizzico di semi di finocchio
- 200 g di zucchero di canna
- 100 g di sale

Serves 4:
- 800g (1¾ lbs) tuna steak
- 350g (12 oz) onions
- a few fresh peppermint leaves
- extra virgin olive oil
- 100g (⅓ cup) red wine vinegar
- 100g (¾ cup) fine sugar
- salt

Marinade:
- 10 juniper seeds
- 5 cardamom seeds
- 1 large pinch cumin
- 1 large pinch fennel seeds
- 200g (1 cup) cane sugar
- 100g (⅓ cup) salt

Il giorno precedente preparare la marinatura. Frullare le spezie con lo zucchero di canna e il sale e ricoprire il trancio, adagiare in una teglia, coprire con pellicola e conservare in frigo per 24 ore. A marinatura avvenuta, pulire il tonno, lavandolo sotto l'acqua e asciugare bene.

Pareggiare il trancio, eliminando le parti più scure e irregolari, tagliare a cubi e arrostire in padella antiaderente, lasciando la carne al sangue.

Tagliare le cipolle a fette regolari, cuocere a vapore per 5 minuti, immergere in acqua ghiacciata, scolare e asciugare.

Porre le cipolle in una padella con olio e sale, alzare la fiamma e rosolare bene. Aggiungere l'aceto, lo zucchero semolato e la menta e far caramellare.

Sistemare al centro dei singoli piatti piani un po' di cipolla in agrodolce. Adagiarvi qualche trancio di tonno e ricoprire con un po' di agrodolce.

Marinate the tuna the day before: mix the spices with the cane sugar and salt, and coat the tuna. Place in a baking dish, cover with plastic wrap and refrigerate for 24 hours. Once finished marinating, clean the tuna, rinsing it under water and dry thoroughly.

Trim the tuna, removing the darkest and most irregular parts. Dice and grill in a non-stick pan, leaving the meat still rare.

Cut the onion into uniform slices and steam for 5 minutes. Immerse in iced water, drain and dry.

Place the onion in a pan with oil and salt, turn up the flame and brown well. Add the vinegar, fine sugar and peppermint, and allow to caramelize.

Place a little of the sweet-and-sour onion mixture in the centre of each plate. Arrange the tuna steak on top and cover with a little of the sweet-and-sour sauce.

Vino Wine:
"San Lorenzo" 2007 - Etna DOC Rosso - Cantina Girolamo Russo, Randazzo (Catania)

Merluzzo alla palermitana
Cod Palermo style

● ○ ○

Ingredienti per 4 persone:
- *1 kg di merluzzo di media grandezza*
- *8 alici salate*
- *150 g di pangrattato*
- *100 g di prezzemolo tritato*
- *1 cucchiaio di rosmarino*
- *olio extravergine d'oliva*
- *succo di limone*
- *sale*
- *pepe*

Serves 4:
- *1 kg (2¼ lbs) medium cod*
- *8 salted anchovies*
- *150g (1¼ cups) breadcrumbs*
- *100g (1⅔ cups) Italian parsley, chopped*
- *1 tablespoon rosemary*
- *extra virgin olive oil*
- *lemon juice*
- *salt*
- *pepper*

Lavare ed eviscerare il merluzzo.

In una padella lasciar sfaldare le alici in 2 cucchiai di olio.

Spalmare questo condimento sul merluzzo, quindi cospargere con pangrattato, prezzemolo tritato, rosmarino, sale e pepe.

Sistemare il merluzzo in una teglia da forno unta con olio.

Infornare a 180 °C in forno caldo per 20-30 minuti.

Prima di servire, bagnare con succo di limone.

Clean the cod.

Fry the anchovies in 2 tablespoons of oil until they fall apart.

Spread the fried anchovies on the cod, then sprinkle with breadcrumbs, parsley, rosemary, salt and pepper.

Place the cod in an oiled baking tray.

Bake in a preheated oven at 180°C (360°F) for 20–30 minutes.

Before serving, sprinkle with lemon juice.

Vino Wine:
"Maquè Rosé" - Sicilia IGT Rosato - Azienda agricola Porta del Vento, Camporeale (Palermo)

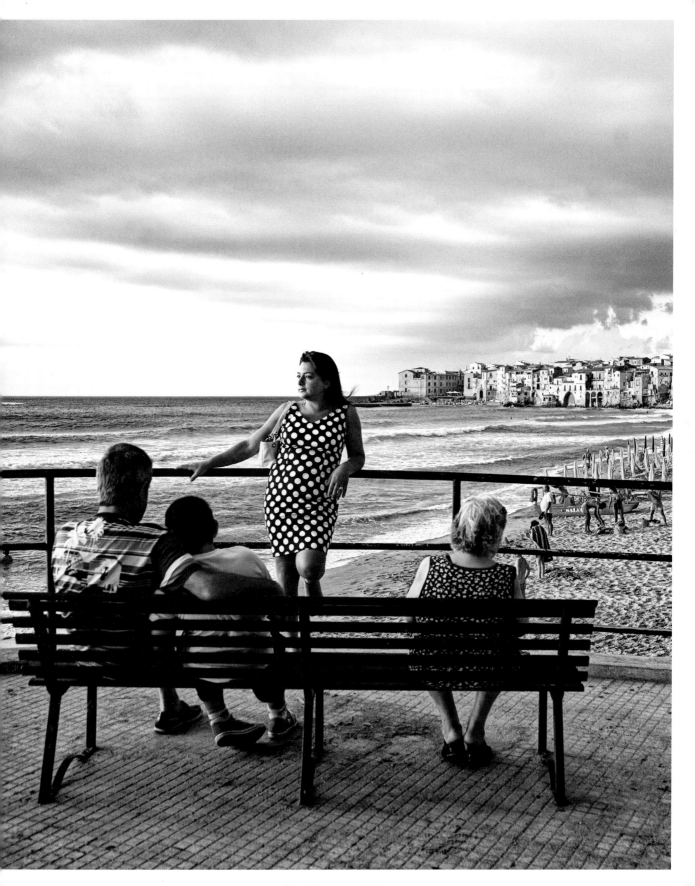

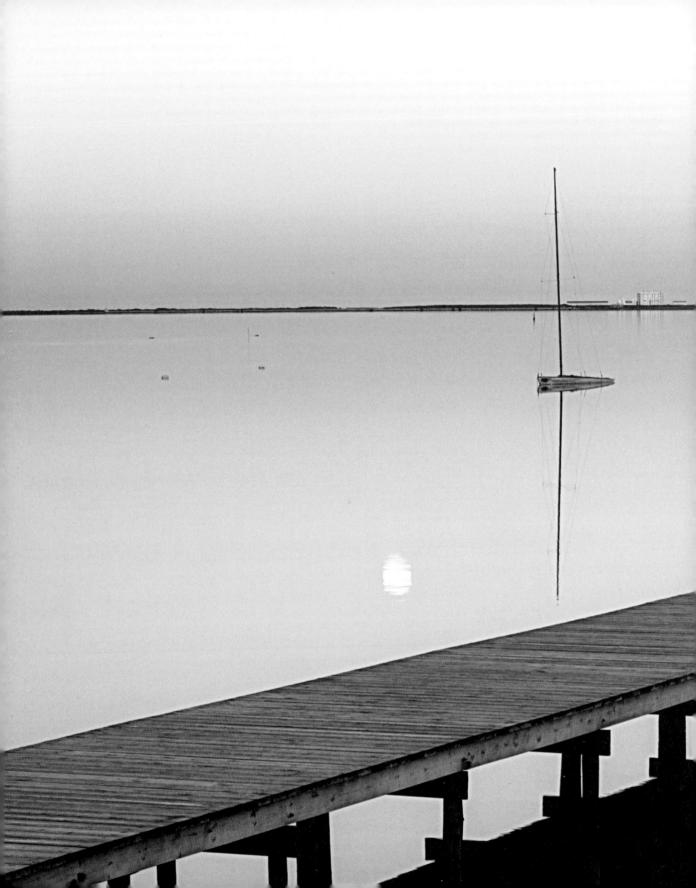

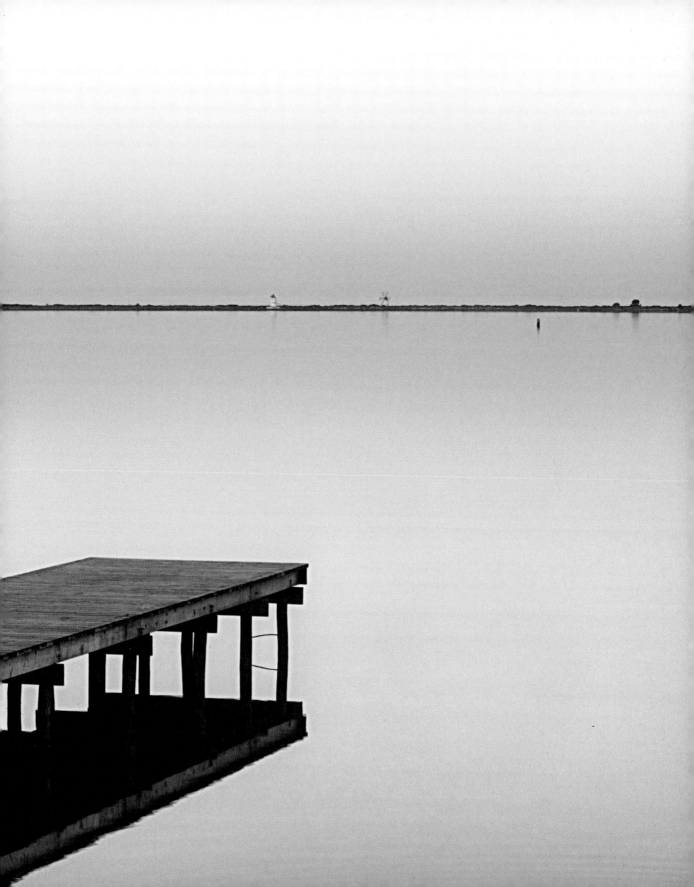

Solo in Sicilia i dolci si trasformano in vera arte: cannoli, cassate, granite, sorbetti sono un inarrivabile trionfo dei sensi.

Sicily has transformed desserts into an art form, with its cannoli, cassatas, granitas and sorbets a feast for all the senses.

Dolci
Desserts

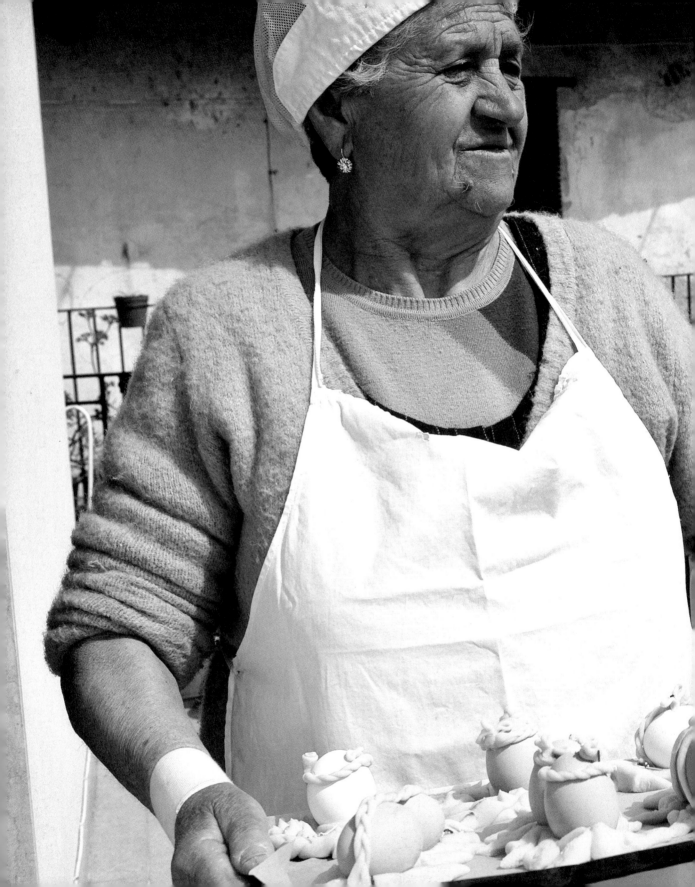

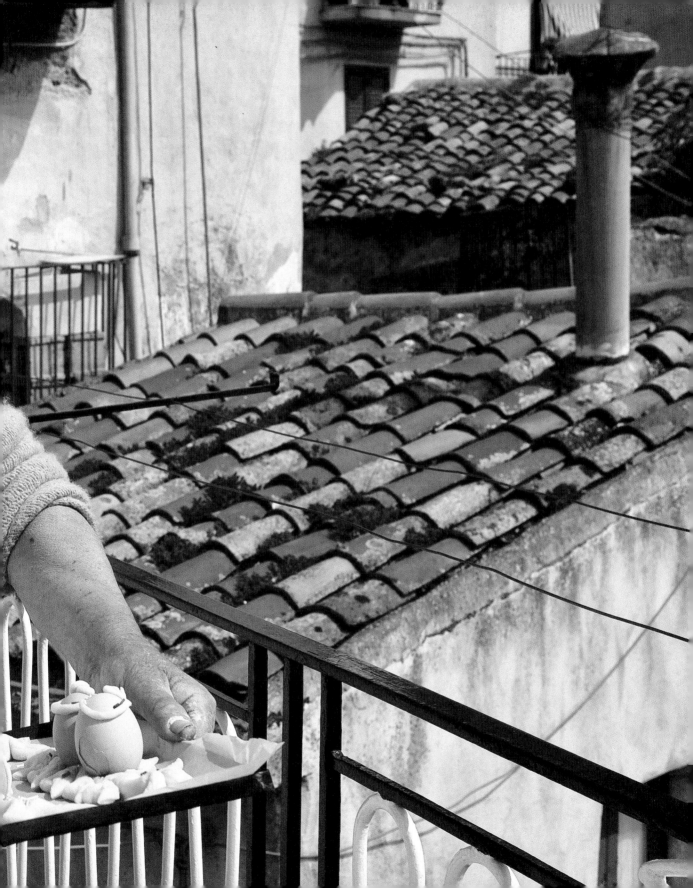

Ricotta e miele di timo
Ricotta and thyme honey

● ○ ○

Ingredienti per 4 persone:
- 500 g di ricotta vaccina
  o di pecora
- 4 cucchiai colmi di miele di timo
- cannella

Serves 4:
- 500g (1 lb) of cow's or sheep's
  milk ricotta
- 4 heaped tablespoons of thyme
  honey
- cinnamon

Lavorare con cura la ricotta insieme al miele, aiutandosi con un frullatore o una frusta, fino a rendere il composto cremoso.

Servire in una ciotola da dessert e spolverare la cannella a piacere.

Thoroughly combine the ricotta and honey using a blender or a whisk to form a creamy mixture.

Serve in a dessert bowl and sprinkle with cinnamon to taste.

Vino Wine:
"Malvasia delle Lipari" 2009 - Malvasia delle Lipari DOC - Cantine Barone di Villagrande, Milo (Catania)

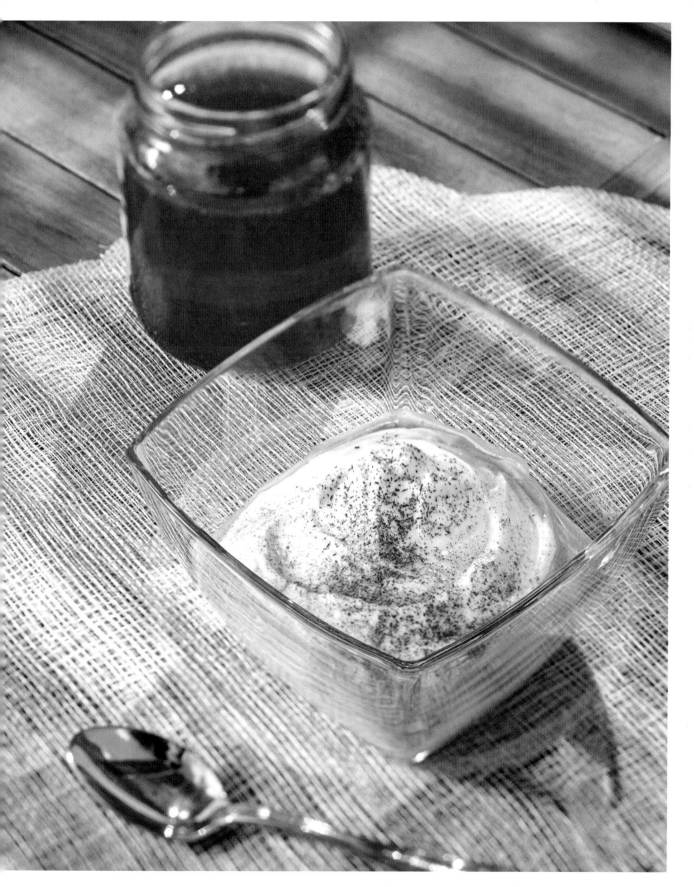

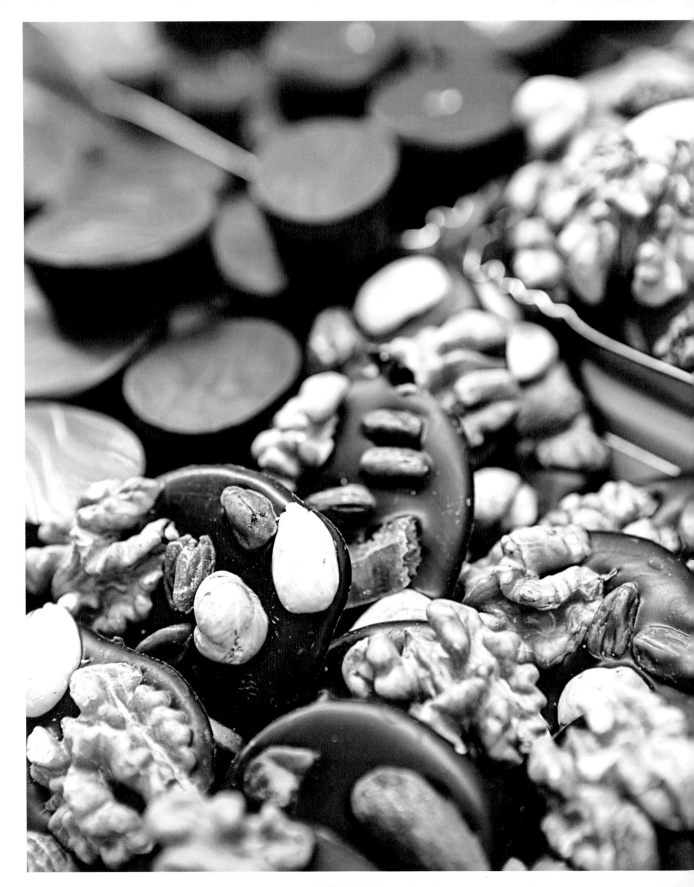

Praline al cioccolato fondente con frutta secca

Chocolate praline with nuts

Ingredienti:
- 500 g di cioccolato fondente 55%
- frutta secca a piacere (nocciole, mandorle, noci, pistacchi)

Ingredients:
- 500g (1 lb) 55% chocolate
- nuts as desired (hazelnuts, almonds, walnuts, pistachios)

Fondere il cioccolato a 55 °C, versarne i 2/3 su un tavolo di marmo e, con una spatola, lavorarlo fino a portarlo a 27 °C.

Unire il cioccolato messo da parte ancora caldo.

Accertarsi che la temperatura sia dai 30 °C ai 31 °C, quindi riempire una tasca da pasticciere con il cioccolato temperato.

Colare su una placca con del foglio acetato e decorare con la frutta secca il dischetto formatosi ancora liquido.

Lasciare indurire a una temperatura di 15 °C.

Sformare dalle placche e servire.

Melt the chocolate at 55°C (130°F). Pour two-thirds onto a marble table top and work with a spatula until the temperature has fallen to 27°C (80°F).

Combine with the remaining warm chocolate.

Make sure that the temperature is now between 30 and 31°C (86–88°F), then fill a piping bag with the chocolate.

Pipe into a praline mould lined with acetate and, when still liquid, decorate with the nuts.

Allow to harden at 15°C (60°F).

Turn out from the mould and serve.

Vino Wine:
"Ala", liquore amarascato - Cantine Duca di Salaparuta, Casteldaccia (Palermo)

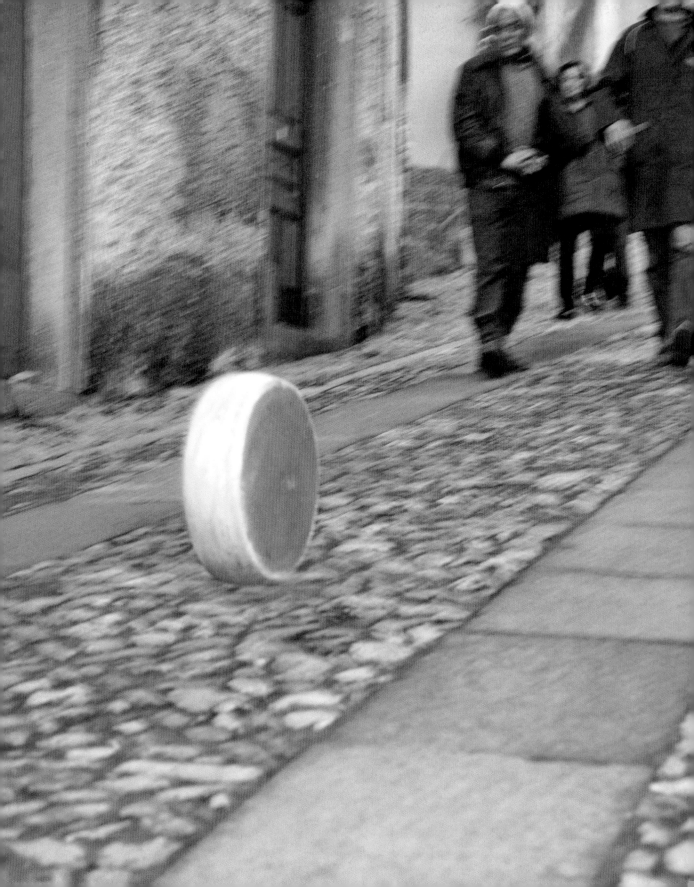

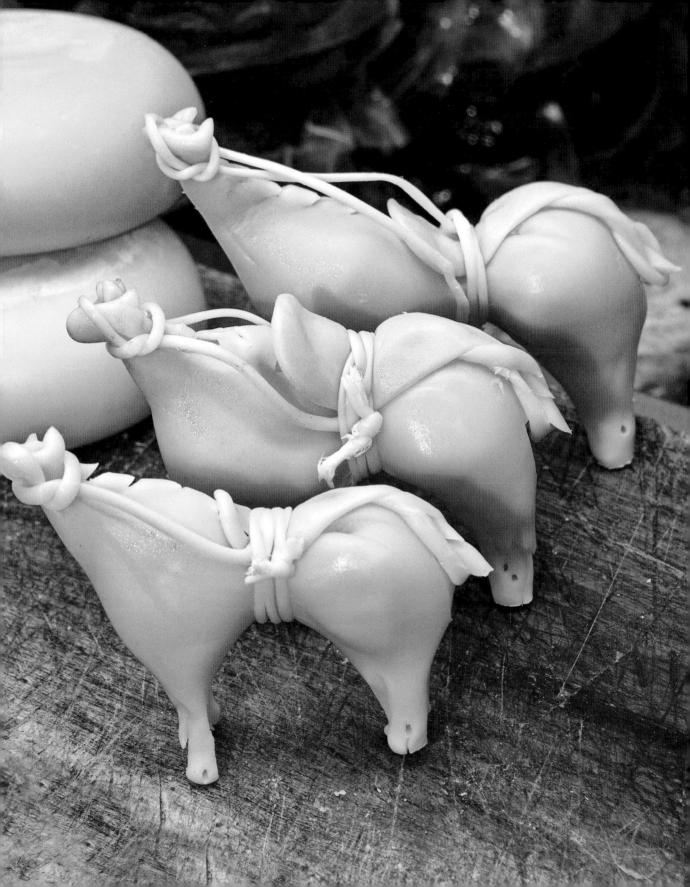

Dolcetti alle mandorle

Almond biscuits

● ● ○

Ingredienti:
- *1 kg di mandorle pelate*
- *1 kg di zucchero*
- *240 g di albume*
- *aroma di vaniglia qb (2/3 gocce)*
- *aroma di mandorla amara qb (3/4 goccine)*

Ingredients:
- *1kg (2¼ lbs) blanched almonds*
- *1kg (2¼ lbs) sugar*
- *240g (1 cup) egg whites*
- *vanilla essence to taste (2–3 drops)*
- *bitter almond essence to taste (3–4 drops)*

Tritare insieme mandorle e zucchero fino a renderli il più fine possibile.

Aggiungere l'aroma di vaniglia e quello di mandorla amara (non superare le dosi consigliate per evitare di renderli amari) e gli albumi e lavorare fino a ottenere un impasto morbido al tatto.

Riempire con poco impasto per volta la tasca da pasticciere e iniziare a formare i biscotti.

Inserire con una leggera pressione sulla cima mezza ciliegia candita o una mandorla.

Lasciare riposare tutta la notte.

La mattina seguente infornare a 180 °C per 8 minuti circa fino a doratura, sfornare e lasciare raffreddare bene per evitare che rimangano attaccati alla teglia.

Chop the almonds together with the sugar as finely as possible.

Add the egg whites and the vanilla and bitter almond essence (do not exceed the recommended quantities in order to avoid making the biscuits bitter). Beat the mixture until soft.

Place a little at a time in a pastry bag and start to make the biscuits.

Lightly press half a glacé cherry or an almond on top of each.

Allow to rest overnight.

The following morning bake at 180°C (360°F) for about 8 minutes until golden. Remove from the oven and allow to cool thoroughly in order to prevent the biscuits from sticking to the baking tray.

Vino Wine:
"Vigna La Miccia" - Marsala - Cantina Marco De Bartoli, Marsala (Trapani)

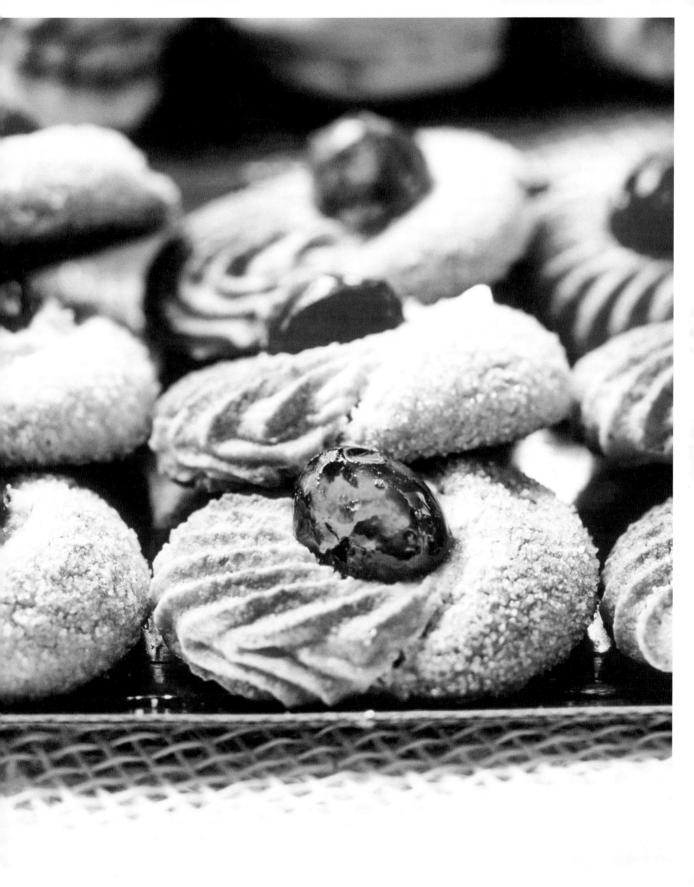

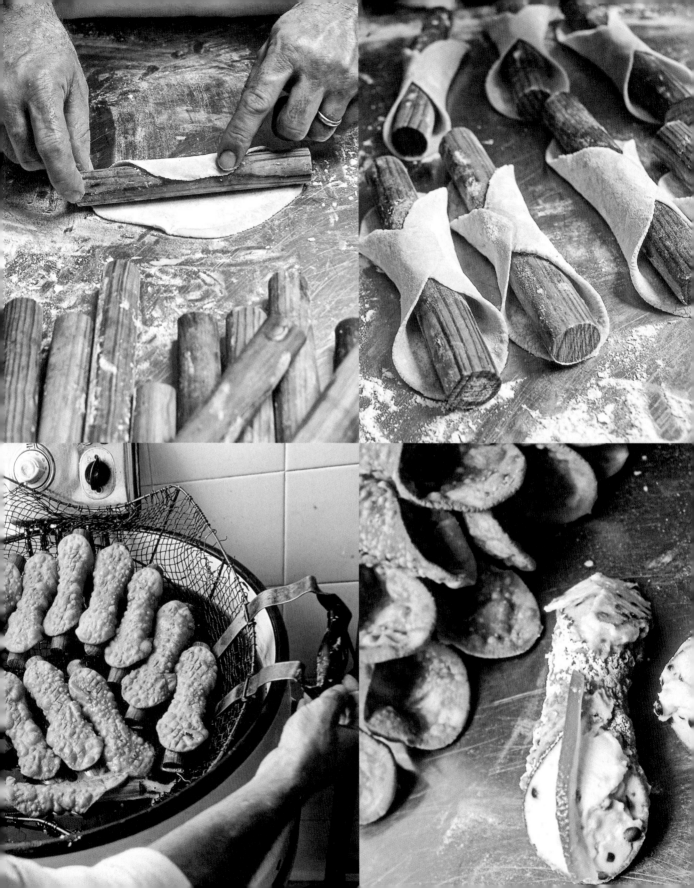

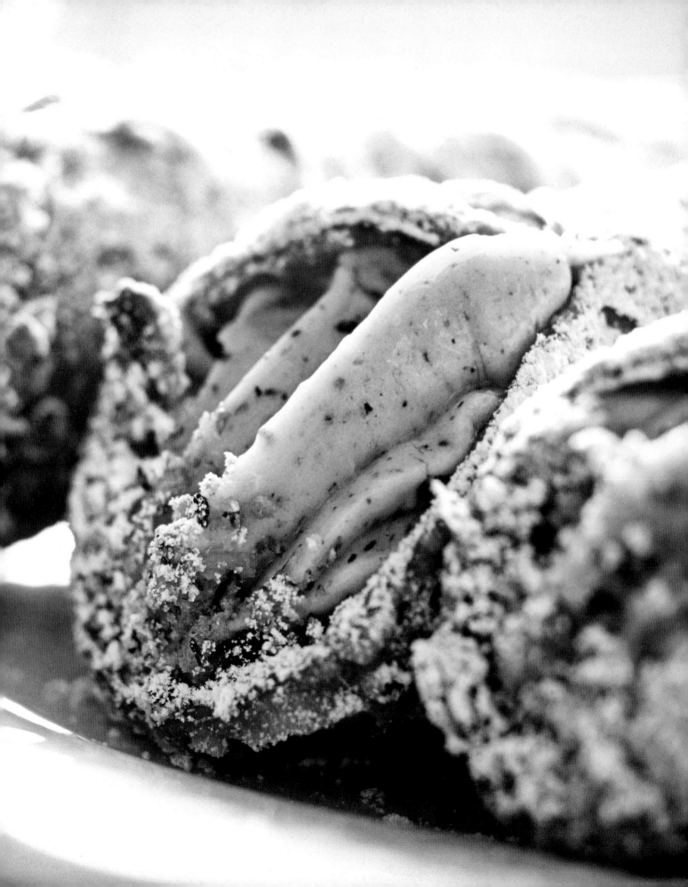

Cannoli siciliani

Sicilian cannoli

● ● ●

Ingredienti:
- 800 g di farina di grano duro
- 4 tuorli
- 2 albumi
- 150 g di sugna
- 75 g di zucchero
- ½ bicchiere di vino bianco
- aroma di vaniglia
- olio per frittura

Per il ripieno:
- 1 kg di ricotta di pecora
- 350 g di zucchero
- 100 g di canditi
- 100 g di cioccolato amaro
  a scaglie
- 1 cucchiaio di cannella
- zucchero a velo

Ingredients:
- 800g (7 cups) durum wheat flour
- 4 egg yolks
- 2 egg whites
- 150g (5¼ oz) shortening
- 75g (⅓ cup) sugar
- ½ glass white wine
- vanilla flavouring
- oil for frying

Filling:
- 1 kg (2¼ lbs) sheep's milk ricotta
- 350g (1¾ cups) sugar
- 100g (¾ cup) candied fruit
- 100g (1 cup) cooking chocolate, flaked
- 1 tablespoon cinnamon
- icing sugar

Impastare la farina, i tuorli, gli albumi, la sugna, lo zucchero, il vino bianco e l'aroma di vaniglia fino a ottenere una pasta ben lavorata.

Tirare una sfoglia sottile e ricavare dei cerchi con un bicchiere o con un cerchio del diametro di 10 cm.

Avvolgere i cerchi sugli appositi fusti per cannoli di canna o di metallo.

Friggere i cannoli nell'olio bollente fino a doratura.

A parte, lavorare la ricotta con lo zucchero, aggiungere i canditi e il cioccolato.

Riempire i cannoli e spolverare con cannella e zucchero a velo.

Mix the flour, egg yolks, egg whites, shortening, sugar, white wine and vanilla flavouring to a smooth dough.

Roll thinly and cut out circles with a 10cm wide glass or round cutter.

Wrap the circles around cane or metal cannoli moulds.

Fry the cannoli in boiling oil until golden brown.

Separately, combine the ricotta and sugar, adding the candied fruit and chocolate.

Fill the cannoli and sprinkle with cinnamon and icing sugar.

Vino Wine:
"Passito di Pantelleria" 2005 - Passito di Pantelleria DOC - Cantine Ferrandes, Pantelleria (Trapani)

Granita di caffè
Coffee granita

● ○ ○

Ingredienti:
- *200 g di caffè ristrettissimo*
- *800 g di acqua*
- *500 g di zucchero*

Ingredients:
- *200ml (¾ cup) very strong espresso coffee*
- *800ml (3⅓ cups) water*
- *530g (2¾ cups) sugar*

Miscelare tutti gli ingredienti.

Trasferire il tutto in una sorbettiera.

In alternativa, versare il composto in un recipiente di acciaio inossidabile dalle pareti sottili, chiudere con un coperchio e riporre in freezer per almeno 1 ora. Togliere dal freezer e mescolare energicamente con una frusta. Ripetere l'operazione una seconda volta prima di servire.

Mix all the ingredients.

Transfer to an ice cream maker.

Alternatively, pour the mixture into a stainless steel container with thin sides, seal, and freeze for at least 1 hour. Remove from freezer and stir vigorously with a whisk. Repeat a second time before serving.

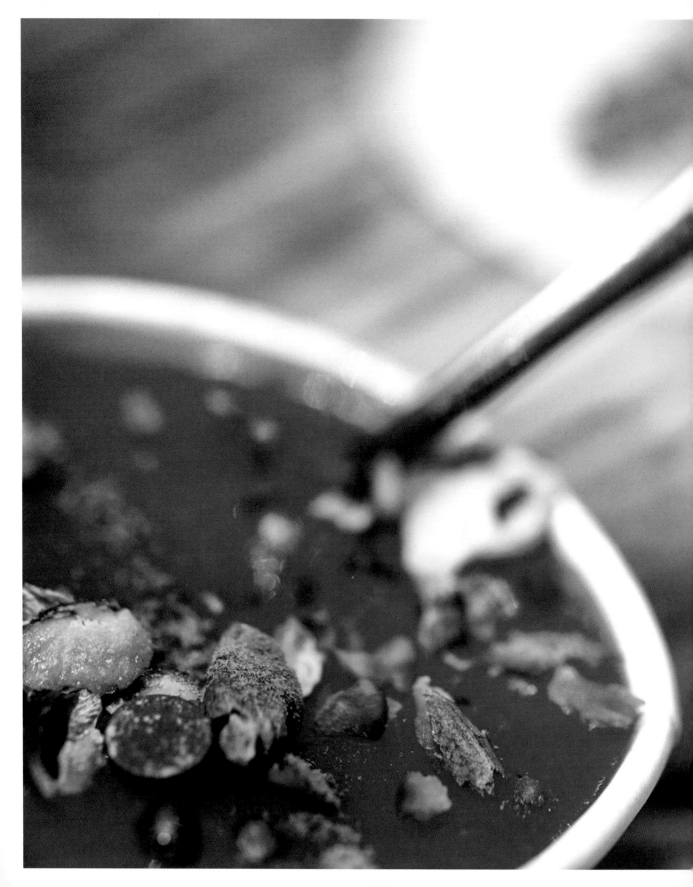

Gelo di anguria

Watermelon jelly

● ● ○

Ingredienti per 12 porzioni:
- *1 anguria*
- *150 g di zucchero*
- *90 g di amido di grano o di mais*
- *1 cucchiaio di zuccata*
- *1 cucchiaio di cioccolato fondente a scaglie*
- *1 cucchiaio di cannella in polvere*

Serves 12:
- *1 watermelon*
- *150g (¾ cup) sugar*
- *90g (⅔ cup) wheat starch or cornflour*
- *1 tablespoon zuccata (candied pumpkin)*
- *1 tablespoon plain chocolate flakes*
- *1 tablespoon ground cinnamon*

Aiutandosi con una centrifuga, ricavare tutto il succo dall'anguria.

Miscelare lo zucchero e l'amido, quindi unire in una casseruola al succo.

Portare a ebollizione fino a completo addensamento.

Togliere dal fuoco e lasciare raffreddare.

Aggiungete la zuccata, il cioccolato e la cannella.

Versare negli stampini e porre in frigorifero per 1 ora.

Using a juice extractor, fully juice the watermelon.

Combine the sugar and starch, then mix with the juice in a saucepan.

Bring to a boil until uniformly firm.

Remove from heat and allow to cool.

Add the candied pumpkin, chocolate and cinnamon.

Pour into moulds and refrigerate for 1 hour.

Gelo di cannella

Cinnamon jelly

● ● ○

Ingredienti per 4 persone:
- 0,6 l di acqua
- ¾ di stecca di cannella
- 130 g di zucchero
- 50 g di amido di grano o di mais
- pistacchio tritato o nocciole tritate o scaglie di cioccolato fondente per la guarnizione

Serves 4:
- 600ml (2½ cups) water
- 3/4 cinnamon stick
- 130g (⅔ cup) sugar
- 50g (⅓ cup) wheat starch or cornflour
- chopped pistachio or hazel nuts, or flaked chocolate, for garnish

Il giorno precedente, porre la cannella spezzettata grossolanamente in un pentolino con 3 dl di acqua, mettere sul fuoco e portare a ebollizione. Far sobbollire per 10 minuti circa. Spegnere il fuoco e lasciare in infusione fino all'indomani.

Il giorno successivo, filtrare perfettamente l'infuso e aggiungere acqua fino a 0,6 l complessivi.

Aggiungere a freddo lo zucchero e l'amido setacciato e mescolate con una frusta.

Porre su fuoco dolce e, mescolando continuamente con un cucchiaio di legno, portare a ebollizione, quindi spegnere.

Versare immediatamente in forme monouso inumidite con acqua fredda, far raffreddare e riporre in frigo.

Servire con una guarnizione di pistacchio tritato o nocciole tritate o scaglie di cioccolato fondente.

The day before, place the coarsely chopped cinnamon in a saucepan with 3 litres (6⅓ pts) of water. Bring to the boil. Simmer for approximately 10 minutes. Turn off the heat and allow to infuse overnight.

The next day, thoroughly strain the infusion and add water to bring the amount up to 600 millilitres (1 pt).

While cold, add the sugar and starch, and mix with a whisk.

Place on a low heat and, stirring constantly with a wooden spoon, bring to the boil, then turn off.

Immediately pour into disposable moulds, dampened with cold water, let cool and refrigerate.

Serve topped with chopped pistachio or hazelnuts, or flaked chocolate.

Vino Wine:
"Sultana" 2009 - Sicilia IGT Moscato - Cantina Feudo Maccari, Noto (Ragusa)

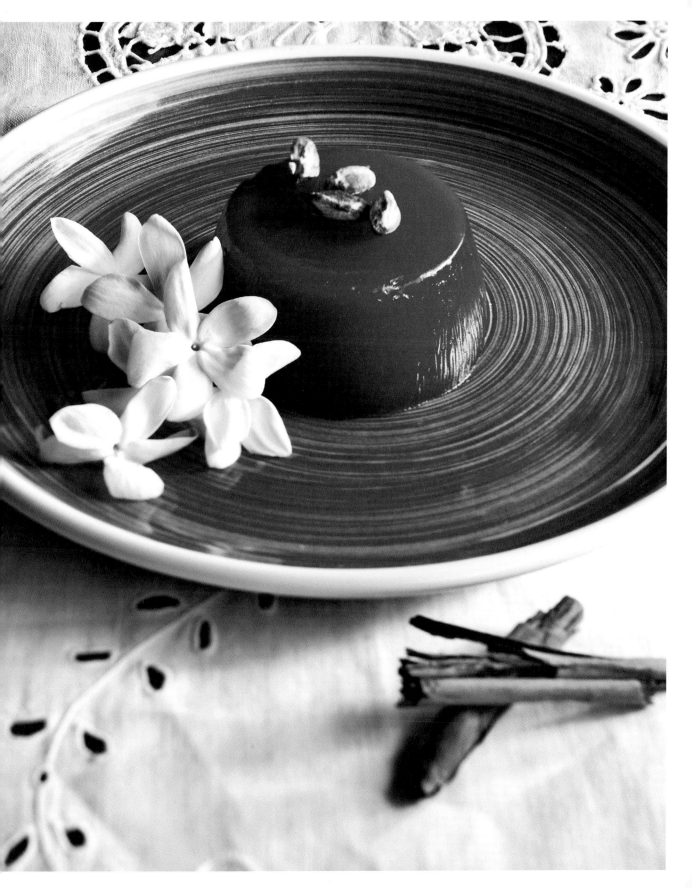

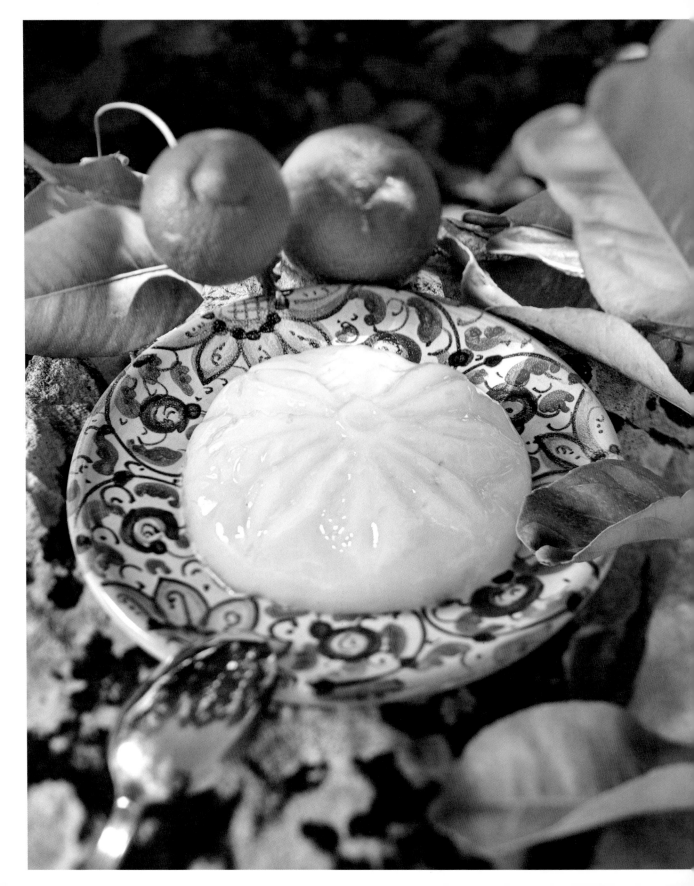

Gelo di limone e melissa
Lemon and lemon balm jelly

Ingredienti per 4 persone:
- *500 ml di acqua*
- *la scorza di 1 limone*
- *8 foglioline di melissa*
- *50 g di amido di mais*
- *150 g di zucchero*

Serves 4:
- *500ml (1 pt) water*
- *peel of 1 lemon*
- *8 lemon balm leaves*
- *50g (⅓ cup) cornflour*
- *150g (¾ cup) sugar*

● ● ○

Sbucciare il limone, avendo cura di eliminare l'albedo (la parte bianca).

Disporre le scorze in una casseruola insieme all'acqua e alle foglioline di melissa.

Mescolare accuratamente l'amido e lo zucchero e aggiungere al liquido.

Porre sul fuoco e mescolare senza interruzioni, fino ad addensamento.

Al primo bollore mescolare per 1 minuto e spegnere.

Versare il composto nelle formine, lasciare raffreddare e riporre in frigo per 2 ore.

Peel the lemon, taking care to discard all the pith.

Place the peel in a saucepan with water and the lemon balm leaves.

Thoroughly mix the cornflour and sugar and add to the liquid.

Place on the stove and stir continuously until thickened.

Stir for one more minute after the liquid boils then turn off.

Pour the mixture into moulds, allow to cool and refrigerate for 2 hours.

Vino Wine:
"Shams" 2009 - Sicilia IGT Bianco - Cantina Ajello, Mazara del Vallo (Trapani)

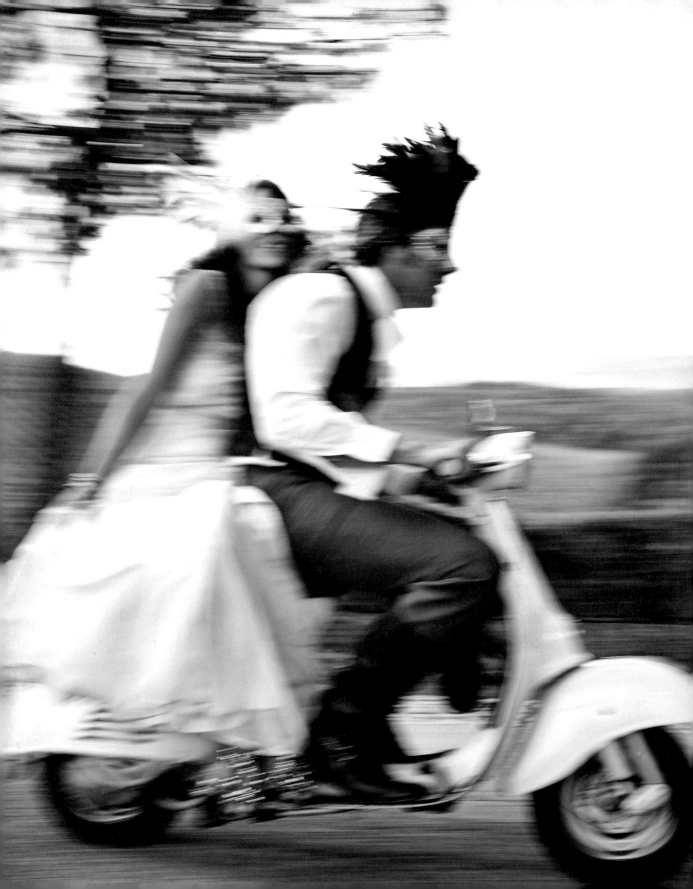

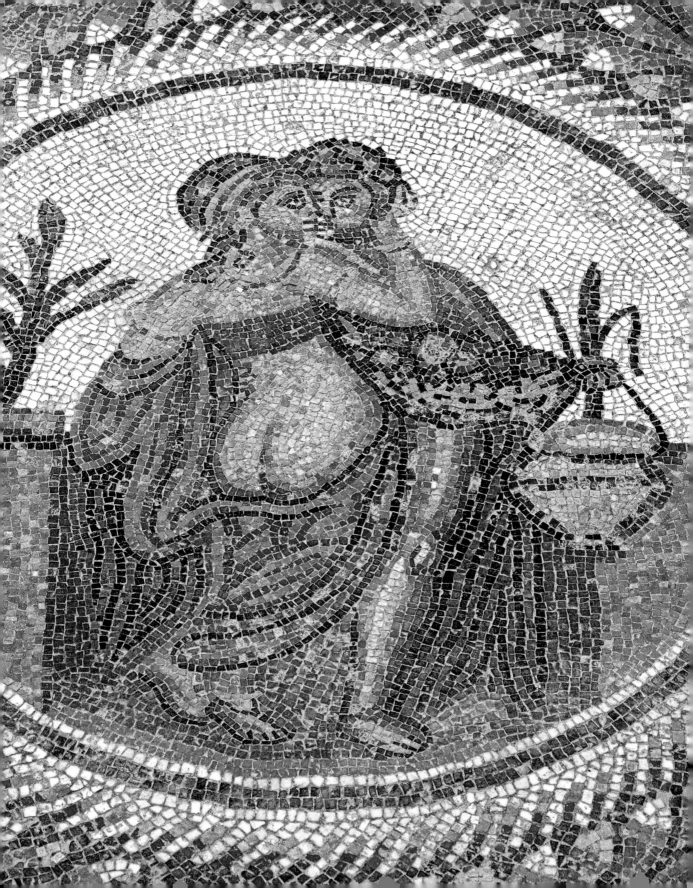

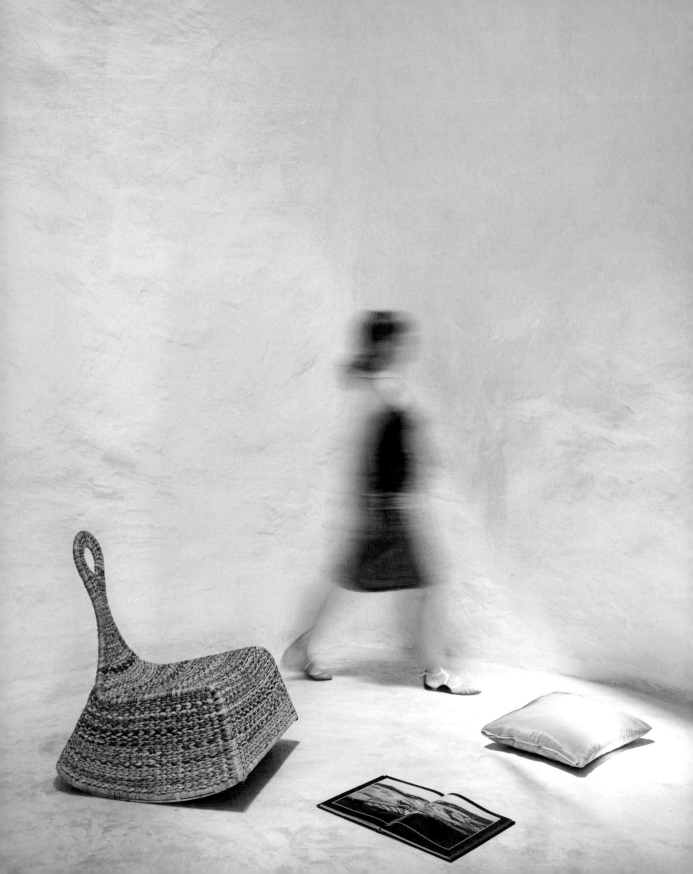

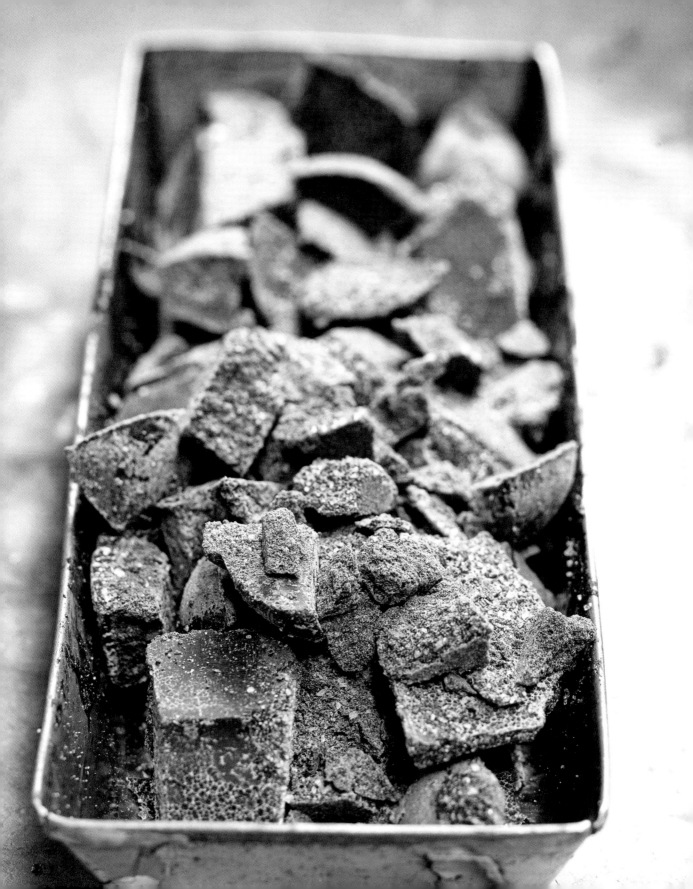

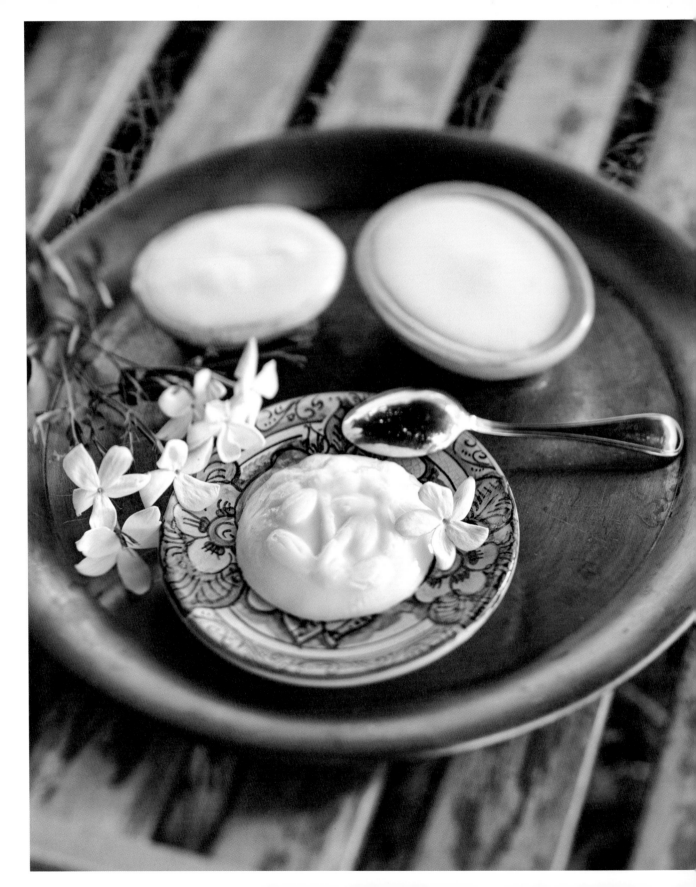

Biancomangiare al gelsomino

Jasmine blancmange

● ● ○

Ingredienti per 4 persone:
- *20 fiori di gelsomino*
- *500 ml di latte intero*
- *50 g di cioccolato bianco*
- *50 g di amido di mais*
- *100 g di zucchero*

Serves 4:
- *20 jasmine flowers*
- *500ml (1 pt) full-cream milk*
- *50g (1¾ oz) white chocolate*
- *50g (⅓ cup) cornflour*
- *100g (½ cup) sugar*

Versare il latte in una casseruola e aggiungere i fiori di gelsomino.

Portare appena a ebollizione e spegnere, lasciando raffreddare completamente.

Filtrare e spremere leggermente i fiori con la punta delle dita, per estrarne l'aroma.

Aggiungere l'amido allo zucchero, unire al latte e mescolare con cura, al fine di evitare la formazione di grumi.

Aggiungere il cioccolato bianco grattugiato.

Porre sul fuoco e mescolare senza interruzioni fino ad addensamento.

Al primo bollore mescolare energicamente per 1 minuto e spegnere.

Versare il composto nelle formine, lasciare raffreddare e riporre in frigo per 2 ore.

Pour the milk into a saucepan and add the jasmine flowers.

Bring just to the boil and turn off immediately. Allow to cool completely.

Strain, squeezing the flowers gently with your fingers to extract the flavour.

Add the cornflour to the sugar and mix thoroughly to avoid lumps.

Add the grated white chocolate.

Place on the stove and stir continuously until thickened.

Stir briskly for one more minute after the liquid boils then turn off.

Pour the mixture into moulds, allow to cool and refrigerate for 2 hours.

Vino Wine:
"Moscato di Pantelleria" 2009 - Moscato di Pantelleria DOC - Cantina Solidea, Pantelleria (Trapani)

Sorbetto al limone

Lemon sorbet

● ● ○

Ingredienti per 4 persone:
- *½ l di succo di limone*
- *250 cl di acqua*
- *1 albume d'uovo*
- *200 g di zucchero semolato*
- *50 g di zucchero a velo*

Serves 4:
- *500ml (1 pt) lemon juice*
- *2.5l (5¼ pts) water*
- *1 egg white*
- *200g (1½ cups) fine sugar*
- *50g (¼ cup) icing sugar*

Porre acqua e zucchero semolato in un pentolino, far bollire per qualche minuto fino a totale scioglimento dello zucchero, quindi lasciare raffreddare.

Montare a neve a bagnomaria l'albume con lo zucchero a velo.

Unire il succo di limone allo sciroppo di zucchero e aggiungere l'albume montato, mescolando delicatamente.

Porre in freezer per 4 ore circa, mescolando di tanto in tanto.

Boil the water and sugar in a saucepan for several minutes until all the sugar has dissolved. Allow to cool.

Beat the egg white to peaks in a double boiler with the icing sugar.

Combine the lemon juice and sugar syrup, and add the egg, stirring gently.

Freeze for approximately 4 hours, stirring occasionally.

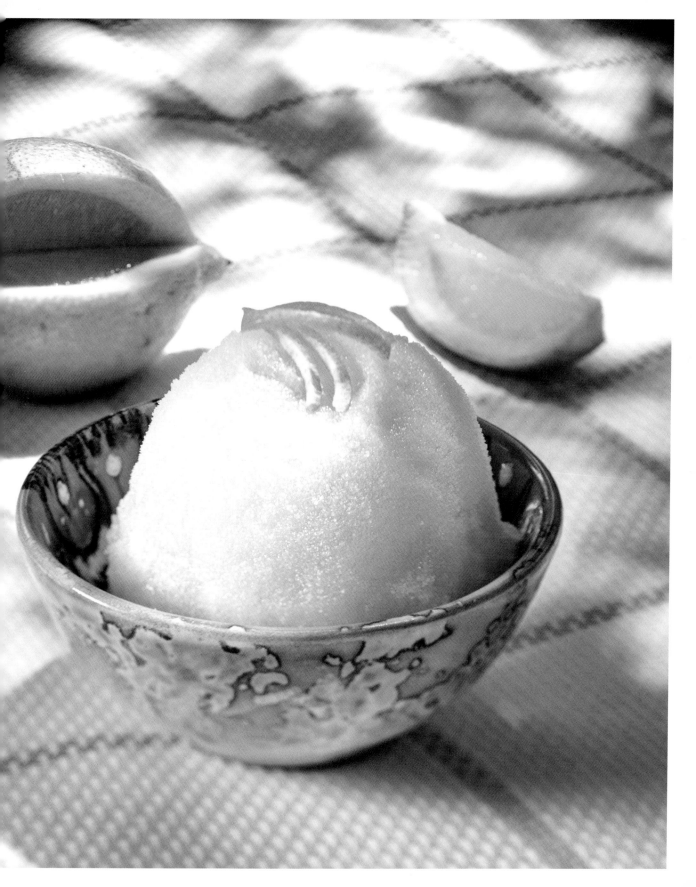

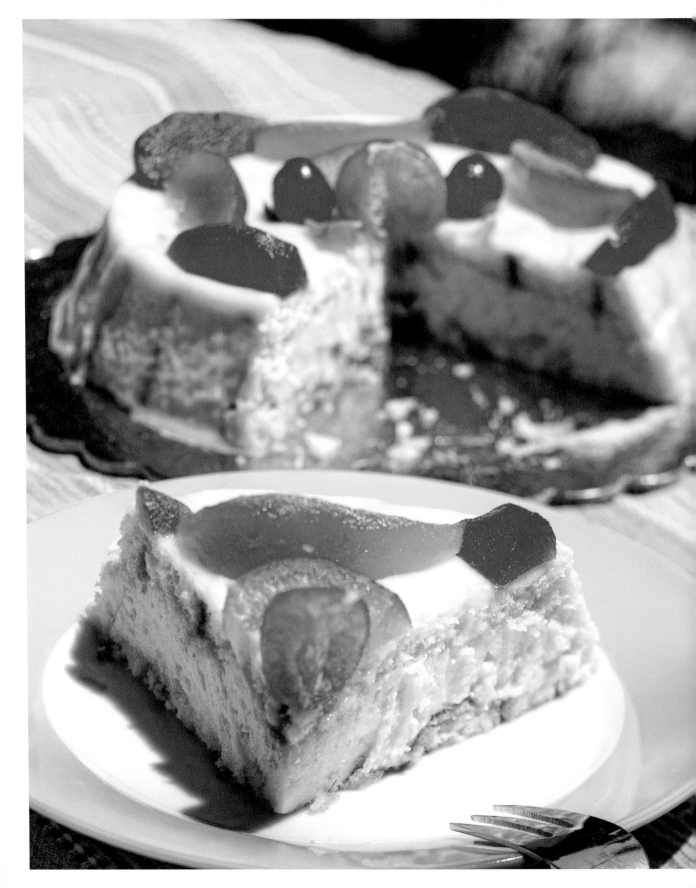

Cassata di ricotta

Ricotta cake

● ● ●

Ingredienti:
- *pan di Spagna*
- *1 kg di ricotta di pecora*
- *370 g di zucchero*
- *50 g di maraschino*
- *100 g di cioccolato fondente a pezzetti*
- *marmellata di albicocca*
- *80 g di canditi a dadini*
- *canditi interi per guarnizione*

Per la glassa:
- *300 g di zucchero a velo*
- *2 cucchiai di latte*
- *il succo di ½ limone*

Ingredients:
- *sponge cake*
- *1kg (2¼ lbs) sheep's milk ricotta*
- *370g (2 cups) sugar*
- *50ml (3⅓ tablespoons) maraschino liqueur*
- *100g (3½ oz) plain chocolate in small pieces*
- *apricot jam*
- *80g (⅔ cup) candied fruit, diced*
- *whole candied fruit for garnish*

Icing:
- *300g (1½ cups) icing sugar*
- *2 tablespoons milk*
- *juice of ½ lemon*

Foderare il fondo e i bordi di una tortiera con carta oleata.

Ungere la carta con marmellata di albicocche e foderare con fette sottili di pan di Spagna.

Lavorare la ricotta con lo zucchero, il maraschino, i canditi e il cioccolato.

Riempire la tortiera con la ricotta, livellare la base e chiudere con un disco di pan di Spagna.

Lasciare riposare per 2 ore.

Con l'ausilio di un piatto dal diametro maggiore, capovolgere la tortiera per estrarre la cassata, quindi rimuovere la carta oleata.

Preparare la glassa mescolando tutti gli ingredienti in una ciotola e rigirando con un cucchiaio.

Ricoprire l'intera superficie con la glassa di zucchero, decorare con la frutta candita intera e riporre in frigo per 2 ore.

Line the bottom and sides of a round cake tin with greaseproof paper.

Coat the paper with the apricot jam and then line with thin slices of sponge cake.

Mix the ricotta with the sugar, maraschino liqueur, diced candied fruit and chocolate.

Fill the pan with the ricotta mixture, level, and close with a circle of sponge cake.

Allow to stand for 2 hours.

Using a larger plate than the cake tin, upend the tin to remove the cake, then remove the greaseproof paper.

Prepare the icing by mixing all the ingredients in a bowl with a spoon.

Cover the entire surface of the cake with the icing and decorate with the whole candied fruits. Refrigerate for 2 hours.

Vino Wine:
"Passito di Pantelleria" 2005 - Passito di Pantelleria DOC - Cantine Ferrandes, Pantelleria (Trapani)

Frutta di Martorana

Fruits of Martorana

● ● ○

Ingredienti:
- *800 g di mandorle crude*
- *530 g di zucchero*
- *100 g di farina 00*

Ingredients:
- *800g (4⅔ cups) raw almonds*
- *530g (2¾ cups) sugar*
- *100g (⅔ cup) 00 flour*

Sciogliere a fuoco dolce lo zucchero insieme a ½ bicchiere d'acqua, mescolando continuamente.

Tritare finemente le mandorle fino a ridurle in polvere.

Non appena lo zucchero inizia a filare, versare le mandorle tritate, quindi la farina.

Mescolare a fuoco dolce, fino a completo addensamento della pasta, che diventando quasi dura dovrà distaccarsi dalla pentola.

Lasciare raffreddare la pasta e lavorarla leggermente, conferendole infine la forma desiderata.

Finely chop the almonds to a powder.

Dissolve the sugar in ½ cup of water over a low heat, stirring constantly.

As soon as the sugar begins to thread, add the ground almonds and then the flour.

Stir over a low heat, until firm. When almost hard, it will no longer stick to the pan.

Allow the dough to cool and then knead lightly into the desired shape.

Vino Wine:
"Malvasia delle Lipari" - Malvasia delle Lipari DOC - Azienda Agricola Caravaglio, Malfa (Messina)

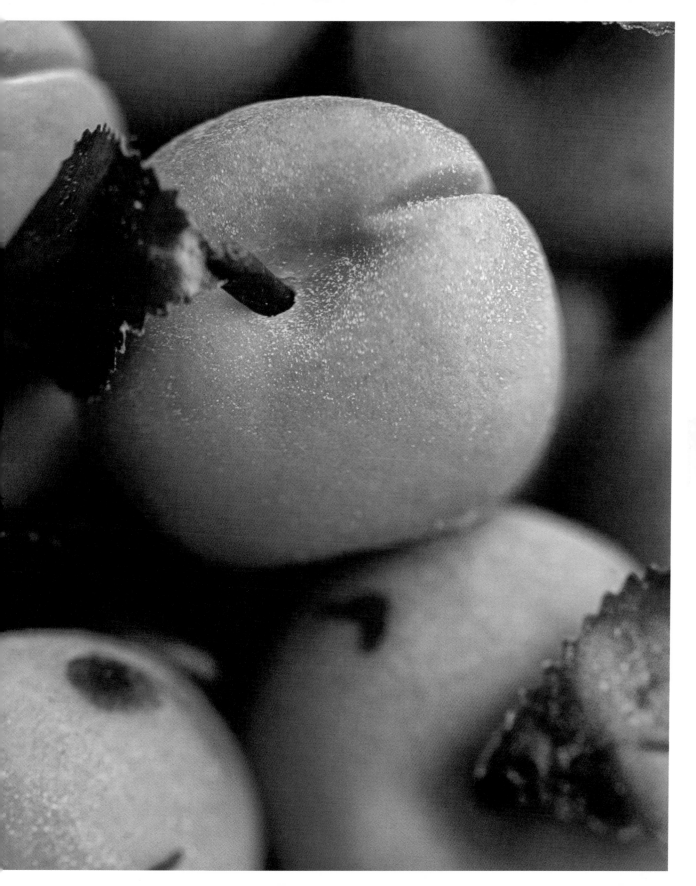

Fichi d'India

Prickly pears

Tagliare la calotta superiore e quella inferiore senza staccarle dalla buccia, cercando di evitare il contatto delle dita con le spine.

Effettuare un'incisione in senso verticale intaccando la buccia e spingendosi fino al frutto.

Sollevare i due lembi della buccia ed estrarre il frutto.

Top and bottom the prickly pears without removing the peel (avoid touching the thorns with your fingers).

Slice through the peel lengthways and into the flesh.

Lift the edges of the skin and remove the fruit.

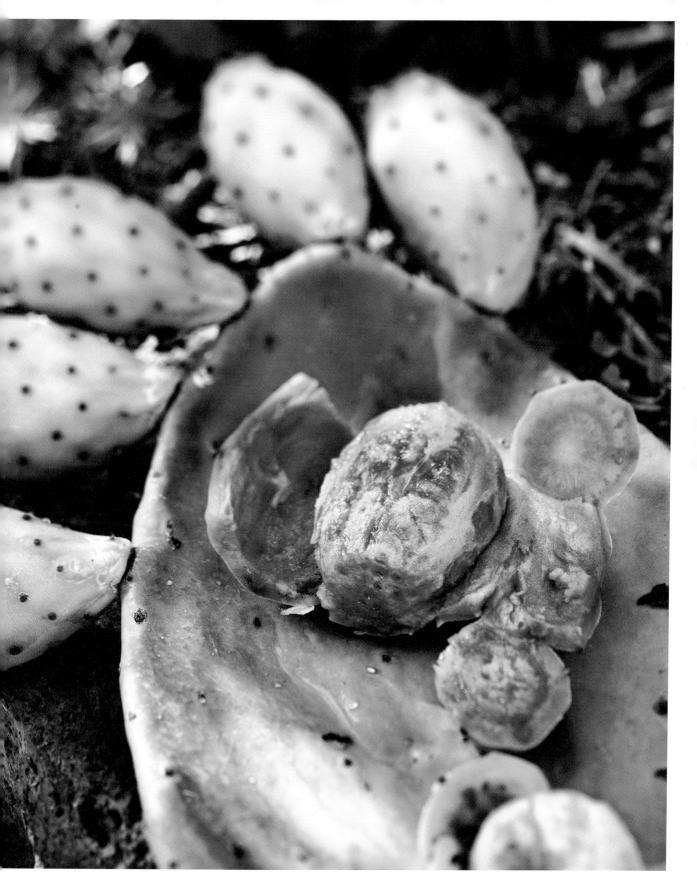

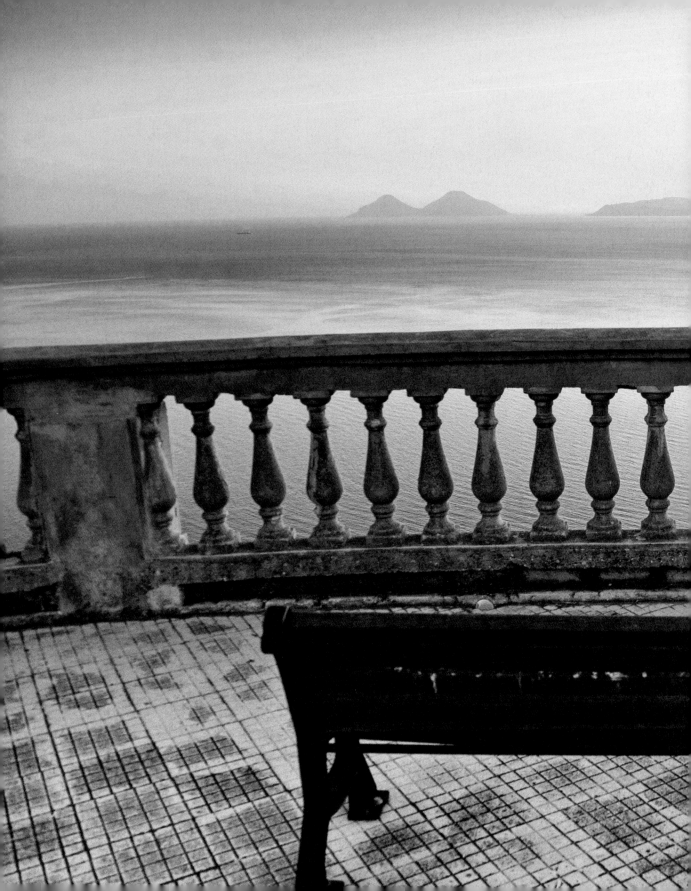

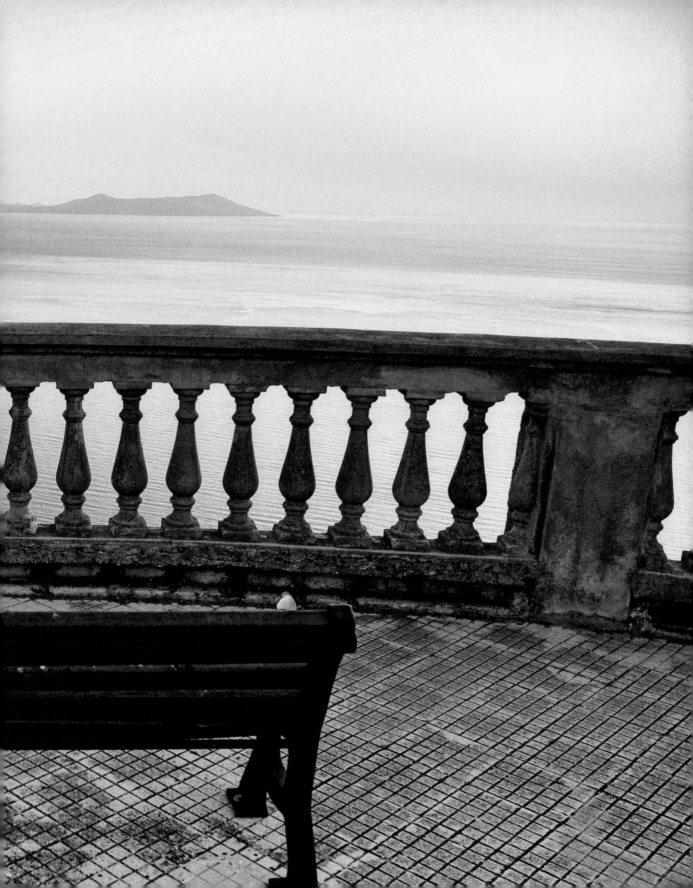

Cappero e gelsomino
sono certo i più noti,
ma la Sicilia è un'autentica
miniera di aromi,
un paradiso di profumi
e di sapori.
While capers and jasmine
are easily Sicily's best
known condiments,
the region is a paradise
of flavours and aromas.

Aromi di Sicilia

Herbs of Sicily

Alloro Bay laurel
Cappero Caper
Cedronella Lemon verbena
Finocchietto di mare Rock samphire
Finocchietto selvatico Fennel
Gelsomino Jasmine
Maggiorana Marjoram
Menta Peppermint
Nepetella o mentuccia Lesser calamint
Origano Oregano
Rosmarino Rosemary
Salvia Garden sage
Timo selvatico Wild thyme

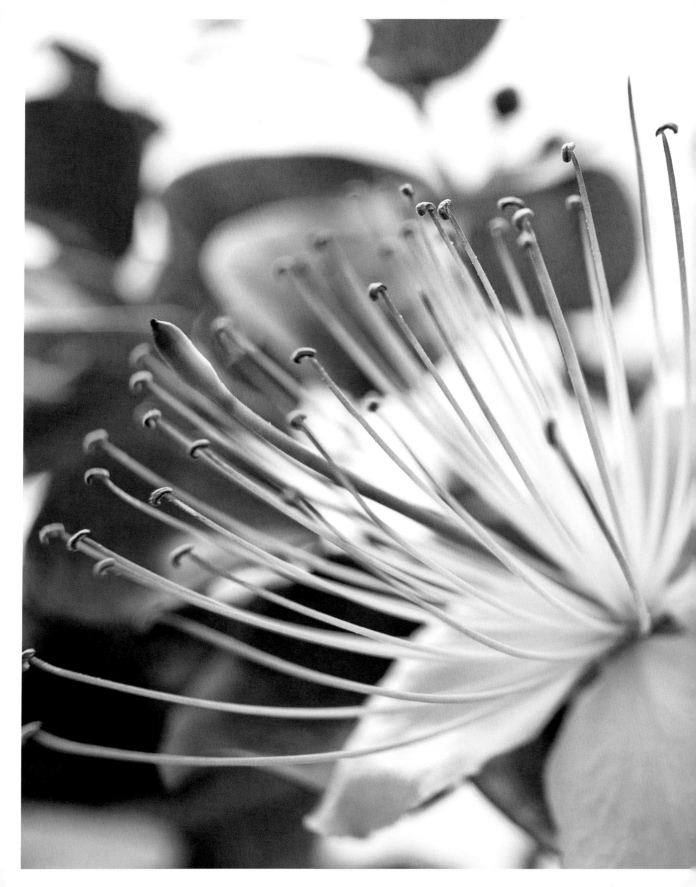

Aromi di Sicilia
Herbs of Sicily

Alloro (*Laurus nobilis*)
Introdotta in tempi antichissimi,
la pianta ha origini asiatiche. Arbusto
perenne con foglie ricche di oli essenziali,
si adatta bene al pieno sole e all'ombra,
ma non tollera il vento forte. Le foglie
sono utilizzate nei sughi e nei piatti di
carne e pesce, i semi nella preparazione
di un liquore dal sapore inconfondibile.

Cappero (*Capparis spinosa*)
Possiede una resistenza anche alle
situazioni più avverse. Perde le foglie
in inverno, per poi fiorire a maggio con
fiori simili a orchidee, profumatissimi
e dai colori accesi, che si schiudono al
mattino o al tramonto, resistendo per
poche ore. Il fiore ancora chiuso è la
parte utilizzata. In salamoia o sott'aceto,
è l'ideale per condire insalate e nella
preparazione di pesci e carni.

Cedronella (*Lippia citriodora*)
Pianta arbustiva che non tollera
le basse temperature, predilige il pieno
sole, fiorisce in piena estate e perde le
foglie in inverno. Le sue foglie lanceolate
di colore verde chiaro emanano un
profumo agrumato che ben si sposa con
il pesce. Ottima per infusi o liquori, si
utilizza anche per insaporire macedonie
e gelati.

Bay laurel (*Laurus nobilis*)
Introduced to Sicily in antiquity,
the bay laurel originates in Asia.
It's a perennial shrub whose leaves are
rich in essential oils. It grows well in
full sun or shade, but cannot withstand
strong winds. Its leaves are used in
sauces and meat and fish dishes, while
its seeds form the basis of a unique
tasting liqueur.

Caper (*Capparis spinosa*)
The caper bush can grow in even the
harshest conditions. It loses its leaves
in winter and then blooms in May,
with brightly coloured flowers similar
in appearance to orchids. The flowers
are highly perfumed and open in the
morning or at dusk, only surviving
a few hours. The young flower buds
are the part used. In brine or vinegar,
capers are ideal for salads, and fish
and meat dishes.

Fennel (*Foeniculum vulgare*)
Fennel flowers in summer. Almost
the entire plant is used: the flowers,
the stem and the leaves. It goes well
with fish dishes and delicate cheeses.
In Palermo, it's widely used in pasta
with sardines.

Finocchietto di mare
(*Crithmum maritimum*)
Presenta foglie succulente e una
fioritura che va da giugno a settembre.
Per la sua tollerabilità ai climi aridi,
cresce tutto l'anno nelle vicinanze del
mare. Le foglie possono essere utilizzate
fresche in insalata o conservate in aceto
o olio. Si sposa bene con il pesce.

Finocchietto selvatico
(*Foeniculum vulgare*)
Fiorisce in estate. Della pianta si utilizza
quasi tutto: il fiore, lo stelo e le foglie.
Ben si sposa alle pietanze di pesce
e ai formaggi delicati. Nel Palermitano
se ne fa largo uso nella pasta con le
sarde.

Gelsomino (*Jasminum officinale*)
Originaria dell'Asia, è una pianta molto
diffusa in Sicilia. Il profumo dei fiori
accompagna le passeggiate sui litorali
e tra le strade di campagna. I fiori sono
utilizzati nella preparazione di dolci,
marmellate e liquori.

Maggiorana (*Origanum majorana*)
Dello stesso genere dell'origano,
ma dal profumo più delicato, è molto
resistente alle avversità climatiche
e fiorisce in primavera-estate. Si presta

Garden sage (*Salvia officinalis*)
Known since Ancient Egypt, garden
sage flourishes in mild climates.
Its aroma is so intense that it can
cancel out the flavour of other herbs.
It is an essential herb for meat and fish.

Jasmine (*Jasminum officinale*)
Although originally from Asia, this
plant is widespread in Sicily. The
scent of its flowers fills the air all along
coastal and country roads. Its flowers
are used in desserts, jams and liqueurs.

Lemon verbena (*Lippia citriodora*)
This shrub cannot tolerate low
temperatures and prefers full sun.
It flowers in summer and loses its
leaves in winter. Its spear-shaped light
green leaves give off a citrus aroma that
goes well with fish. It's excellent for
making teas and spirits but is also used
to flavour fruit salads and ice cream.

Lesser calamint (*Calamintha nepeta*)
This shrub is highly heat resistant
and doesn't require frequent watering.
It's used to season meat, fish and
mushrooms. In Syracuse its leaves
are blended with other seasonings
on focaccias, while in Ragusa they
are used in water to boil dried figs.

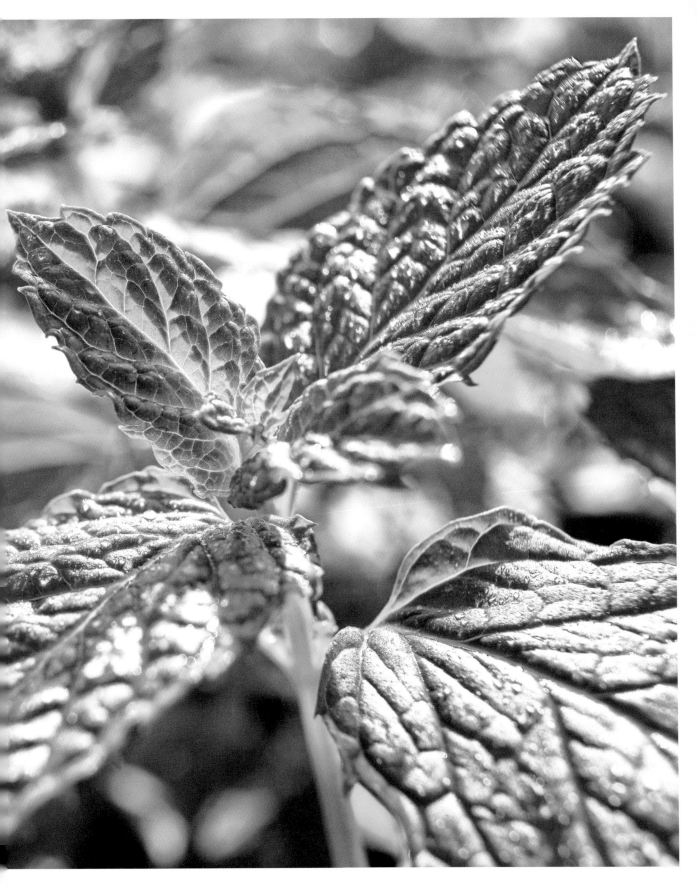

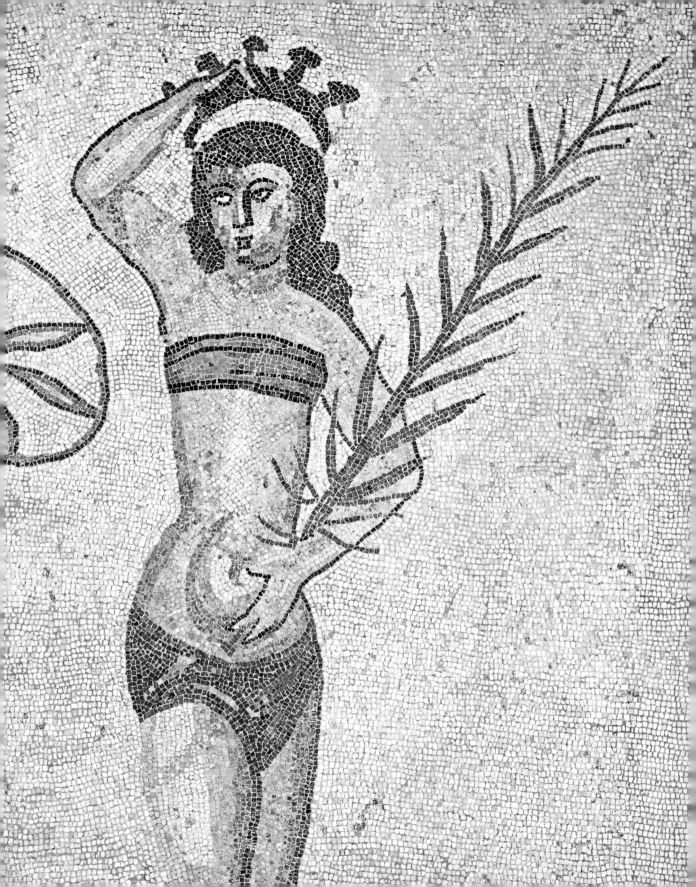

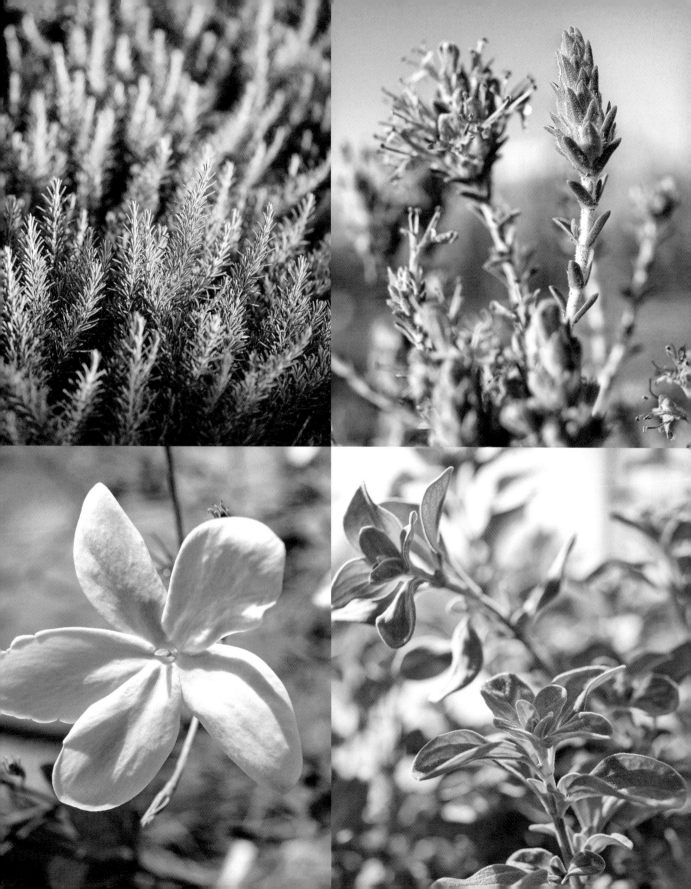

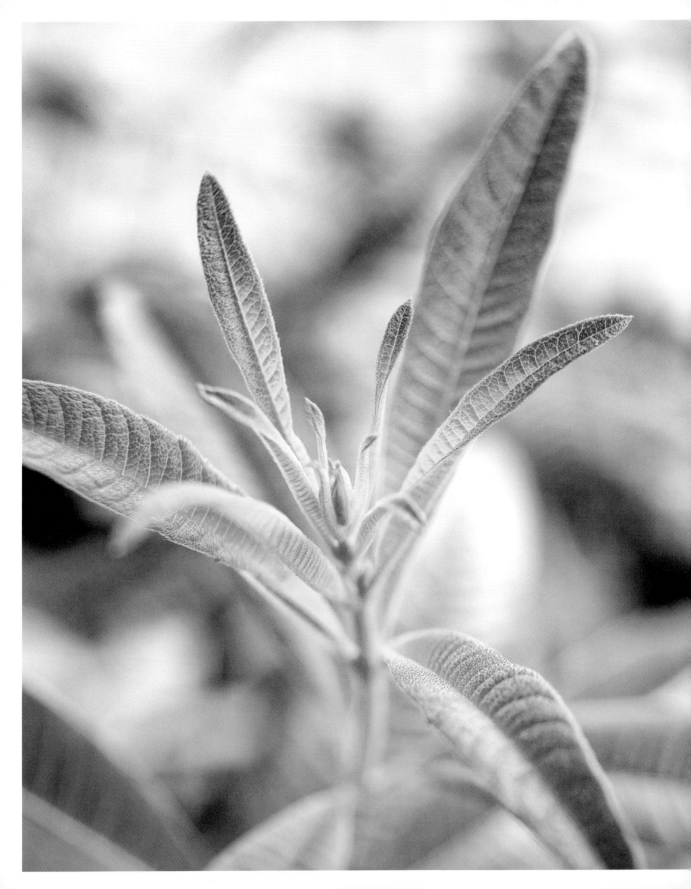

particolarmente a condire pietanze di carne e pesce. Nel Ragusano è utilizzata nell'impasto della ricotta per i ravioli.

Menta (*Menta spicata*)
Simbolo di virtù per la sua capacità di risorgere anche se "perseguitata", si propaga facilmente fino a diventare infestante. Non tollera il pieno sole. Utilizzata come erbetta fresca nelle bevande, è usata anche come condimento di carni, melanzane e olive.

Nepetella o mentuccia
(*Calamintha nepeta*)
Resiste bene alle alte temperature e non necessita di frequenti irrigazioni. È utilizzata per aromatizzare carni, pesci e funghi. Nel Siracusano le foglie sono amalgamate ai condimenti per focacce, nel Ragusano, invece, sono utilizzate nell'acqua per sbollentare i fichi secchi.

Origano (*Origanum heracleoticum*)
Immancabile nei piatti di cucina siciliana, è una pianta nervosa e resistente che cresce e ben si adatta alle escursioni termiche. Quella a fiore bianco è la più profumata, tipica degli Iblei. Fiorisce in giugno con spighe generose e profumatissime. Raccolte, si fanno essiccare al buio, per poi

Marjoram (*Origanum majorana*)
The same genus as oregano but with a more delicate aroma, marjoram is highly resistant to harsh climates and flowers throughout spring and summer. It's ideal for seasoning meat and fish dishes. In Ragusa it's used with ricotta as a ravioli filling.

Oregano (*Origanum heracleoticum*)
A cornerstone of Sicilian cuisine, the plant is hardy and adapts well to temperature changes. The variety with the white flower is the most fragrant and typical of the Hyblaean Mountains. It flowers in June, producing spikes of colourful fragrant blooms. After harvesting, oregano is dried in the dark, then crumbled into an airtight jar.

Peppermint (*Mentha spicata*)
The peppermint is a symbol of virtue for its ability to grow back even if 'mistreated'. It quickly propagates and can easily become invasive. It does not tolerate full sun. Excellent as a fresh herb in drinks, it's also used to flavour meat, aubergines and olives.

Rock samphire (*Crithmum maritimum*)
This plant has succulent leaves and flowers from June to September.

sbriciolarle racchiudendo il tutto
in un vasetto a chiusura ermetica.

Rosmarino (*Rosmarinus officinalis*)
Pianta rustica e forte dalla fragranza
pungente e penetrante, ben resiste alle
alte temperature grazie alle sue foglie
piccole e strette che ne limitano
la traspirazione. È ampiamente utilizzata
nei piatti di carne e di pesce.

Salvia (*Salvia officinalis*)
Conosciuta fin dall'antico Egitto,
si adatta bene a un clima mite. Grazie
al suo profumo molto intenso ha il
potere di annullare il sapore degli altri
aromi. È un condimento indispensabile
per carne e pesce.

Timo selvatico (*Thymus capitatus*)
Pianta rustica e resistente sia a basse sia
ad alte quote, dal profumo inebriante
che si sprigiona durante le passeggiate
lungo le coste ragusane, fiorisce in
giugno-luglio. Ottima per condire carni
in genere e adatta alla produzione di un
miele nobile e raro ("miele di satra").

Tolerant of harsh climates, it grows
year-round near the sea. The leaves
can be used fresh in salads or preserved
in vinegar or oil. It complements fish.

Rosemary (*Rosmarinus officinalis*)
This hardy plant with a pungent,
penetrating fragrance is very resistant
to high temperatures because of its
small, narrow leaves that limit water
loss. It's widely used in meat and fish
dishes.

Wild thyme (*Thymus capitatus*)
This hardy plant grows at both low
and high altitudes. Its inebriating
fragrance fills the air all along the
coast of Ragusa, where it flowers
in June and July. It's excellent for
seasoning meats in general and is used
for producing the rare 'Satra' honey.

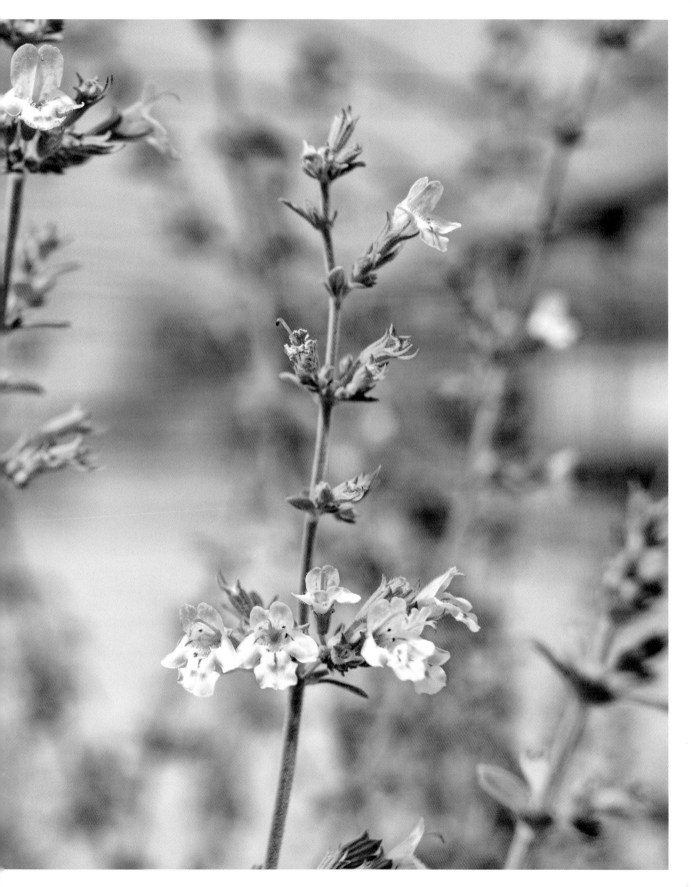

Marsala, Malvasia,
Zibibbo… ma anche Nero
d'Avola, Catarratto
e Frappato: tutti i mille
sapori dell'isola racchiusi
in un bicchiere…

Marsala, Malvasia,
Zibibbo, Nero d'Avola,
Catarratto and Frappato –
the myriad flavours of Sicily
captured in a glass.

Vino
Wines

DOC Denominazione di Origine Controllata Registered designation of
origin (equivalent of the French *appellation d'origine contrôlée*)
IGT Indicazione Geografica Tipica Typical geographical indication
(equivalent of the French *vin de pays*)

I nettari degli dei
Nectar of the gods

Dopo il Veneto e la Puglia, è la Sicilia il maggior produttore nazionale di vino. Oltre la metà della produzione DOC riguarda il **Marsala**. D'altronde, i passiti, i moscati e la malvasia sono da secoli uno dei vanti della regione. A lanciare il Marsala a livello internazionale ci pensarono gli inglesi, alla fine del Settecento, e da allora il suo successo non si è mai arrestato. Tra gli altri celebri passiti isolani, spiccano la **Malvasia delle Lipari** e lo **Zibibbo di Pantelleria**. Tra i vitigni autoctoni, il "protagonista" è senza dubbio il **Nero d'Avola** tra i rossi, in purezza o incrociato con altre uve, ma danno ottimi rossi anche il **Nerello Mascalese** e il **Frappato di Vittoria**. Tra i bianchi spiccano il **Grecanico**, il **Grillo**, il **Perricone**, il **Catarratto Bianco** e l'**Inzolia**. Cresce la sperimentazione sui vitigni alloctoni (Chardonnay, Syrah, Merlot, Cabernet Sauvignon), con esiti di grande originalità. L'eccezionale ricchezza isolana è testimoniata dall'alto numero di certificazioni ottenute nel corso degli anni: ben 22 le DOC – la maggior parte della produzione si divide tra Alcamo, Etna e Moscato di Pantelleria – e 7 le IGT, più una

Sicily is the third largest wine producing region of Italy after Veneto and Puglia. More than half its wines with DOC (registered designation of origin) classification are **Marsalas**. But its raisin wines, Muscats and Malvasias have also been the pride of the region for centuries. The British were behind the introduction of Marsala to international wine drinkers, and since then this wine has gone from one success to another. Among Sicily's other famous raisin wines are **Malvasia delle Lipari** and **Zibibbo di Pantelleria.** Of the native red varieties, the most important is undoubtedly **Nero d'Avola**, either pure or blended, but other excellent reds include **Nerello Mascalese** and **Frappato di Vittoria**. Among the whites, **Grecanico**, **Grillo**, **Perricone**, **Catarratto Bianco** and **Inzolia** are all outstanding. Growing numbers of Sicilian winemakers are also experimenting with non-native varieties, such as Chardonnay, Syrah, Merlot and Cabernet Sauvignon, and producing very distinctive results. Sicily's richness as a wine producer has been confirmed over the years by the many certifications its wines have achieved, with no fewer than 22 DOC

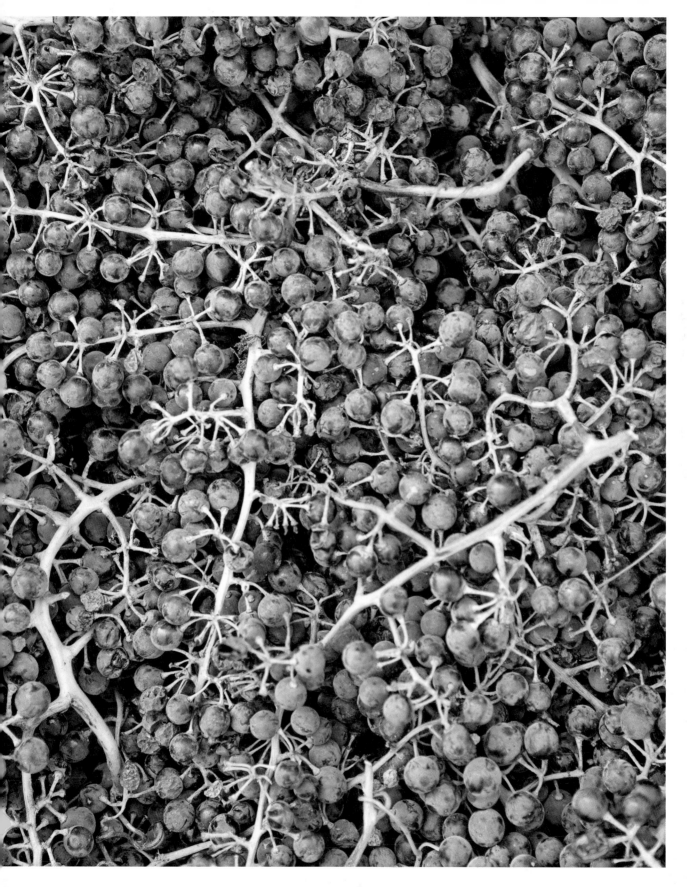

DOCG (Denominazione di Origine Controllata e Garantita), il rosso Cerasuolo di Vittoria.
Donnafugata, Florio, Duca di Salaparuta: nomi che da soli evocano le eccellenze del vino siciliano.
Ma negli ultimi tempi, decine di piccoli produttori hanno scelto la strada della valorizzazione di questo immenso bagaglio che, grazie alla fertilità delle terre (in discreta parte influenzata dalla natura vulcanica del suolo) e alle favorevoli condizioni atmosferiche regalano alcuni tra i più straordinari vini italiani.

(registered designation of origin) wines and seven IGT (typical geographical indication) wines.
The region also makes one red wine with the demanding DOCG (registered and guaranteed designation of origin) certification: Cerasuolo di Vittoria. Well-established wineries like Donnafugata, Florio and Duca di Salaparuta have become synonymous with the excellence of Sicilian wine. But recently, dozens of smaller producers have joined their ranks, taking advantage of the fertility of the Sicilian soil (partly because of its volcanic nature) and its excellent climate to produce some of the country's most extraordinary wines.

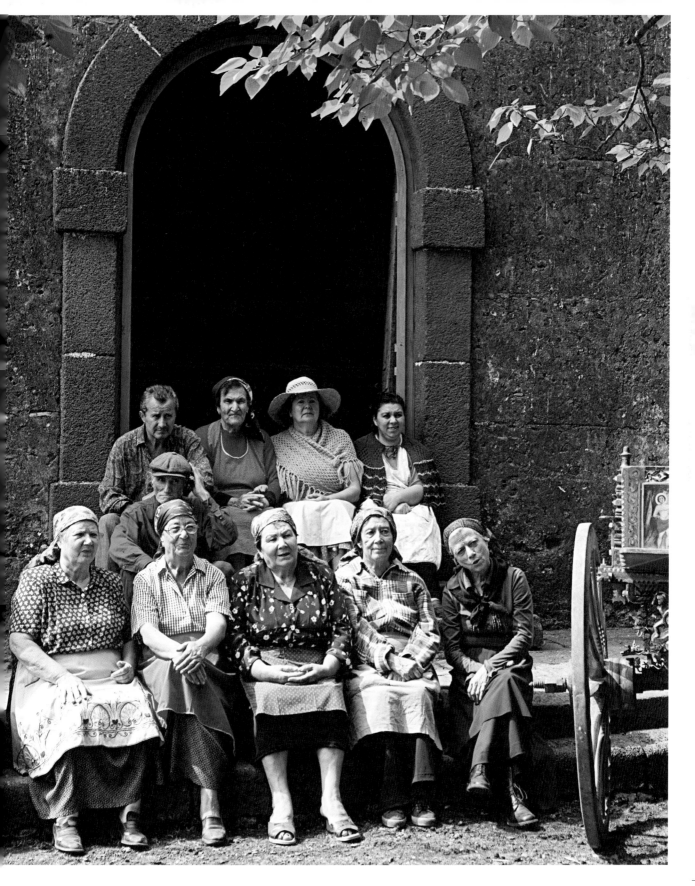

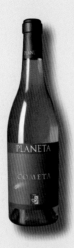

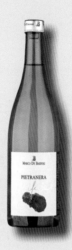

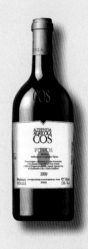

Cometa

Uve Grape variety: Fiano
Classificazione Zone: Sicilia IGT
Cantina Winery:
Planeta, Menfi (Agrigento)

Di colore giallo paglierino intenso
con riflessi verdi e dagli aromi intensi
di frutta e di macchia mediterranea,
è un bianco 100% Fiano.
È adatto ad accompagnare piatti
di pesce crudo o cotto e carni
bianche. Servire a 14-16 °C.

Made of pure Fiano, this is an
intensely straw yellow wine with
tinges of green and strong aromas
of fruit and Mediterranean
scrubland. It accompanies raw
or cooked fish and white meats.
Serve at 14–16°C.

Pietra Nera

Uve Grape variety: Zibibbo
Classificazione Zone: Sicilia IGT
Cantina Winery: Marco De Bartoli,
Marsala (Trapani)

Bianco secco e aromatico prodotto
a Pantelleria. Ideale come aperitivo,
si abbina a zuppe di pesce, couscous,
pesci in umido e crudi, con piatti
piccanti e crostacei e con formaggi
morbidi.

A dry and aromatic white produced
in Pantelleria. It's ideal as an aperitif
or served with fish soup, couscous,
stewed and raw fish, spicy dishes,
seafood and soft cheeses.

Pithos

Uve Grape variety: Grecanico
Classificazione Zone: Sicilia IGT
Cantina Winery: Cos, Vittoria
(Ragusa)

Fermentato in anfore di terracotta
e affinato per 10 mesi, è un bianco
dal profumo fruttato (pesca gialla,
albicocca, frutta secca) e dal
sapore morbido e sapido. Si abbina
amabilmente a piatti a base di pesce.

Fermented in terracotta and aged
for 10 months, this white wine has a
fruity bouquet (peach, apricot, dried
fruit) and a soft yet tangy palate.
It pairs nicely with fish dishes.

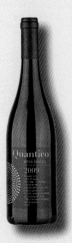

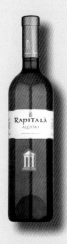

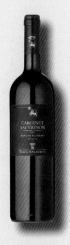

Quantico

Uve Grape variety: Carricante, Catarratto, Grillo
Classificazione Zone: Etna DOC
Cantina Winery: Giuliemi, Linguaglossa (Catania)

Un bianco prodotto alle pendici del vulcano da un'azienda giovanissima. Di colore tenue giallo sulfureo, ha fragranze di agrumi canditi, pera bianca, miele e margherita. Servire a 8-10 °C.

This white wine is produced on the slopes of Etna by a very new winery. It has a pale sulphur yellow colour with an aroma of candied citrus fruit, white pear, honey and daisies. Serve at 8–10°C.

Rapitalà Alcamo

Uve Grape variety: Catarratto
Classificazione Zone: Alcamo DOC
Cantina Winery: Tenuta Rapitalà, Camporeale (Palermo)

Vino fresco dal colore giallo paglierino tenue, profumo fruttato. Ideale con antipasti, carni bianche, piatti di pesce e crostacei. Servire fresco.

A fresh-tasting wine with a gentle straw yellow colour and a fruity aroma, it's ideal with antipastos, white meat, fish and shellfish. Serve chilled.

Cabernet Sauvignon

Uve Grape variety: Cabernet Sauvignon
Classificazione Zone: Sicilia IGT
Cantina Winery: Tasca d'Almerita, Sclafani Bagni (Palermo)

Il primo Cabernet Sauvignon in purezza della regione, proveniente dalla tenuta Regaleali. Di color rosso rubino intenso, ha aromi intensi di frutti di bosco e sentori di spezie, pepe nero, tabacco, cannella, vaniglia. Il gusto è ricco ed elegante.

With its grapes grown in the Regaleali estate, this is the first pure Cabernet Sauvignon produced in the region. The result is an intensely ruby red wine with a strong aroma of berries and overtones of spices, black pepper, tobacco, cinnamon and vanilla. The palate is rich and elegant.

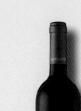
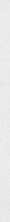
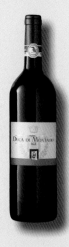

Don Antonio

Uve Grape variety: Nero d'Avola
Classificazione Zone: Sicilia IGT
Cantina Winery: Morgante,
Grotte (Agrigento)

100% Nero d'Avola dal colore rosso
rubino intenso, dal variegato spettro
di sentori che spaziano tra il fruttato
maturo di ciliegia, la rosa, le spezie,
la liquirizia e il cacao. Si abbina
con arrosti di carni rosse o brasati
di selvaggina e formaggi stagionati.
Servire a 18-20 °C.

Pure Nero d'Avola with an intense
ruby red colour, its aromas range
from ripe cherry through to rose,
spices, liquorice and cocoa.
It goes well with roasted or braised
meats, game and ripe cheeses.
Serve at 18–20°C.

Duca Enrico

Uve Grape variety: Nero d'Avola,
Pignatello, Nerello Mascalese
Classificazione Zone: Sicilia IGT
Cantina Winery:
Duca di Salaparuta, Casteldaccia
(Palermo)

Nero d'Avola 100% di colore rosso
rubino vivace tendente al granato,
ha profumo intenso, complesso,
fruttato e sapore asciutto e pieno.
Ideale come accompagnamento
per carni alla griglia, arrosti,
selvaggina e formaggi.
Servire a 16-18 °C.

Pure Nero d'Avola with a bright
ruby red colour tending to garnet,
this wine has an intense, complex
and fruit-driven aroma paired with a
dry, rounded flavour. Ideally served
with grilled meats, roasts, game and
cheeses. Serve at 16–18°C.

Duca di Montalbo

Uve Grape variety: Nero d'Avola,
Nero Cappuccio, Inzolia Rossa
Classificazione Zone: Sicilia IGT
Cantina Winery: Milazzo,
Campobello di Licata (Agrigento)

Di color porpora scuro con riflessi
violacei, ha un odore gradevole
e intenso con note di frutti di bosco,
sentori di menta e liquirizia e aromi
speziati. Abbinare a carni alla
griglia, arrosti, selvaggina e formaggi
piccanti. Servire a 18 °C.

Deep purple with violet tinges,
this wine has a pleasantly intense
aroma with notes of wild berries,
overtones of mint and liquorice,
and a spicy nose. Well suited to
grilled and roast meats, game and
sharp cheeses. Serve at 18°C.

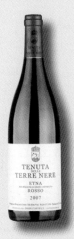

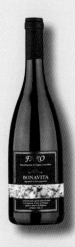

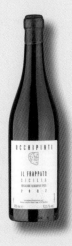

Etna Rosso

Uve Grape variety: Nerello
Mascalese, Nerello Cappuccio
Classificazione Zone: Etna DOC
Cantina Winery: Tenuta delle Terre
Nere, Randazzo (Catania)

Da vecchissimi vigneti di Nerello
Mascalese e Nerello Mantellato
che crescono alle pendici del
vulcano, un rosso di color rubino,
al profumo di frutti rossi.
Si abbina a carni bianche e rosse
e a formaggi di media stagionatura.
Servire a 18-20 °C.

Made form very old Nerello
Mascalese and Nerello Mantellato
vines that grow on the slopes
of the volcano, this wine is ruby red
with an aroma of berry fruit.
It complements white and red meats,
and moderately ripe cheeses.
Serve at 18–20°C.

Faro

Uve Grape variety: Nerello
Mascalese, Nerello Cappuccio,
Nocera
Classificazione Zone: Faro DOC
Cantina Winery: Bonavita, Faro
Superiore (Messina)

Vino dal colore rosso rubino carico,
dai decisi aromi di frutta rossa
matura, note speziate (pepe, chiodi
di garofano) e leggeri sentori di
sottobosco e liquirizia.
Al palato risulta corposo e ampio.
Da abbinare a arrosti con sughi
saporiti e formaggi stagionati.

A deep ruby red wine with decisive
aromas of ripe berries, spicy notes
(pepper and cloves) and subtle
hints of forest floor and liquorice.
The palate is full bodied and
spacious. Complements roasts with
flavoursome sauces and ripe cheeses.

Il Frappato

Uve Grape variety: Frappato di
Vittoria, Nero d'Avola
Classificazione Zone: Sicilia IGT
Cantina Winery: Arianna
Occhipinti, Vittoria (Ragusa)

Vino rosso rubino delicato, dal
vivace sapore fruttato. I profumi
spaziano dalla frutta rossa alle spezie
e alla liquirizia. Si abbina a formaggi
stagionati (come il caciocavallo
ragusano) e carni rosse alla brace.
Servire a 17-19 °C.

An elegant ruby red wine with a
lively, fruit-driven palate.
Its aromas range from berries to spice
to liquorice. It goes well with ripe
cheeses (such as the caciocavallo
from Ragusa) and grilled red meat.
Serve at 17–19°C.

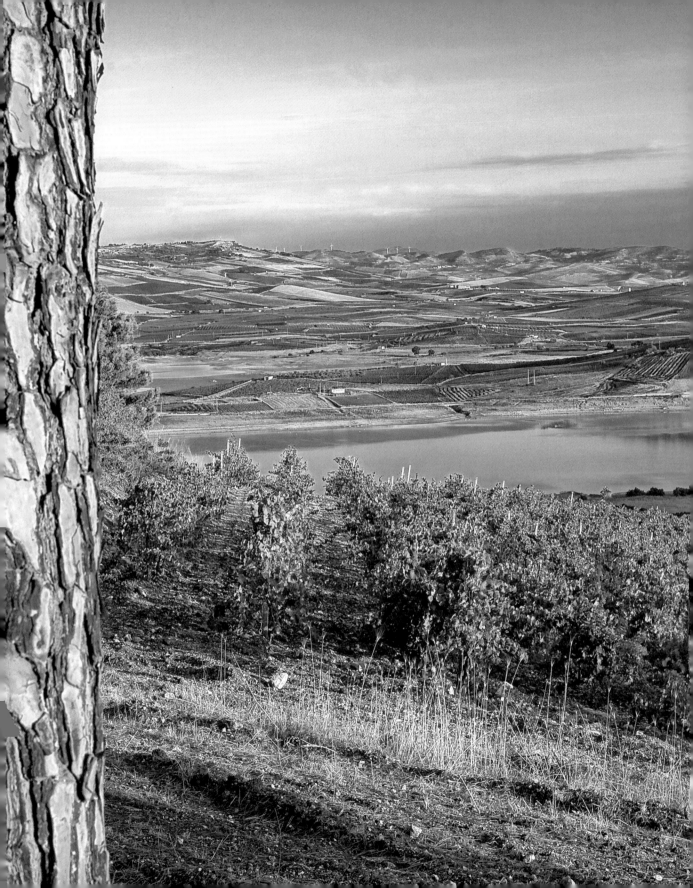

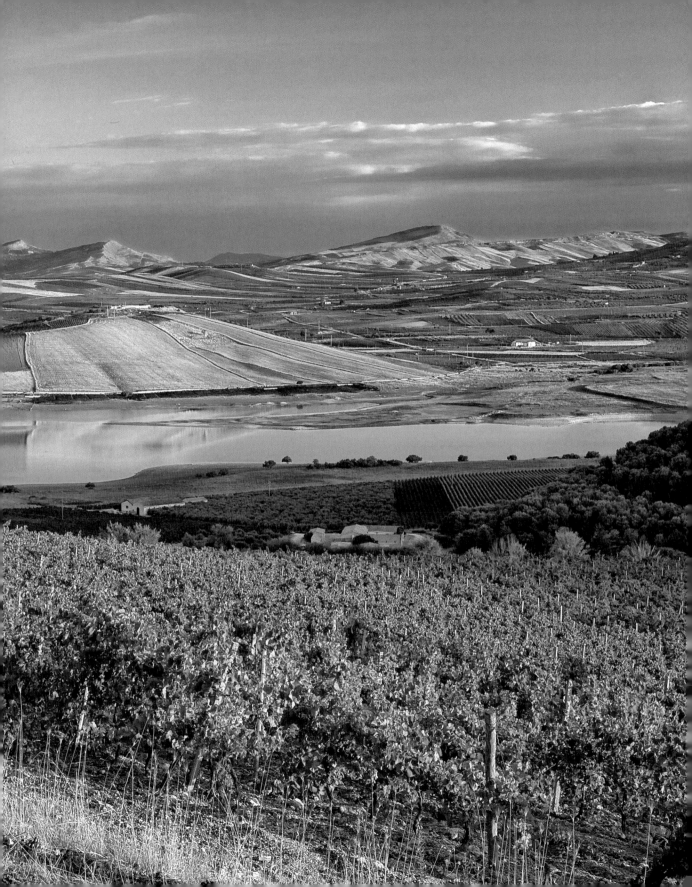

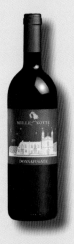

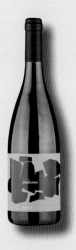

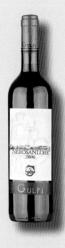

Mille e una notte

Uve Grape variety: Nero d'Avola
Classificazione Zone:
Contessa Entellina DOC
Cantina Winery: Donnafugata,
Marsala (Trapani)

Nero d'Avola di personalità dal color
rosso rubino, dai sentori fruttati,
dolci e maturi, note balsamiche
e floreali di violetta e lieve accento
di tabacco. Da abbinare a piatti
elaborati: sughi speziati, carni rosse,
nonché vitello, agnello e formaggi.
Servire a 16-18 °C.

This distinctive Nero d'Avola is ruby
red in colour with fruity, sweet and
ripe overtones, and balsamic and
floral notes of violet with a slight
hint of tobacco. It' is best enjoyed
with spicy sauces, red meats and veal,
lamb and cheese. Serve at 16–18°C.

Nero Ossidiana

Uve Grape variety: Corinto, Nero
d'Avola, altri
Classificazione Zone: Sicilia IGT
Cantina Winery: Tenuta di
Castellaro, Lipari (Messina)

Tipico rosso isolano dal color rubino
carico e dalle tipiche sfumature
olfattive di frutta. Il Corinto è un
antico vitigno autoctono che alligna
nei terreni vulcanici delle Eolie.
Servire a 16 °C.

A typically Sicilian red with a deep
ruby red colour and fruity overtones.
Corinto is an ancient indigenous
grape variety that thrives in the
volcanic soils of the Aeolian Islands.
Serve at 16°C.

Nerosanlorè

Uve Grape variety: Nero d'Avola
Classificazione Zone: Sicilia IGT
Cantina Winery: Gulfi,
Chiaramonte Gulfi (Ragusa)

Da vecchie viti che crescono in
prossimità della costa, un rosso di
color porpora intenso, con sfumature
tendenti al blu, dall'inconfondibile
timbro iodato. Adatto ad
accompagnare primi di sapore
mediterraneo, pesci con salsa e zuppe
di mare e carni tenere come agnello
e capretto. Servire a 18 °C.

Made from old vines growing near
the coast, this wine has a deep
purple-red colour with bluish tones
and the unmistakable taste of iodine.
Well suited to first courses with
Mediterranean flavours, fish with
sauces, seafood soups, and meats like
lamb and kid. Serve at 18°C.

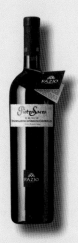

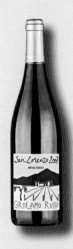

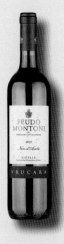

Pietra Sacra

Uve Grape variety: Nero d'Avola
Classificazione Zone: Erice DOC
Cantina Winery: Fazio, Erice
(Trapani)

Rosso rubino intenso dalle sfumature aranciate, sentori di frutti rossi con note di tabacco, liquirizia, cacao e pepe nero e gusto avvolgente. Si abbina a piatti strutturati di carni rosse e selvaggina, ma anche ad agnello. Servire a 16 °C.

A deep ruby red with orange tinges. There are overtones of berry fruit with notes of tobacco, liquorice, cocoa and black pepper, and a caressing palate. It goes well with red meat dishes and game, but also with lamb. Serve at 16°C.

San Lorenzo

Uve Grape variety: Nerello Mascalese, Nerello Cappuccio
Classificazione Zone: Etna DOC
Cantina Winery: Girolamo Russo, Randazzo (Catania)

Da vecchie viti abbarbicate alle pendici del vulcano, un rosso dal colore rubino, ai sentori di frutti rossi e spezie e dal gusto pieno e avvolgente. Si abbina con le carni brasate. Servire a 18 °C.

Made from old vines planted on the slopes of the volcano, this ruby red wine has hints of berry fruit and spices with a full, caressing palate. It goes well with braised meats. Serve at 18°C.

Selezione Vrucara

Uve Grape variety: Nero d'Avola
Classificazione Zone: Sicilia IGT
Cantina Winery: Feudo Montoni, Cammarata (Agrigento)

Nero d'Avola di color rosso rubino intenso, profumo persistente con sentori di sottobosco, ciliegia sotto spirito, petali di rosa e note di vaniglia, dal sapore morbido e vellutato. Si abbina a carni rosse, arrosti, salumi e formaggi stagionati. Servire a 18-20 °C.

A Nero d'Avola with an intense red ruby colour, a persistent aroma with hints of forest floor, liqueur cherries and rose petals, and notes of vanilla. The palate is soft and velvety. It complements red meats, roasts, small goods and mature cheeses. Serve at 18–20°C.

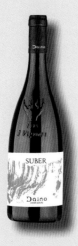

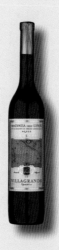

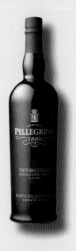

Suber

Uve Grape variety: Nero d'Avola, Alicante, Nero Capitano (Frappato)
Classificazione Zone: Sicilia IGT
Cantina Winery: Azienda agricola Daino, Caltagirone (Catania)

Rosso di colore rubino con riflessi violacei, dagli intensi odori di frutta rossa appassita e dal sapore pieno e fruttato. Si abbina ottimamente con le carni rosse e i formaggi. Servire a 18-20 °C.

Ruby red with purple tinges, this wine has intense aromas of dried berries and a full, fruit-driven flavour. It combines well with red meats and cheeses. Serve at 18–20°C.

Malvasia delle Lipari

Uve Grape variety: Malvasia delle Lipari, Corinto Nero
Classificazione Zone: Malvasia delle Lipari DOC
Cantina Winery: Barone di Villagrande, Milo (Catania)

Passito dal colore giallo dorato, odore di ginestra ed erbe aromatiche, sapore pieno di miele. Si sposa al meglio con formaggi erborinati e dolci. Servire a 16-18 °C.

A raisin wine with a golden yellow colour, aromas of broom flowers and aromatic herbs, and a flavour full of honey. Best served with blue cheeses and desserts. Serve at 16–18°C.

Marsala Vergine Riserva

Uve Grape variety: Grillo, Catarratto
Classificazione Zone: Marsala DOC
Cantina Winery: Carlo Pellegrino & C., Marsala (Trapani)

Vino liquoroso invecchiato oltre 18 anni in botti di rovere. Di colore ambrato e dal profumo secco, intenso e persistente con note di fichi secchi e ciliegie sotto spirito, dal gusto secco e asciutto. Ideale con formaggi erborinati e frutta secca. Servire a 10-12 °C.

This fortified wine is aged for a minimum of 18 years in oak barrels. It is amber in colour with a dry, intense and persistent aroma, and notes of dried figs and liqueur cherries. The palate is lean and dry. Ideal with blue cheeses and dried fruits. Serve at 10–12°C.

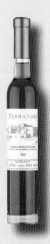

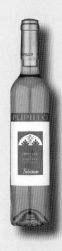

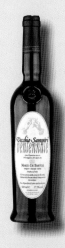

Passito di Pantelleria

Uve Grape variety: Zibibbo
Classificazione Zone:
Passito di Pantelleria DOC
Cantina Winery: Ferrandes,
Pantelleria (Trapani)

Vino da dolce giallo dorato intenso
dalle sfumature ambrate, dal sapore
aromatico e dai sentori di uva passa,
frutta secca e candita.
Si sposa con pasticceria secca
e formaggi stagionati.
Da servire a 14-16 °C.

A wine with a gentle golden yellow
hue with amber overtones,
an aromatic flavour and hints of
raisins, and dried and candied fruit.
Best enjoyed with sweet biscuits and
ripe cheese. Serve at 14–16°C.

Solacium

Uve Grape variety: Moscato bianco
Classificazione Zone:
Moscato di Siracusa DOC
Cantina Winery: Pupillo, Siracusa

Vino dolce di colore giallo ambrato
chiaro e cristallino, dall'aroma
intenso e speziato, con sentori
di confettura di albicocche, miele,
arancia candita e fiori bianchi
appassiti. Ideale per accompagnare
dolci tipici siciliani e formaggi
erborinati. Servire a 10-12 °C.

A sweet wine with a crystalline
amber yellow colour and an intense,
spicy aroma with overtones
of apricot jam, honey, candied orange
and wilted spring flowers.
Ideal with traditional Sicilian
desserts and blue cheeses.
Serve at 10–12°C.

Vecchio Samperi Ventennale

Uve Grape variety: Grillo
Cantina Winery: Marco De Bartoli,
Marsala (Trapani)

Vino liquoroso secco, ambrato,
dal profumo deciso, con sentori di
miele di castagno, noce, vaniglia,
carruba e spezie. Accompagna
formaggi stagionati, erborinati
e dolci secchi.

A dry, amber-coloured fortified wine
with a decisive aroma and overtones
of chestnut honey, walnut, vanilla,
carob and spices. It complements
ripe cheeses, blue cheeses and sweet
biscuits.

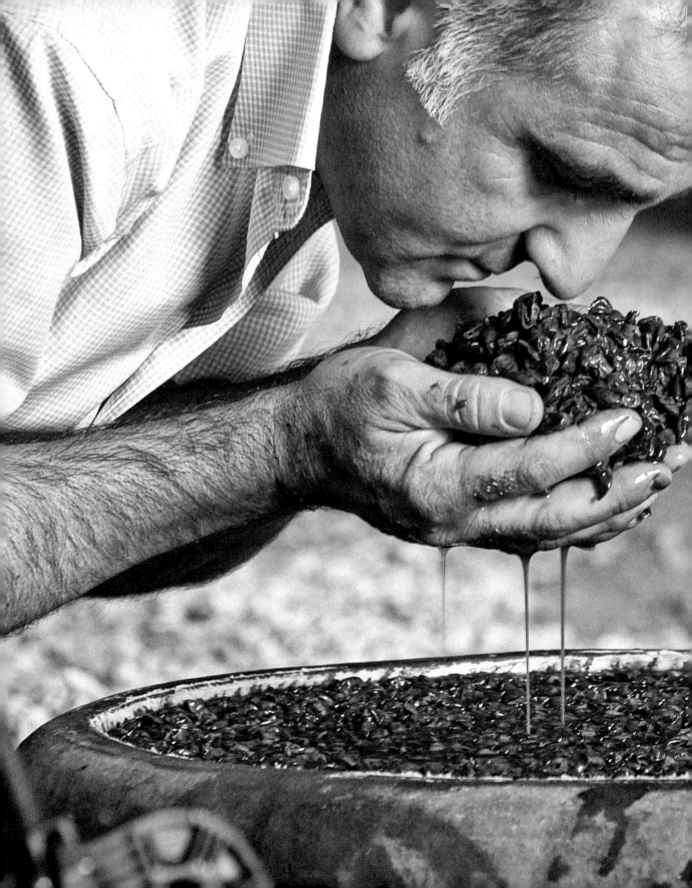

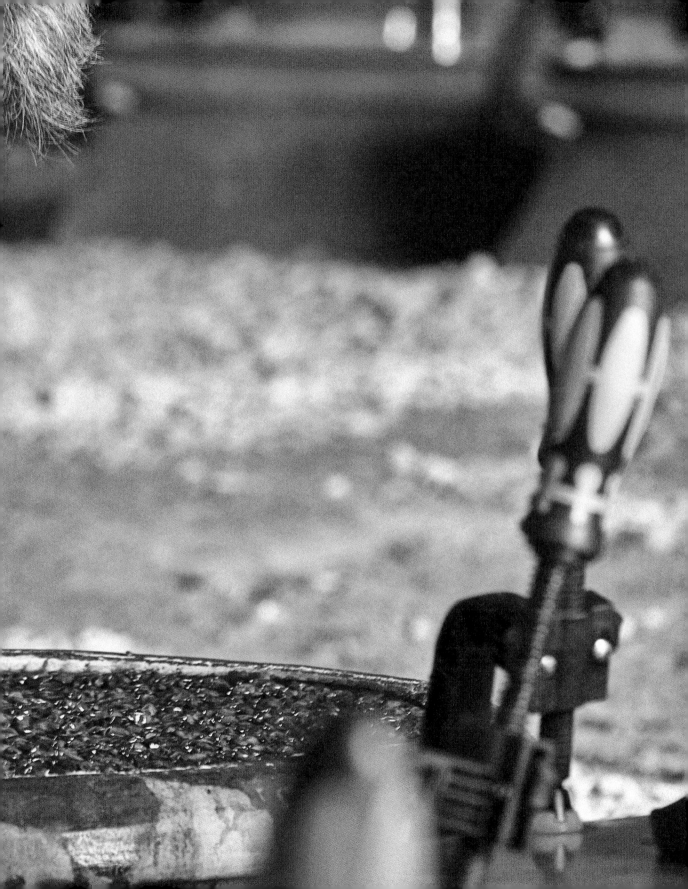

Guide assai competenti
di questo viaggio culinario,
Rita Russotto e Carlo
Maria Sichel, hanno svelato
ben più di un segreto della
loro terra…

Rita Russotto and Carlo
Maria Sichel, expert guides
on this culinary journey,
have revealed more than
just a few of the secrets
of their land…

Mangiare e bere in Sicilia

Food and wine in Sicily

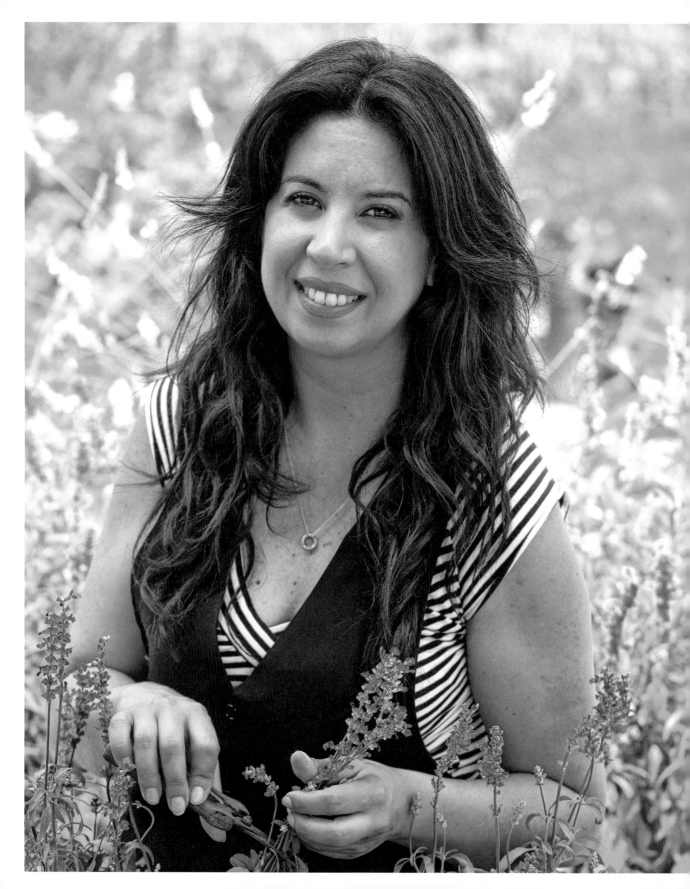

I sapori dell'isola

The flavours of the island

Rita Russotto

*Scicli (Ragusa), via Duca degli Abruzzi,
tel. +39 0932842148,
www.ristorantesatra.it*
Nata a New York, trasferitasi in Sicilia
a 7 anni, Rita si innamora dei dolci sin
da piccola, maturando presto una
passione per la cucina siciliana ed etnica.
Tra il 2000 e il 2005 gestisce il ristorante
Duomo a Ragusa, dove mette in pratica
la sua filosofia gastronomica, basata sulla
ricerca di antiche ricette siciliane. Oggi
gestisce il ristorante *Satra*, nel cuore di
Scicli.

Gli Aromi

*Scicli (Ragusa), Contrada Santa Rosalia,
tel. +39 3420616781, www.gliaromi.it*
Leader in Sicilia nella produzione
di piante aromatiche e officinali,
l'azienda punta da oltre 15 anni sulla
crescita delle specie endemiche della
costa, in particolare della fascia iblea.
A conduzione familiare, produce più
di 150 diverse varietà. La lavorazione
avviene ancora manualmente, a vantaggio
della qualità, il tutto in un contesto fatto
di profumi inebrianti e superbi panorami.
Gli Aromi si propone come meta
di viaggio per curiosi e appassionati,
aprendo le porte del giardino-azienda
e offrendo percorsi olfattivi attraverso
i profumi delle essenze, le loro peculiarità
e i possibili utilizzi, cooking classes
e giornate a tema.

Rita Russotto

*Scicli (Ragusa), via Duca degli Abruzzi,
tel. +39 0932842148,
www.ristorantesatra.it*
Although born in New York, Rita has
lived in Sicily since she was seven.
She fell in love with desserts as a child,
soon developing a passion for Sicilian and
ethnic cuisine. Between 2000 and 2005,
she ran the *Duomo* restaurant in Ragusa,
where she put in practice a culinary
philosophy based on her research into
antique Sicilian recipes. She now runs
Satra, a restaurant in the heart of Scicli.

Gli Aromi

*Scicli (Ragusa), Contrada Santa Rosalia,
tel. +39 3420616781, www.gliaromi.it*
Sicily's leading producer of aromatic
and medicinal plants, *Gli Aromi* has been
cultivating varieties endemic to Sicily's
coast and, in particular, the Hyblaean
Mountains for over 15 years. This family
business grows over 150 different species
using traditional methods. All processing
is still done manually to ensure the
highest quality. And it all takes place
against a backdrop of superb views and
delightful perfumes, offering sensorial
journeys that explore the fragrance of
essences, their characteristics and possible
uses. Also available, cookery classes and
themed days

Carlo Maria Sichel
Il Carato, Catania, via Marchese di
Casalotto 103, tel. +39 330292404
Una passione sfrenata per la cucina
ha condotto un giovane Carlo Sichel
in giro per mezzo mondo a imparare
il mestiere, che ha praticato per
15 anni in un ristorante tutto suo,
poi per le cucine d'Italia e del mondo
e oggi nuovamente per conto suo nel
ristorante *Il Carato*.
Da Catania alla Polonia, a Bogotá,
alla Toscana e nuovamente a Catania,
passando per collaborazioni e docenze
per l'Università di Catania e Slow Food,
fino ad approdare alla Scuola di Cucina
Congusto nella sede di Catania. La sua
idea di cibo è essenziale e caratterizzata
da una tecnica al completo servizio
della qualità della materia prima.

Carlo Maria Sichel
Il Carato, Catania, via Marchese di
Casalotto 103, tel. +39 330292404
An overwhelming passion for cooking
led the young Carlo Sichel halfway
around the world to learn his art. He's
now been chef in his own restaurant
for 15 years and, nowadays, can also be
found in the kitchens of other Italian and
international restaurants and now back in
his own restaurant, *Il Carato*.
His work with the University of Catania
and Slow Food has seen him travel from
Catania to Poland, Colombia, Tuscany
and back to Catania, where he teaches
at the Scuola di Cucina Congusto.
His food philosophy is quite simple:
technique should always be at the service
of the quality of raw ingredients.

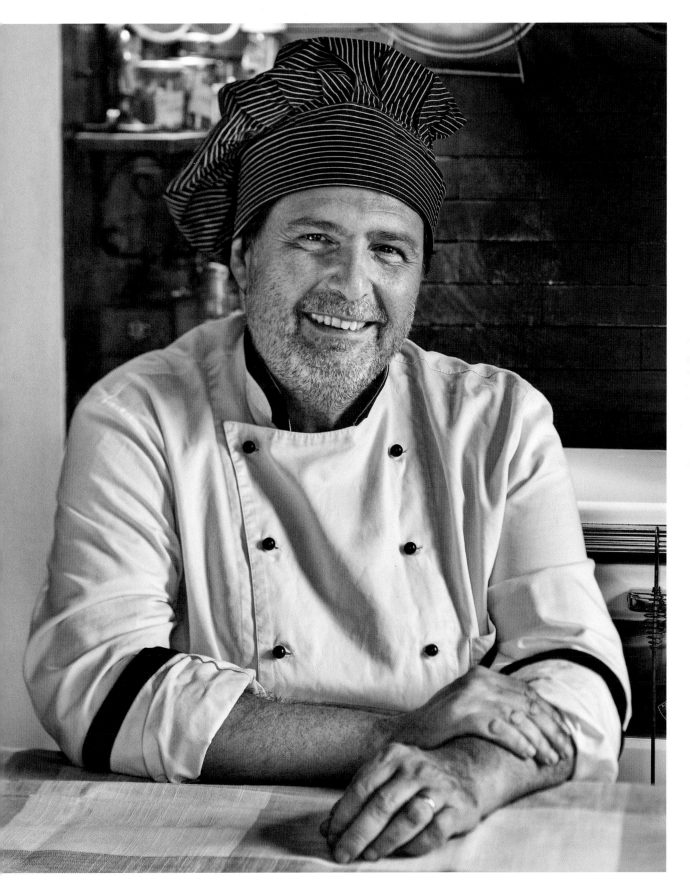

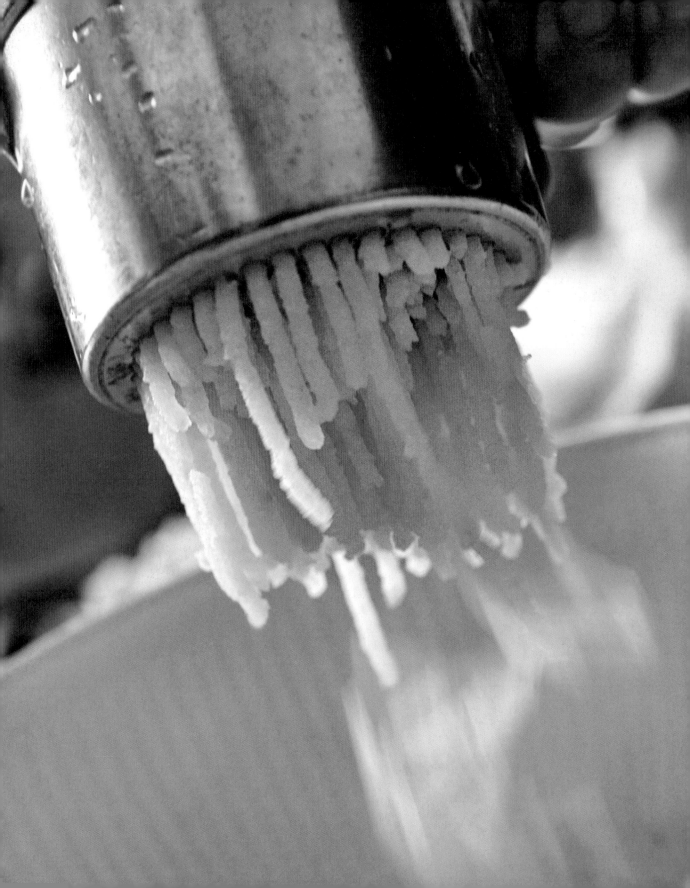

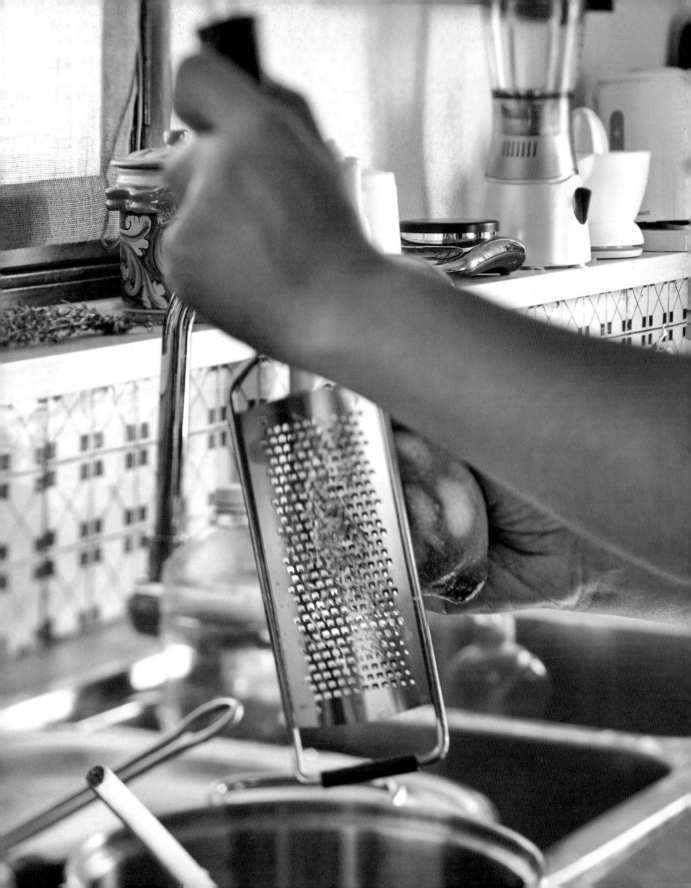

Glossario
Glossary

Arancino (arancina)
Sfera di riso farcita con ragù e piselli e successivamente fritta. Può avere forma tondeggiante o conica. In alcune parti dell'isola è in uso il nome di "arancina".
A fried rice ball stuffed with meat sauce and peas. It can also be flat and round or conical. In some parts of Sicily, they are called *arancina*.

Arriminare
Mescolare velocemente in padella: es. pasta cchi vruoccoli (broccoli) arriminati.
To stir quickly in a pan.

Beccafico
Uccello della famiglia dei Silvidi, particolarmente ghiotto di fichi. La preparazione delle sarde a beccafico coglie l'analogia tra l'uccello sazio e le sarde ripiene.
A bird of the Sylvidae family that's particularly fond of figs. The stuffed sardine dish 'Sarde a beccafico' takes its name from the way the greedy bird stuffs itself with the fruit.

Biancomangiare (Blancmange)
Dolce semisolido al cucchiaio a base di latte.
A semi-solid milk-based dessert.

Caciocavallo
Formaggio semiduro a pasta filata prodotto esclusivamente con latte di vacca. Il caciocavallo ragusano DOP ha forma di parallelepipedo.
A semi-hard stretched-curd cheese made exclusively from cow's milk. The DOP (protected designation of origin) caciocavallo made in Ragusa is box shaped.

Caponata
Misto di ortaggi fritti, prevalentemente melanzane, con sugo di pomodoro, cipolla, sedano, capperi e olive, condito in agrodolce. Viene servita come antipasto o contorno. Numerose le varianti, a seconda degli ingredienti utilizzati.
A mixture of fried vegetables, mainly aubergines, with a sweet-and-sour sauce of tomatoes, onion, celery, capers and olives. It's served as an antipasto or side dish. There are numerous variations with different ingredients.

Caserecce
Tipo di pasta corta fresca o secca con sezione a 'S'.
A type of fresh or dried short pasta with an 'S' shape.

Cazzilli
Nome gergale per crocchette (di patate o altro).
An informal expression for croquettes (potato and other).

Couscous
Granelli di semola cotti al vapore, che accompagnano verdure cotte, carni in umido e zuppe di pesce. È un piatto di origine nordafricana molto diffuso in Sicilia.
Granules of semolina wheat, served steamed with vegetables, stewed meat and fish soups. North African in origin, couscous is widespread in Sicily.

Cucuncio
Il frutto della pianta del cappero.
The fruit of the caper plant.

Cunzatu
Condito: es. pani cunzatu.
Literally, 'seasoned' – e.g. 'Pani cunzatu'.

Farsumagru (Falsomagro)
Celebre piatto di carne della tradizione siciliana,
pare derivi il suo nome dal francese "farcie de maigre",
per il tipo di ripieno che escludeva l'uso di carni.
Si tratta di un rotolo di carne, variamente farcito
a seconda dei luoghi.
The name of this traditional Sicilian meat dish
apparently derives from the French *farcie de maigre*
(stuffed with lean), because of its meat-free filling.
Farsumagru is a kind of roulade, whose filling varies
throughout Sicily.

Farcìa
Nome locale per farcitura, ripieno.
The local word for *stuffed*.

Frutta di Martorana
Pasticcini di pasta di mandorla modellati in forma
di frutti, ortaggi o altro. Il nome deriva dalla nobile
Eloisa Martorana, fondatrice alla fine del XII secolo
dell'omonimo monastero palermitano, le cui suore
eccellevano nella preparazione dei dolcetti.
Marzipan sweets shaped like different fruits, vegetables

or anything. The name derives from the Sicilian
noblewoman Eloisa Martorana, who, in the late 12th
century, founded the convent of the same name in
Palermo. The nuns of the convent apparently excelled
in the preparation of desserts.

Gelo
Dolce al cucchiaio di consistenza analoga alla gelatina.
A dessert with a similar consistency to jelly.

Granita
Tipo di sorbetto formato da tanti piccoli cristalli
ghiacciati, realizzato con acqua, zucchero e ingredienti
a scelta (limone, caffè, mandorla, vari tipi di frutta).
A kind of sorbet made with water, sugar and a range of
different ingredients – lemon, coffee, almonds, various
types of fruit.

Mafalda
Morbido panino ricoperto con semi di sesamo.
A soft bun covered with sesame seeds.

Maiorchino
Formaggio a pasta dura, prodotto da latte intero di pecora
in alcuni paesi del Messinese. Ha sapore delicato,
più piccante se stagionato almeno 8 mesi.
Le forme pesano 10-12 kg circa.
A hard cheese made from full-cream sheep's milk in some
of the towns around Messina. It has a delicate flavour,
becoming sharper after its minimum aging of eight
months. Each wheel weighs around 10–12 kilograms.

Masculina da magghia
Alici fresche e giovani.
Fresh young anchovies.

Mauro
Tipo di alga commestibile che cresce nei fondali vulcanici
catanesi. Si serve in insalata o come condimento per
piatti di mare.
A type of edible seaweed that grows in the volcanic
depths around Catania. It is used in salads and seafood
dishes.

Muddica
Mollica di pane: es. pasta cca muddica.
Bread with the crusts removed – e.g. 'Pasta cca muddica'.

Neonata
Pesciolini appena nati, tipo bianchetti.
Newly hatched whitebait and similar.

Nnocca
Fiocco. "Pasta ca' nnocca" (con sarde e piselli) fa
riferimento sia all'aspetto della pasta sia alla qualità
del piatto (coi fiocchi).
'Flake'. The dish 'Pasta ca' nnocca' (pasta with sardines
and peas) takes its name from the appearance of the pasta
and the dish itself.

Panelle
Frittelle di farina di ceci, diffuse in molte zone dell'isola.

Si consumano generalmente dentro le mafalde (→).
Chickpea flour pancakes made in many parts of the
island. They are generally eaten in a mafalda (→).

Pecorino
Formaggio a pasta dura, prodotto esclusivamente con
latte intero di pecora, di forma cilindrica. Si definisce:
tuma se consumato subito dopo la produzione; *primosale*
se già sottoposto a salatura e consumato dopo 10 giorni;
secondo sale se consumato tra 45 e 90 giorni; *stagionato*
se consumato dopo 4-6 mesi.
A hard cheese made exclusively from full-cream sheep's
milk in a cylindrical shape. It is known as *tuma* when
eaten immediately after production, *primosale* if salted
and eaten within ten 10 days, *secondo sale* if eaten
between 45 and 90 days, and *stagionato* (aged) after
four to six months.

Primosale
→ Pecorino

Ricotta
Formaggio fresco ottenuto da siero di latte vaccino,
ovino, caprino o misto, dal sapore delicato.
A fresh cheese made from the whey of cow's, sheep's
or goat's milk, or a mixture, with a delicate flavour.

Salamarigghiu (Salmoriglio)
Salsina a base di olio, aceto, limone, aglio, prezzemolo
(e altri ingredienti, a seconda delle preparazioni)

che serve ad accompagnare piatti di carne,
pesce o verdure.
A sauce of oil, vinegar, lemon juice, garlic,
parsley and a variety of other ingredients,
used with meat, fish or vegetable dishes.

Sciusceddu

Dolce tipico della tradizione pasquale,
è un morbido soufflé di ricotta contenente polpette.
This traditional Easter dish is a soft ricotta soufflé
with meatballs.

Sorbetto (Sorbet)

Dolce freddo dalla consistenza media e vellutata,
a base di acqua e zucchero, con l'aggiunta di polpa
o succo di frutta.
A cold dessert with a velvety consistency made
from water and sugar with the addition of fruit pulp or juice.

Stimpirata

Versione gergale per agrodolce: es. coniglio
alla stimpirata.
An informal expression for *sweet-and-sour* –
e.g. 'Coniglio alla stimpirata' (sweet-and-sour rabbit).

Taddi ri cucuzza

Detti anche *tenerumi*, sono le foglie tenere
della zucchina lunga.
Also known as *tenerumi*, the soft leaves
of the long Sicilian squash.

Tarocco

La più nota varietà delle arance rosse siciliane IGP.
The best known Sicilian blood orange variety. It has IGP
(protected geographical indication) certification.

Tellina

Mollusco bivalve dalla conchiglia vagamente
triangolare e dall'aspetto piatto. Vive nella sabbia
dei fondali marini. Si consuma in zuppa o come
condimento per la pasta.
A clam-like mollusc that's vaguely triangular and flat
in shape. It lives in the sand at the bottom of the sea
and is eaten in soups or with pasta.

Tuma

→ Pecorino

Vastedda

Delicato e fragrante formaggio di pecora a pasta filata,
tipico della Valle del Belice, da consumare freschissimo.
A delicate and fragrant stretched-curd goat cheese
typical of the Valle del Belice. It's eaten as fresh as
possible.

Glossary of British and American terms

aubergine	eggplant	**mature cheese**	sharp cheese
chickpeas	garbanzo beans	**spring onion**	scallion
cornflour	cornstarch	**tomato purée**	tomato paste
courgette	zucchini		

Indice delle ricette
Index of recipes

Gli autori

William Dello Russo

Pugliese di nascita e milanese di adozione, ha curato guide turistiche dedicate al territorio italiano, scritto contributi su periodici di storia dell'arte e di turismo e realizzato numerosi libri d'arte.
Tra le altre, ha scritto per il Touring Club Italiano le guide *Puglia* (Tracce, 2007), *Matera e la Basilicata* (Itinerari, 2007); per Mondadori la City Book *Lecce* (2007). Tra i suoi ultimi volumi è *Puglia: tra cielo e mare* (SimeBooks, 2011).
William was born in Puglia and now lives in Milan. He has written tourist guides to Italy, contributed to art history and tourism magazines, and has authored numerous art books. Among his guidebooks, he wrote *Puglia* (Tracce, 2007) and *Matera e la Basilicata* (Itinerari, 2007) for Touring Club Italiano, and *Lecce* (2007) for Mondadori's City Book series. Among his recent books is *Puglia: tra cielo e mare* (SimeBooks, 2011).

***

Antonino Bartuccio

Bart comincia a interessarsi presto di arte e musica e fin dalla giovane età lavora per la carta stampata. La sua creatività lo porta subito verso la fotografia: ha sviluppato le sue capacità fotografiche durante una lunga permanenza in Brasile. Nel 2008 ha vinto il primo premio del concorso nazionale di fotografia del National Geographic.
Antonino developed an early interest in art and music, and began working in printing as a young man. His creative instincts soon led him to photography, however, and he developed his skills during an extended stay in Brazil. In 2008 he won first prize in the *National Geographic* national photography contest.

Alessandro Saffo

Nato nel 1964, vive a Catania. Ha pubblicato una serie di libri fotografici dedicati alla Sicilia. Le sue foto sono state pubblicate sulle maggiori riviste italiane e straniere: *Meridiani*, *L'espresso*, *Bell'Italia*.
Alessandro was born in 1964 and now lives in Catania. He has published a series of photography books devoted to Sicily, but his work has also appeared in major Italian and international publications, including *Meridiani*, *L'espresso* and *Bell'Italia*.

Coordinamento editoriale
Giovanni Simeone
Redazione
William Dello Russo
Traduzione
Chris Turner
Grafica
WHAT! Design - Jenny Biffis
Impaginazione
Jenny Biffis
Controllo qualità
Fabio Mascanzoni

Ricette
Le ricette alle pp. 30, 39, 54, 60, 65, 72, 78, 100, 120, 123, 127, 130, 140, 141, 142, 144,
170, 179, 196, 200, 208, 214, 218, 219, 220, 224, 230, 234, 236 sono state fornite da Rita
Russotto.
Le ricette alle pp. 34, 38, 40, 42, 46, 52, 55, 56, 58, 62, 68, 70, 76, 80, 92, 94, 96, 98, 102,
105, 110, 112, 114, 124, 128, 136, 138, 150, 152, 156, 160, 162, 166, 178, 184, 186, 188,
192, 194, 198, 222, 232 sono state fornite da Carlo Maria Sichel.
La ricetta a p. 210 è stata fornita dalla Pasticceria Cappello, Palermo.

Un ringraziamento particolare va a:
- Katia Furnari e Giovanni Bietti, per la gentile consulenza sui vini
- Marco Reboa, per la concessione di alcune locations
- Cose di Casa, Catania
- Ossidiana - Ceramiche De Simone, Ragusa
- Tradizioni d'arte - Ceramiche artistiche, Ragusa

VIII RISTAMPA (2017)
ISBN 978-88-95218-21-2
Distribuzione a cura di SIME BOOKS
www.sime-books.com - Tel: +39 0438 402581